新师范，在路上

教师专业成长的实践与探索

XIN SHIFAN ZAI LUSHANG
JIAOSHI ZHUANYE CHENGZHANG DE SHIJIAN YU TANSUO

彭上观 著

中山大學出版社
SUN YAT-SEN UNIVERSITY PRESS
·广州·

图书在版编目（CIP）数据

新师范，在路上：教师专业成长的实践与探索/彭上观著．—广州：中山大学出版社，2020.8

ISBN 978－7－306－06919－1

Ⅰ.①新…　Ⅱ.①彭…　Ⅲ.①中小学教育—教学研究　Ⅳ.①G632.0

中国版本图书馆 CIP 数据核字（2020）第 142932 号

出 版 人：王天琪
策划编辑：黄浩佳
责任编辑：黄浩佳
封面设计：曾　斌
责任校对：陈晓阳
责任技编：何雅涛
出版发行：中山大学出版社
电　　话：编辑部 020－84111996，84113349，84111997，84110779
　　　　　发行部 020－84111998，84111981，84111160
地　　址：广州市新港西路 135 号
邮　　编：510275　　传　　真：020－84036565
网　　址：http://www.zsup.com.cn　E-mail：zdcbs@mail.sysu.edu.cn
印 刷 者：广东虎彩云印刷有限公司
规　　格：787mm×1092mm　1/16　14.25 印张　350 千字
版次印次：2020 年 8 月第 1 版　2020 年 8 月第 1 次印刷
定　　价：68.00 元

目　录

序

在举国上下高度重视教师，加强教师教育的新时代，欣闻彭上观《新师范，在路上》著作即将出版，我感到由衷的高兴。这是一位青年教师在教师教育和数学教育领域深入思考、长期探索的成果。他是我指导的硕士生，才思敏捷，善于思考。我提倡的“在工作中研究，在研究中工作”的理念，在他身上得到了很好的贯彻。他在攻读硕士期间，发表论文9篇，其中包含了发表于《数学教育学报》《数学通报》《数学教学》《数学教育》（香港）、《中学数学教学参考》等国内主流的数学教育类刊物的，展现了其扎实的研究功底和良好的研究能力。

他毕业后一直任职于华南师范大学教务处，主要从事教师教育工作，覆盖在职教师培训、师范生职前培养、广东省普通高考评卷等组织管理工作，主持开展广东省教育科学规划课题“‘互联网+工作坊’视域下师范生混合式教育实习模式的研究”（2017GXJK030）、广东省教育科学“十三五”规划2019年度高校哲学社会科学研究项目“新师范背景下高师院校与实习基地协同发展路径研究”（2019GXJK180）、广东省高等教育教学改革项目、广东省教育研究院中小学数学教学研究专项课题等多项省级、厅级科研课题和教学改革项目，并将工作的所思、所想、所感、所悟，提炼整理，形成了系列论文。这种精神值得赞赏。

该书以新时代新师范背景下教师专业发展为线索，从教师教育、数学教育、教材研究三个维度，从教师教育职前培养到职后培训，从大到小，从宏观到微观，从实践到理论，全面展示作者在从事教师教育、数学教育等方面的工作经验和研究成果，从一个侧面勾勒出教师专业成长的轨迹，也是新师范建设过程中的一个缩影。

通读全书，我发现有如下的一些特点。

一、方向聚焦，思考深入

全书主要聚焦在教师教育、数学教育和教材研究等领域。一方面，这与其长期从事的教师教育管理与研究息息相关。硕士毕业至今15年，他一直在从事中小学教师培训、师范生职前培养的一些相关工作，包括师范生教育理论、教育实践、教育教学技能等，并有独特的思考和视角。另一方面，这与其专业背景紧密相连。其本科专业为数学与应用数学，硕士攻读的是课程与教学论（数学）专业，博士为数学教育专业。他对教材也有深入的研究，发表了教材研究的系列成果。

二、注重实证，数据说话

“没有调查就没有发言权”。他长期工作在教育教学管理一线，注重调查研究，结合工作实际开展研究，并取得实效。譬如，《中小学特级教师结构现状及其发展对策》就是结合对全省特级教师的调查，了解华南师范大学的毕业生在广东省内特级教师中的比重、结构分布、发展的瓶颈及未来展望，为学校制定师范生培养政策提供依据。又如，《新课程背景下高中数学骨干教师省级培训的现状与思考》一文，是在省级骨干教师培训结束后，通过问卷调查，从培训学员中及时反馈培训的问题、意见及建议，为后续培训工作提供借鉴。再如，《“互联网＋工作坊”视域下师范生混合式教育实习模式的构建与实践》一文，展现的“互联网＋实习工作坊”是华南师范大学推进信息技术与教师教育融合方面的成功案例，该成果获得了华南师范大学教学成果奖一等奖。

三、关注热点，扎根实践

热点问题，往往是现实中亟需解决的问题。针对工作中、学习中的热点问题，他集中精力，深入研究，为工作的深入推进奠定了良好的基础。譬如，卓越教师本硕一体培养模式，目前是教育部卓越教师培养改革计划中，培养中学教师主推的模式。他负责全校的“4＋2”培养模式的具体协调工作，自2008年至今，一直未间断，培养成效显著，已成为学校卓越教师培养的一个品牌项目。该模式得到了广东省本科质量工程的创新人才实验区项目支持，他执笔的相关成果在泛珠三角教师教育联盟会议中受到好评；成果获得校级教学成果一等奖；提炼的“一贯两制三合作”模式在教育部、广东省教育厅官方媒体得到推介。

四、批判继承，创新发展

对“显而易见”“类似可得”等貌似常见的问题，他结合教学实践，提出新的看法。他不迷信权威，即便是面对名家、大家的观点，也敢于提出自己的思考。譬如，他在评阅学生测试卷时，发现学生缺乏对问题本质的深入了解，看到问题表面的“类似”，马上断定“可得”的结果。他运用辩证思维的方法，撰写成了《类似可得吗》，从“可得”与“不可得”两个方面对“类似”这个问题予以分析。又如，他在阅读数学家、数学教育家单墫先生的《解题研究》著作时，针对单老师“学数学的目的就是为了解题”这一观点，写成了《学数学的目的就是为了解题吗》，引发了老师们的深入思考。

这是一位青年教师在教师教育、数学教育领域探索的体会与收获，希望本书能给同龄人及相关研究人员提供一定的启发和借鉴。

寥寥数语，是以为序。

王林全

2020年6月13日

［王林全，华南师范大学教授，硕士研究生导师，曾任全国高师数学教育研究会副理事长，广东省高师数学教育研究会理事长，广东省数学会副秘书长，国家高中课程标准研制组核心组成员，华南师范大学教育硕士（学科教育—数学）指导组组长，华南师范大学数学系数学教育教研室主任等。］

上编　教师教育

2018 年，中共中央、国务院印发的《关于全面深化新时代教师队伍建设改革的实施意见》中明确指出：教育是国之大计、党之大计。教育大计，教师为本。教师承担着传播知识、传播思想、传播真理的历史使命，肩负着塑造灵魂、塑造生命、塑造新人的时代重任，是教育发展的第一资源，是国家富强、民族振兴、人民幸福的重要基石。广东省在 2018 年 3 月率先提出"新师范"建设方案，提出了十大举措，着力建设广东特色"新师范"，助推我省教育现代化建设。华南师范大学（简称"华南师大"）将"新师范"建设与世界一流学科建设、高水平大学建设并列为学校的"三大建设"，并提出了"教师教育出特色，学科水平上台阶"的战略任务。"新师范"建设是实现"教师教育优势突出的创新型高水平大学"办学目标的必由之路。

教师教育作为教育工作的"母机"，与师范大学的每个教师息息相关。作为师范大学的一分子，从 1998 年入学就读本科至今的 20 多年来，笔者亲身目睹华南师范大学发生的巨大可喜变化：从入选"211"工程建设大学，到广东省高水平建设大学，到省部共建大学，到"双一流"学科建设大学。

新时代，新师范。作为华南师大的一员，笔者从学生到教师，从懵懵懂懂的青年步入中年。"位卑未敢忘忧国"，在尊师重教日益强化的新时代，我们每一个人，都在平凡的岗位上，努力着，奋斗着。用心尽力，尽职尽责，为"新师范"建设添砖加瓦，为广东乃至全国培养"四有"好老师，贡献自己的智慧，这是时代赋予我们义不容辞的社会责任与历史担当。

本编记录的是笔者工作近十五年来经历的教师教育职后培训和师范生职前培养的部分片段，以期勾勒"新师范"建设的发展变迁，从中窥见师范教育未来的一些走向。

“互联网 + 工作坊”视域下师范生混合式教育实习模式的构建与实践①

“兴国必先强师”②，中共中央、国务院《关于全面深化新时代教师队伍建设改革的意见》开宗明义地指出教师的重要地位。师范毕业生是中小学教师队伍的主要来源，教育实习是培养师范生实践能力不可或缺的环节，是师范生发展教书育人实践性知识、练就教育教学能力、增强职业认同、养成良好师德师风的关键环节，是培养师范生服务国家、服务人民、增强社会责任感的重要载体。长期以来，“如何保障教育实习的有效开展?”是师范院校不懈探索的问题。本文将从为什么要提出混合式教育实习模式，该模式如何构建，实施效果如何，模式的应用前瞻等方面展开阐述。

一、混合式教育实习模式的提出

（一）教育实习混合编队模式已在国内高师院校广泛采用

1999 年，华南师大提出并实施教育实习混合编队模式③，至今被众多学校采纳，已成为培养师范生实践能力的主流模式。据不完全统计，已有超过 150 所师范院校采用混合编队实习模式，在实施混合编队实习的师范院校中，基本上形成了不同学科混合在一起到一个实习点（实习学校）实习的格局。

（二）教育实习混合编队模式中学科教师指导不足问题凸显

该问题始于 1999 年的高校扩招，高校派出的实习指导教师相比以往明确不足。实习带队教师更多的是从管理、沟通、协调等方面进行管理与指导，很难深入到具体学科教学的指导。学科教学指导基本上是全权委托中小学校的教师。这

---

① 本文原载于《华南师范大学学报》（自然科学版）2019 年第 51 卷第 S1 期，第 258—261 页。

② 中共中央、国务院：《关于全面深化新时代教师队伍建设改革的意见》，http://www.gov.cn/zhengce/2018 - 01/31/content_ 5262659. htm

③ 陈冀平，张伟坤，郑有才：《混合编队教育实习完全实操手册》，高等教育出版社 2009 年版，第 1—3 页。

容易导致如下的一些问题：一是中学的指导教师指导力量参差不齐，大学教师与中学教师没有形成指导的合力；二是教育实习中缺少系统的过程性评价问题；三是以往的实习，中学更多的是单向度接受实习，对指导实习生的积极性不高；四是实习资源分散、平台不统一的问题。

（三）工作坊模式已在诸多领域得到有效应用

工作坊起源于德国魏玛共和国时期的以培养工程设计与建筑设计人才为宗旨的包豪斯学院（Staatliches Bauhaus），主要是指一种基于专题的研究性学习方式[①]。在包豪斯学院，学生的身份是"学徒工"，"形式导师"教授理论性知识，"工作室师傅"教授技术类知识，由于实践环节需要在特定的场地进行，因此，学生的日常实践操作空间——工作坊，逐渐成为实践环节的核心，以此形成的实践模式被称为"工作坊教学"。工作坊具有以下特点：一是工作坊从人数上看是一个小群体；二是活动领域为某个特定领域、项目或话题；三是活动内容为调查、研究、讨论、比较或进行实际活动等；四是活动的目的为相互交流，共同探讨，直到解决问题。研究表明，它在提高专业能力，激发学习动机，培养合作精神、创新精神，强化自我教育与自我管理等方面作用显著。工作坊模式产生后，在国外应用广泛，在我国高等教育的建筑学、工业设计等专业领域也得到了推广。由于工作坊模式的成功应用，有学者尝试将工作坊教学模式应用于教师培训方面。如林志淼[②]等人研究了工作坊式教师培训模式；李德燕[③]等人探讨了特级教师工作坊的建设；等等。

（四）"互联网+"技术已深刻影响社会的各个方面

目前"互联网+"的技术手段，已经广泛而深刻地影响着社会的各方面。但如何利用"互联网+"的技术手段，借鉴工作坊的工作方式，突破时空的局限，以切实提高师范院校的教育实习工作质量，是摆在我们面前的重要课题。

（五）基于"互联网+工作坊"构建混合式教育实习新模式

本研究基于"互联网+"技术，将工作坊模式应用于师范生的教育实习指导，跨越时间和空间的界限，采用自主研修、同伴互助、坊主引领与专家指导相

---

① 刘禹、王来福：《基于工作坊的高等教育实践教学体系的研究》，载《东北财经大学学报》2009 年第 1 期，第 93—96 页。

② 林志淼、蒋凤春：《工作坊式教师培训模式初探》，载《中小学教师培训》2014 年第 8 期，第 14—16 页。

③ 李德燕：《特级教师工作坊的建设实践与启示》，载《广西教育》2013 年第 18 期，第 5—6 页。

融合的方式，依托“华南师大—普通中小学”协同发展联盟基地学校、网络研讨等虚拟平台，构建了“线上与线下相结合、集中研讨与分散实习相结合、大学老师与中学老师相结合、教师引领与同伴互助相结合、预设指导与问题驱动相结合”的“五结合”混合式教育实习新模式（图1）。开发和整合教育实习的优秀资源，有效提升师范生教育实习的质量和水平。

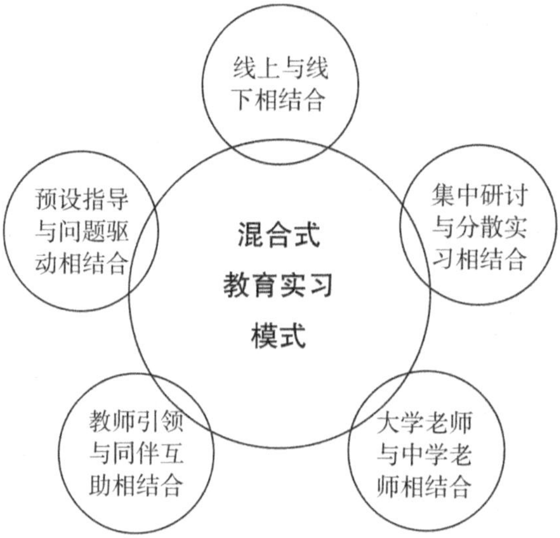

图1 “五结合”混合式教育实习模式

二、混合式教育实习模式的实施路径

具体来说，通过构建基于“互联网＋工作坊”的“砺儒实习工作坊”，解决实习资源分散、平台不统一的问题；通过组建高水平师资队伍，解决大学教师与中学教师协同发展问题；通过科学设置指导内容、创新实习指导方式，解决混合编队实习指导不足的问题；通过建立多元评价体系，解决教育实习中缺少系统的过程性评价问题（图2）。

（一）构建实习工作坊平台，汇聚共享优质实习资源

基于“互联网＋”技术，构建教育实习指导工作坊平台——“砺儒实习工作坊”，涵盖三大类子平台：一是分学科的学科教学工作坊，如语文、数学、英语、物理、化学、生物、政治、历史、地理、音乐、体育、美术、信息技术等学科教学工作坊；二是班级管理工作坊，主要针对班级管理、心理咨询、教育管理

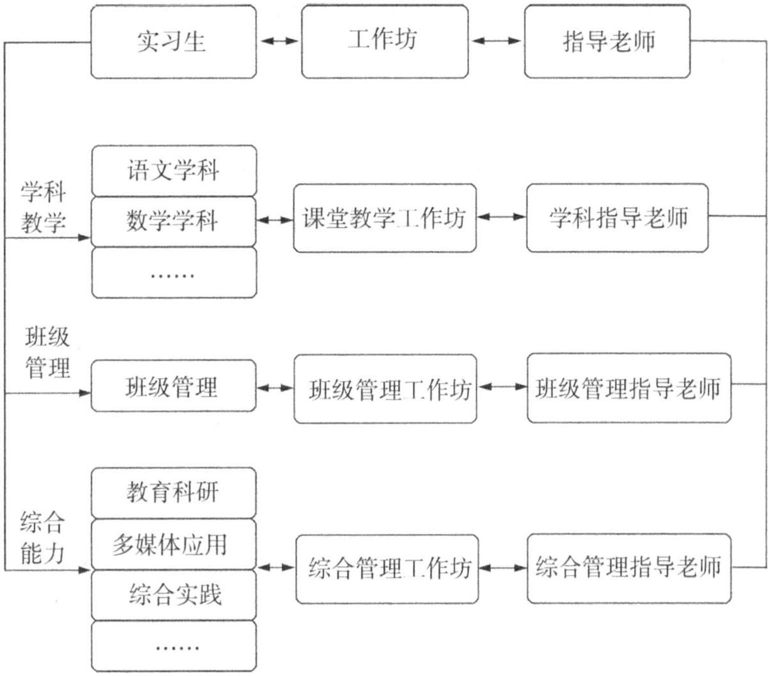

图 2　混合式教育实习工作坊示意

等方面设置；三是根据通识能力设置的综合指导工作坊，如教育研究工作坊，课件制作工作坊、综合实践活动指导工作坊等。

（二）组建高水平师资队伍，促进师资专业协同发展

以大学学科教育教师为坊主，同时在“华南师大—普通中小学”协同发展联盟聘请一批特级教师、正高级教师、高级教师等名师为副坊主，组建一支兼备理论引领与实践指导、大学教师与中学教师通力合作的指导团队。“华南师大—普通中小学”协同发展联盟学校共有 160 多所，遍布广东省的珠三角地区、粤东、粤西、粤北等地的知名中小学，主要为示范性高中和省一级学校，汇聚了省内中小学校优秀一线教师。大学教师和中小学教师的相互合作，促进了师资的协同发展。

（三）科学设置指导内容，强化实习互动的针对性

从实习前期、实习中期到实习后期，分学科、分类别，统筹规划，科学设置各类各学科实习工作坊的指导内容；并实时跟进实习指导过程中师范生提出的共性需求与个性问题，采取有针对性的专题研讨或者个别辅导的形式，达到科学引

领和答疑解惑的效果。平台后台支撑团队对出现的操作问题，提供技术支持，解决师生在工作坊平台使用过程中的各种障碍，让师生更安心、更舒心地开展实习的相关活动。

（四）创新实习指导方式，提升实习指导有效性

创新性提出“线上与线下相结合、集中研讨与分散实习相结合、大学老师与中学老师相结合、教师引领与同伴互助相结合、预设指导与问题驱动相结合”的五结合指导模式，以教师主动引领与学生自主提问相结合，预设性与生成性相结合的方式，多维度、多渠道引领和支持学生的专业成长。

（五）建立多元评价体系，融合结果与过程评价

依托“互联网＋平台”的大数据信息，全面系统的记录实习生参与的过程与成长的轨迹，便于建立多元化的评价体系：过程性评价与结果性评价相结合，面对面评价与远程评价相结合，大学教师评价与中学教师评价相结合，教师评价与学生互评相结合，以多元评价促进实习生的成长。

三、混合式教育实习模式的实施效果

（一）学生受益面广

本模式于2016—2018年连续3届在华南师范大学的师范生的多专业混合编队教育实习中实施，参与辅导教师达382人次（其中，大学教师129人次，中学教师253人次），师范生受益面达4842人次（表1）。涉及全校语文、数学、英语、物理、化学、生物、政治、历史、地理、音乐、美术、体育、信息技术13个相关学科的师范生。

表1　2016—2018年混合式教育实习模式实施情况

年度	工作坊数量/个	辅导教师/人	大学教师/人	中学教师/人	参与学生/人
2016	26	88	26	62	1410
2017	53	151	53	98	1734
2018	50	143	50	93	1698
合计	129	382	129	253	4842

从师范生实习结束后的汇报反馈及与师范生的访谈结果来看，师范生在实习过程中得到指导教师团队的指导频度、有效度都得到不同程度的强化，师范生的

获得感比往届有明显提升。有不少学生反映，在混合式实习中学到的教育教学技能，在应聘时也派上了用场。

（二）兄弟单位赞赏

本模式的主体内容，作为《四年与四十年：华南师范大学教师教育成果展》的一部分，在2018年第十五届全国师范大学联席会议上展出，受到参会的全国49所师范大学校领导、教育部、广东省教育厅等的高度赞赏；此外，本模式内容还入选《华南师范大学师范生培养成果汇编》，在校内外得到认可，并得到教育部师范认证专家的好评；兄弟师范院校也慕名前来参观学习取经，譬如山东师范大学、福建师范大学、广东第二师范学院等高校前来学习交流。

（三）荣获远程教育优秀案例

本模式的主体内容以《华南师范大学依托“大学生实习工作坊”创新线上线下相结合的混合式实习模式》为题，在全国高校现代远程教育协助组组织的“2017年中国高校远程与继续教育优秀案例库评选活动”中获得优秀案例奖，受到远程教育同行的推介。

（四）主要成果公开发表

本模式相关的研究成果，以《教育实践工作坊的构建与应用研究》① 为题发表在《中国大学教学》2017年第7期，引起师范教育同行的关注。

（五）得到省级课题立项资助

随着混合式教育实习模式的不断实施，研究也随之得到深化。该模式的研究被立项为广东省本科高校高等教育教学研究和改革项目及广东省教育科学规划课题，这促进模式研究的进一步深入和完善，其应用范围和推广效果将得到进一步的扩大。

四、混合式教育实习模式的应用前瞻

近年来，我国教师教育改革持续推进，师范生教育实践不断加强，但是还存在着目标不够清晰，内容不够丰富，形式相对单一，指导力量不强，管理评价和组织保障相对薄弱等问题。教育部在相关文件中先后明确指出，“教育实践质量

① 刘喆、林天伦：《教育实践工作坊的构建与应用研究》，载《中国大学教学》2017年第7期，第81—85页。

不高是当前教师培养中的一个突出问题”①，“师范生教育实践依然是教师培养的薄弱环节，师范毕业生的教育教学能力尚不能完全适应中小学的需要”②。如何提升教育实习的质量，是各个师范院校提高教师培养质量绕不开的话题。

（一）混合式教育实习模式为师范生的实践成长提供了一个样例

教育实习是所有师范生培养的必备环节。本研究以“互联网 + 工作坊”为技术支撑平台，构建了“线上与线下相结合、集中研讨与分散实习相结合、大学老师与中学老师相结合、教师引领与同伴互助相结合、预设指导与问题驱动相结合”的五结合混合式教育实习新模式，系统设计实习指导内容，规划实习全过程的实施方法与策略，为师范生教育实践的专业成长提供了一个样例。

该模式既包含了教师有体系、有组织的引领，也有根据学生实习过程中的生成性问题，针对性地给予指导，解决了以往混合编队实习中专业教师指导不足的问题，构建了一种新的实习模式——混合式教育实习，促进教育实习从“混合编队实习”走向“混合式实习”的新阶段。这也是有效落实教育部提出的“全面落实高校教师与优秀中小学教师共同指导教育实践的‘双导师制’，为师范生提供全方位、及时有效的实践指导”③ 的有效举措。

（二）构建了大学教师、中学教师、实习生三位一体的学习共同体

通过工作坊，凝聚了大学学科教育的专家教授、重点中学的名师、师范生——未来的准教师等三方面的力量，就教育、教学的实践问题进行深入的交流，能促进大学教师、中学教师、师范生互动学习，共同成长，成为三方实践学习、提高专业能力的便捷平台和学习的精神家园。

一方面，大学教师对中学有进一步的了解，提升了自身的专业素养；另一方面，中学教师在指导实习生的过程中，能对自身教学进行凝练和提升。与此同时，实习生在双导师（大学教师、中学教师）的指引下，得到更好更快的成长。

（三）构建了师范生专业成长的空间，记录学习成长的轨迹

通过工作坊的统一平台，生动真实地记录了师范生成长的轨迹，构建了师范生成长的信息化空间。为实习生回顾、反思提供了鲜活、真实的材料，加速实习

---

① 教育部：《关于实施卓越教师培养计划的意见》（教师［2014］5 号），http://www.moe.gov.cn/srcsite/A10/s7011/201408/t20140819_ 174307.html

② 教育部：《关于加强师范生教育实践的意见》（教师［2016］2 号），http://www.moe.gov.cn/srcsite/A10/s7011/201604/t20160407_ 237042.html

③ 教育部：《教育部关于实施卓越教师培养计划 2.0 的意见》（教师〔2018〕13 号），http://www.moe.gov.cn/srcsite/A10/s7011/201810/t20181010_ 350998.html

生的成长。

（四）构建了创生性资源平台，汇聚优秀的教学资源

工作坊平台的建立，师生在指导与互动的过程中产生的好想法、好做法，以及在此过程中形成的各种文档、图片、视频材料等，为师范生培养，为新教师的专业成长提供鲜活、真实、有效的素材资源。进一步，还可以将优秀校友、特级教师、正高级教师、年轻骨干教师、各类师范生竞赛获奖选手视频、优秀实习生授课视频、优秀教学设计等资源汇聚整合到工作坊平台中，为实习生、新教师提供学习的榜样，树立学习的标杆。

本文系广东省教育科学规划课题（2017GXJK030）、广东省本科高校高等教育教学改革项目（粤教高函［2018］1号）阶段性成果。

本文作者：彭上观，林天伦（华南师范大学教务处），林南晖（华南师范大学网络中心），许晓艺（华南师范大学网络教育学院），刘喆（华南师范大学数学科学学院）。

【备注】每篇论文除了文末特别标注的，其余文章作者均为独立作者彭上观。本书下同。

以实践能力培养为突破口，全面提升师范生培养质量[①]

——华南师范大学教师教育改革的实践与前瞻

教育部2007年在部属师范大学启动了师范生免费教育，并颁发了《关于大力推进师范生实习支教工作的意见》，引发了新一轮教师教育改革的热潮。各地纷纷作出各种不同响应，从2008年起广东实施“上岗退费”政策，即对大学毕业生到农村任教者退还学费。种种迹象表明，师范院校的教师教育，需要根据形势发展，与时俱进，做出大胆的改革探索，适时调整培养模式，才能引领基础教育改革的发展，才能在整个激烈的市场化竞争中保持和强化教师教育的特色和优势。

《中共中央国务院关于深化教育改革全面推进素质教育的决定》明确指出：培养学生的创新精神和实践能力是素质教育的重点。特别是师范教育，培养的毕业生应能胜任教师工作，这是最基本的要求，而其最直接的表现是，该毕业生的上课能力如何。这就是实践能力，创新精神也不是凭空想象得来的，还得靠实践。

如何加强实践能力的培养？如何才能体现经过师范训练的学生和没有经过师范训练的学生的区别？从某种角度来看，师范教育是一种养成教育，理论从实践来，又到实践中去。我们必须以先进的理念指导实践，又在实践中丰富和完善理论。多年来，我校以实践能力培养为突破口，进行了一些实践和探索。下面结合当前教师教育改革的实际，谈谈我校教师教育改革的一些做法和体会。

一、近年来华南师范大学教师教育的实践探索

（一）以四年制教师教育为主，探索多元化培养模式

除了抓好四年制本科教师教育外，我们还专门针对有志当教师的学生开设了“教师教育”辅修专业，修读该模块的学生可以申请教师资格证。同时，也可以修读双专业、双学位，获得教师教育的机会。探索多元化培养模式，让学生有更

---

① 本文原载于《创新教师培养模式提高教师教育质量：全国师范大学联席会议文集（第二辑）》，高等教育出版社2009年版，第71—76页。

多的自主选择权。此外，我校承担了广东省教育厅教师资格认定办公室委托的“两学”培训认定，面向校内外的学生，开展“两学”培训工作。

为培养高水平基础教育师资，适应不同层次用人单位的需求。鼓励不同院系根据学科特点开展多元化的培养模式及改革试点，成熟的时候向其他学科推广，让学生有更多选择的余地。从2008年开始，我校启动了“4+2”模式教师教育硕士研究生培养试点工作，首批从推免生中单列推荐了19名学生参加“4+2”试点，分布在数学、物理、化学、历史等4个学科，培养工作正在开展中。2009年我校将从推免指标中单列出30个名额，用于“4+2”硕士生培养，学科范围扩展到语文、政治等学科。该模式的特点是：学制两年；选拔提前到大三下学期，侧重对成为一名优秀教师潜质的考核；部分课程提前到本科阶段的第八学期开始；实行双导师制（大学教师、中学教师）；建立稳定的高水平实习基地；带着课题到中学进行教育实践一个学期；课程设置更加关注实践性；等等。

（二）统筹兼顾，构建四年一体化师范技能培养体系

四年一体化的思路就是将原来模糊的教学技能训练课程具体化，使教学技能训练课程贯穿于师范生本科学习阶段的四年，分阶段、分层次、有步骤、有计划地实施技能培养目标。

具体做法是：一是将教育见习摆在师范生培养的先导性和指引性的高度，以加深学生对教学技能重要性的认识，提高师范生教学技能训练的积极性。教师的培养，是一个潜移默化的过程，养成教育在某种程度上来说更加重要。有些隐性的知识，不是直接灌输就可以教会的。为了让学生尽早了解教师的角色，对教师职业有更多感性的认识，我们建构了教育见习四年一体化的体系，让学生从大一开始，就到各中学见习，并借助于院系团委、学生会，进行组织、督促落实；与学校周边区域教育局签订合作协议，建立稳定的见习场所，为学生见习提供保障。有了多次的见习，对不同学校不同老师授课风格、上课的情况有了感性的认识，并作出思考，为其后续的学习，以及将来的实习打下良好的基础。

二是按照教学技能“先分解培养、后综合培养”的原则，将原来开设在大学三年级的教学技能训练课程分解为若干门实践课程，安排到师范生培养的各个学期。并且实行教师职业技能合格证书制度，在参加实习之前，必须取得相关的合格证书。同时，学校每年举办多媒体课件制作大赛、“为了明天”师范技能竞赛等，充分发挥竞赛在师范技能训练中的导向和带动作用。

为了提高师范生现代教育教学技能，适应21世纪教育发展的需要，2002年初学校成立了教师教育教学技能实训中心，在信息化教学环境建设和信息化教学改革方面取得了重要成果。在微格教学方面，学生通过网络化的教学系统，开展了自我实践、自我评价、自我修正、自我完善的实验教与学模式，在2005年本

科教学评估的微格教学技能测评中得到了专家的优秀评价。

（三）充分利用网络化平台，整合优化教师教育资源

利用学校教师教育技能实训中心的平台优势①，在原分散进行实验教学的微格教学、教育技术、信息技术、教育与心理等公共课程的基础上，通过资源整合，将公共基础课程实验资源整合一起，实现综合利用，资源共享。经过几年的发展，学校已逐步建成基于网络实验教学资源高度共享，实验教学情景化、实验过程可视化、实验管理手段信息化、数据处理数字化的体系。为有效整合全校教学法方面的资源，目前学校已经启动了“中学教学法网络学习资源库”建设。由于中教法是所有师范专业的专业必修课，覆盖面广，中教法网络学习资源课可以使我校师范生受益，从而有效地提高广大师范生的中学教学能力。

（四）以生为本，依靠学生，实行混合编队实习模式

随着大学的扩招，学生人数急剧增加，传统的“单科定点”实习模式已经难以适应，由于同一个专业的学生人数过多，不仅给实习学校带来沉重的负担，实习生们也没有足够的“表现”机会；在带队教师“保姆”式的照顾下，实习生们渐渐走向了依赖和被动，失去了最宝贵的自主性和独立思考及处理问题的能力，无法保障实习生的主体作用。

我校采取的混合编队模式，大大激发学生的积极性和主动性。该模式由若干院系实习生组成10人左右规模的实习队（每专业1～2人）到一所中等学校实习，委托中学全面、全程指导。充分体现了“以生为本，依靠学生”的理念，学生锻炼的机会大大增加，得到学生和实习学校的欢迎②。

（五）以实习基地为依托，全面开展与中小学的合作

目前，我校在广东省内有200多所实习基地，每年我们学校的实习生遍布各地的各级各类的学校进行实习。以实习基地为依托，开展与中小学的多方面合作，包括与中小学开展教育科研合作项目，聘请中学老师担任兼职讲座教师、教育硕士导师等。这几年，我校还以赠送新课程改革的书籍，开展新课程教育教学指导，派教学法老师到中小学任兼职副校长、派研究生任校长助理等形式对中学进行帮扶指导等，大力加强了与中小学方面的合作。

---

① 叶惠文、邹应贵、杜炫杰：《现代微格教学系统构建与实施模式研究》，载《电化教育研》2006年第7期，第70—72页。

② 陈冀平：《混合编队教育实习模式探讨》，载《高等师范教育研究》2000年第4期，第55—59页。

（六）以科研和素质大讲坛，带动学生全面素质提升

为了培养创新型、研究型教师，我校从学校层面营造浓厚的科研氛围，重视学生的学术研究。坚持综合素质培养与个性发展相结合，鼓励学生边读书边学习，边思考边研究，大胆提出自己的学术见解。积极开展学生课外科技活动和社会调查活动。从2002年开始，我校每年开展学生课外科研立项，主要包括哲学社会科学类学术论文和调查报告、自然科学类学术论文（限本科生）、发明制作类。仅2002—2005年，全校共406个课题成功立项，学校共给予经费90万元。这有效地促进学生课外科研活动蓬勃发展。

学校利用国家文化素质教育基地，定期开展"文化素质大讲坛"（基本上每星期一次），邀请校内外知名教授、学科带头人和各行业专家，以先进文化为依托，结合专业知识，论述科学精神与人文精神，教导学生做人、做事、做学问。"文化素质大讲坛"质量高，效果好，影响力大，一批批专家、学者、文化名人、企业精英纷至沓来，畅谈学术感悟、人生百味；众多的学子积极参与，在这里开阔视野、放飞理想、张扬个性。

学校还设立创新实践学分，对在发明创造等方面有特长的学生，学校给予一定的学分奖励。所有这些，都是为了让师范生们的综合素质得到提升。

二、教师教育改革趋势前瞻

当前教师教育正向开放化、专业化、高层次化、职前职后一体化等方向发展，要紧跟时代的步伐，把握教师教育改革前进的节奏。下面结合广东的实际，谈谈我校教师教育改革的一些想法。

（一）成立教师教育管理及研究机构，统筹谋划教师教育发展

成立教师教育研究中心（或者教师教育研究所）。负责对教师教育的改革与发展进行规划，人员可由专兼职结合，也可以成立教师教育专家委员会，做好教师教育决策的参谋。

成立教师教育管理机构。随着学校逐步向综合性大学转型，需要有一个机构负责统领全校的教师教育，对全校的教师教育具体协调与统一管理，进行资源共建共享，发挥优势互补，实现资源的有效整合。

不定期地进行关于教师教育的各种调研，供教师教育改革参考。如社会对教师需求的专业结构、素质结构等的调研，毕业生的跟踪调研等。

（二）调整教师教育专业结构，适应基础教育发展需求

根据社会对不同专业师范生的需求，结合我校师范生与非师范生人才培养的

格局，统筹兼顾，促进协调发展。根据广东省的规划，到 2011 年，全省户籍人口高中阶段教育毛入学率应达到 85% 以上，高中阶段教育在校学生应达到 395 万人以上，其中新增学生 113 万人以上；全省基本普及高中阶段教育。珠江三角洲地区全面普及高中阶段教育，其中普通高中与职业中学规模大体相当。因此，我们在培养普通高中教师的同时，要结合我校同时培养非师范生和师范生的优势，适度培养职业中学、中等专业学校教师。

（三）加强教师教育学科建设，构建教师教育课程结构新体系

根据社会经济的发展，适时修订教学计划。通过学分制、弹性学制给学生提供自由选择自主发展的空间。组建专家队伍，构建教师教育模块课程体系，出台教师教育课程改革方案，建设好教师教育系列课程。开发教师教育网络课程。打破师范与非师范的壁垒，使有志于从事教师职业的学生能有机会接受教师教育。

课程设置是师范教育的核心。学校在考虑课程完整性和系统性的同时，加强多元化、小型化、系列化、模块化课程体系建设。结合基础教育课程改革与发展的需要，增设中小学优秀校长、教师的专门讲座、学术报告或者其他互动的活动，并且将之制度化，要求每个学生都能参加若干个此类报告，赋予一定的学分。

（四）改革教师教育教学手段和教学方法，促进教与学方式的变革

新一轮基础教育课程改革带来了教学方式的变革，自主学习、探究学习、合作学习等方式在中小学逐步深入，高师院校在教学方式上也应做出适当的变革，案例教学、研究性学习在高师院校教学中应占有一定的份量。鼓励开展多种教学方式，如专题讲座、专题研讨、问题研修、观摩实践、教育调查等。而信息化、网络化的普及，要求高师院校充分利用信息化带动教师教育的现代化，教育技术与学科课程的有效整合，促进教育教学质量的提高。同时，我们应当通过专题学术报告、校园网络、校报专题等形式帮助师范生了解和研究中小学课程改革的动向和趋势。

（五）紧密联系基础教育开展教育科研，建设与中小学的伙伴关系

以实习基地为依托，建立我校基础教育改革和服务的综合改革实验区，建立面向基础教育开展合作研究的基地，开展师范院校与中小学长期合作的伙伴关系。一方面，聘请中学优秀教师担任我校教师教育相关课程的教学工作；另一方面，派我校教师、研究生、本科生到中小学分别担任兼职副校长、校长助理、代课老师等，在指导、服务中小学的同时，促进我校教育科研的发展，达到互利共赢。

积极介入全省各类中小学教师培训工作，为中小学教师提供培训进修机会，促进在职中小学教师专业发展。通过与在职中小学教师的互动，也促使师范生培养质量的提高，从而真正达到教师教育职前培养之后培训一体化。

（六）加大学科带头人和骨干教师的培养，提高师资队伍整体水平

加大基础教育专业学科带头人和骨干教师培养的力度。选派教师到名校进修培训，开展学术交流活动；制定优惠政策，吸引优秀人才充实我校教师教育队伍；吸纳优秀的中学一线教师和优秀教研人员为本科生授课；定期开展教学观摩，教学竞赛活动，使一大批优秀教师涌现出来，形成以学科带头人为核心的人才梯队。

（七）加强教学管理科学化、信息化建设，满足多样化、自主化学习需求

进一步完善学校教务教学管理体系，为培养模式多元化提供技术支持。采取多种措施，为学生提供多样化的人才培养通道。尝试为部分课程提供网络课程资源或者其他课程资源，让学生自学，考试通过即可以获得相应学分。

本文系华南师范大学在第五届全国师范大学联席会议交流材料。
本文作者：彭上观。

教师教育“4+2”模式人才培养改革探索[①]

——以华南师范大学为例

继北京师范大学在2001年启动“4+2”人才培养模式改革[②]以来，国内不少高校在学士后教师教育方面做了积极的探索，为教师培养模式多元化进行了不少有益的尝试[③④]。近年来，在华南地区特别是珠三角经济较发达地区，重点中学对新入职教师越来越强调高素质、高学历。教师的这种需求条件对传统的四年制本科师范生培养提出了挑战。我校在借鉴国内兄弟院校经验的基础上，于2007年启动了——勷勤卓越教师培养计划，探索教师教育“4+2”本硕连读培养模式。截至2012年，选拔培养了6届学生，其中3届学生已毕业。整个改革进展顺利。

一、教师教育“4+2”模式的培养目标定位

教师教育“4+2”培养模式旨在培养教师教育方面的创新应用型精英人才。通过6年一贯制的培养，使学生具有较为扎实的教育教学理论、较为宽广的专业知识、较为高强的实践能力[⑤]，将来有能力成为广东省各地重点中学的骨干专家型教师及管理干部。

二、教师教育“4+2”模式的培养特点

经过这几年的实践探索，我们把“4+2”模式的特点概括为“一贯两制三合作”。“一贯”是指4年本科和2年研究生教育统筹安排，有机融合，相互衔

① 本文原载于：《泛珠三角教师教育联盟联席会议主题交流材料汇编》。

② 靳希斌：《教师教育模式研究》，北京师范大学出版社2009年版。

③ 王健：《我国高校学士后教师培养模式的现状分析》，载《教师教育研究》2009年第31卷第6期，第10—14页。

④ 王宇翔：《学士后教师教育模式实施的必要性探究》，载《中国教育学刊》2010年第1期，第73—75页。

⑤ 朱晓宏：《实践取向的学士后教师教育》，载《教育发展研究》2009年第20期，第44—47页。

接，大四时安排教育实践和研究生公共学位课程。“两制”是指双导师制和双实践制。每名学生配备大学导师和中学导师，学生本科阶段和研究生阶段分别到基地学校实践半年，本科阶段侧重实践和体验，研究生阶段侧重教学与研究。“三合作”是指理论导师、实践导师、学生三方共同申报广东省教育厅课题，共同进行研究，融培养于研究中。

三、教师教育“4 +2”模式的培养措施

（一）严格入口关，确保选拔优秀生源

“4 +2”模式的学生是从大三学生中遴选的。遴选标准从最初侧重学生已有的学业成绩转变为目前侧重学生临场发挥的能力。为了确保遴选出乐于当教师、适合当教师的优秀学生，我们采用公开选拔，学业成绩在同年级同专业前30%的学生均可以报名参加遴选。然后，各学院对已报名的符合条件的学生进行考核。考核由“教师教育综合素质”和“学术科研加分”两部分构成。其中，教师教育综合素质考核主要考查学生的学科教育教学的综合素质能力，由三个环节组成：理论测试（包含学科基础、学科教学理论基础、课程改革基本理论、撰写教案、评价教案，中学学科解题基本能力等）、模拟课堂（主要是试讲或说课、即兴演讲等形式）和面试（考查学生应变能力，分析问题和解决问题能力）。各个环节所占分数比例由各学院根据学科特点确定，但需提前向学生公布。

（二）科学设置与安排课程，使学生在大四就学习研究生学位基础课

为充分体现“6 年一贯”的培养，学生大四第一个学期安排教育实习，第二个学期开设研究生学位课程，主要课程有教育科学研究方法、教育心理学、教育测量与评价、教育管理学、学科课程与教学论等，采取专题讲座、案例研究等多种教学方式。在后两年中，除了安排一个学期的教育实践、撰写毕业论文外，还根据不同的学科方向，开设了系列的选修课程，让学生可以根据自己的不同研究兴趣选读不同的方向，在研究生阶段修读共计不少于 32 个学分的课程。

（三）建立优质实践基地，确保学生享有优质实践资源

为了确保教育实践环节的质量，我们挑选了位于广州地区并享有盛名的中学作为基地学校，将这些学校的建设纳入我校师范教育质量提升计划中的教师教育示范基地建设项目，专为“4 +2”模式学生提供实践平台。目前，我们已签约了6 所重点中学，包括华南师大附中、广东实验中学、广雅中学、执信中学、广

州六中、广州二中。

（四）聘请基地学校优秀教师担任导师，使每个学生享有双导师

为确实加强“4 +2”模式学生的实践能力培养，增加实践性知识，提高实践指导的针对性和有效性，为“4 +2”模式学生的论文写作提供更多实证研究的指导，我校在基地学校聘请了一批优秀教师担任实践导师，与校内的“4 +2”模式的理论导师共同对学生开展指导工作。

（五）明确实习内容与要求，让学生在不同阶段得到不同的锻炼

“4 +2”模式的学生参加两次教育实习，每次一个学期，实习时间分别安排在大四第一学期和研二第一学期。这两个实习阶段学生实习任务和要求不同，其中本科阶段需完成6 大任务，主要涵括教学工作（上课不少于20 课时）、班级管理、学科教研、行政管理、举行公开课、基础教育调查。此外，为了促进相同学科不同实习学校学生的交流，学生在实习期间每周回学校半天，以学科为单位参加由课程与教学论教师负责组织的“实践教学反思与研讨”活动。

研究生阶段实习内容主要涉及教学、教育调查与课外活动指导三方面。学生需要完成“五个一”：一份优秀教学设计、一篇高水平的教育教学调查报告、一次公开课、一场学术报告、一份课外活动指导总结。

（六）进行课题立项，推动大学和中学的深层次合作

我校导师、基地学校导师和研究生一起联合申报广东省中小学教学研究“十二五”规划课题。目前，课题立项已覆盖“4 +2”模式的9 大专业和6 个基地学校。以课题立项为抓手，加强高校与中学的联系和合作。

（七）建立统分结合管理机制，确保相关部门各司其职

“4 +2”模式学生培养涉及学校教务处、研究生处、教育科学学院、公共管理学院和有培养任务的学院，需要这些部门和学院密切配合、通力协作，各司其职。为此，本科阶段的“4”，由教务处管理，研究生阶段的“2”由研究生处管理，两次教育实习的安排及大四第二学期基础学位课由教务处统一协调，其他专业课程由相关学院安排。这种分工明确、统分结合的管理发挥了各自的特长和优势，使得不同学院、部门、基地学校的联络协调畅通，从而保障培养工作的顺利进行。

（八）丰富“4 +2”培养模式内涵，拓展培养途径

之前，我校每年是从学术型推免指标中划出30 个名额用于“4 +2”模式的

招生，但这样的培养规模适应不了基础教育的要求。与此同时，教育部有关研究生招生的政策要求逐步减少学术型指标，增加专业学位名额。这对于扩大“4+2”招生规模提出了挑战，因为规模的扩大唯有通过扩大专业学位招生。然而，专业学位的缴费上学这一要求吸引不了优秀学生报读。

2011年，我校作了一个尝试，与华师附中（简称“华附”）、华附在线学习中心（爱学网）开展本科阶段第四学年联合培养。在遴选学术型教师教育“4+2”模式硕士研究生的同时，遴选15名免试攻读全日制教育硕士专业学位学生。获得免试攻读全日制教育硕士专业学位研究生资格的学生，其本科阶段第四学年到华附在线学习中心（爱学网）参加教育实践并接受华附教师为期1年的指导培养。培养期间，学生要完成以下任务：完成本科阶段8个学分的教育实习工作；跟随名师听课及整理相应的资料；协助导师完成华附在线相应课程教学任务；参加学科教研活动，为爱学网提供高质量的教学资源/学案；配合视频课程和学案在线回答学生的提问；讲解课后习题。学生在华附接受培养期间，华附在线学习中心（爱学网）为每位学生每月提供一定的生活补助。

这种合作培养既为学生成长提供了丰富、优质的实践资源，又解决其读研的费用问题，更重要的是吸引了更多优秀学生报读。

四、教师教育“4+2”模式的培养效果

（一）学生受到实践学校的欢迎

各基地学校负责统筹教育实践工作的老师反映，“4+2”模式的学生总体素质高，工作态度认真，投入程度高。正如广东实验中学的李子良副校长所说，“‘4+2’的学生整体素质非常高，尤论是从工作态度，还是工作投入程度，远远超过了我们在职教师。我校拟从‘4+2’模式的学生中录用多名”。

“4+2”模式的学生通过参加教育实践在一定程度上触动了实习学校教师的工作态度、教育教学理念和教学方法。正如广雅中学吴新华副校长所言“通过指导‘4+2’的学生，我的目标更加坚定、明确；它让我在教好书的同时，努力形成自己的教学风格；‘4+2’学生的到来，对我校整个教师队伍建设具有良好的促进作用”。也正因为这样，广雅中学把接收“4+2”模式学生的培养，当作广雅中学120多年来具有重要历史意义的事情来抓。

（二）毕业生受到用人单位青睐

“4+2”模式已有3届学生毕业，100%在教育系统工作，80%以上进入广州、深圳、珠海、东莞、佛山等地的全国示范性高中从教，普遍受到用人单位的

好评。

（三）已初步成为我校的一个品牌

近几年在进行遴选免试攻读硕士研究生的时候，我们发现报名参加“4+2”模式的遴选成为大部分学生的首选，特别是数学、物理、化学等专业，前十名的学生都争先恐后报名参加“4+2”模式的遴选，力争进入“4+2”模式的培养。

（四）促进了校内外教师专业发展

“4+2”培养模式的改革促进了校内外教学师资队伍力量的整合，为其教育教学水平的提高创设了平台；同时也吸引了一批高水平的重点中学教师参与师范生的培养，为我校提供鲜活的经验和优质师资。

（五）形成了教师职前培养职后培训共同体

通过实践基地共建，吸纳基地学校的校长、教师全程参与“4+2”模式人才的指导，为教师职前培养注入一股强劲的动力。同时，大学也派出相关的专家学者，为中学师生开设讲座，进行方法指导。这种合作共建逐步形成了高水平教师教育人才培养的共同体。此外，“4+2”培养模式以课题研究的方式将中学导师、大学导师、“4+2”学生等三股力量凝聚在一起，围绕基础教育中出现的热点、难点问题共同开展研究，使得研究更具针对性和实效性。

五、教师教育“4+2”培养模式引发的思考

（一）“4+2”培养模式的知名度有待提高

我们对任何新生事物都有一个认识的过程。有用人单位把“4+2”模式的学生当成普通的教育硕士；也有用人单位认为“4+2”模式研究生只读2年，比不上3年制硕士生学得扎实，因而不大乐意招收该类毕业生。因此，需要在社会上广泛宣传。

（二）不同类别的培养模式有待整合

就我校而言，同一个学院，培养基础教育师资方面，至少有5个不同的品种：3年制的课程与教学专业研究生，全日制教育硕士，在职教育硕士，农村教育硕士，“4+2”模式教育学硕士。对于不同类别的培养模式，应如何有效整合校内外的资源，做到既有共同的平台，又有各自的特色和区别，这值得探究。

（三）试点从高考中直接录取“4+2”模式的学生

从大一开始，重新规划设计6年一贯的培养计划，实行“优胜劣汰”的进入和退出机制。在大学三年级下学期，对不合适的，允许其退出；对具备优秀教师潜质的，经一定的遴选程序吸纳进来，从而保证“4+2”模式的学生始终是最优秀学生。

本文系广东省高等院校学科建设和教育教学质量与教学改革工程专项项目“教师教育‘4+2’本硕一体化人才培养模式创新实验区”（粤财教［2011］473号）阶段性研究成果。

本文系华南师范大学在2011年泛珠三角教师教育联盟联席会议交流材料。

本文作者：彭上观。

中小学特级教师结构现状及其发展对策[①]

——基于广东省的实证研究

“特级教师”是国家为了表彰特别优秀的中小学教师而特设的一种既具先进性、又有专业性的称号。特级教师应是师德的表率、育人的模范、教学的专家。弘扬特级教师精神，是时代的要求，社会的需要，教育的需求[②]。截至2010年，广东省共评出8批中小学特级教师。当前，全省在职的特级教师分布如何？基本情况如何？近年来从省外引进补充到中小学教师队伍中的现状又如何？为了对我省在职特级教师有一个整体的认识，特进行了此项调研。

一、问卷设计

问卷主要针对全省在职的中小学特级教师的学历、毕业学校、性别、年龄、学科分布、地区分布、担任领导职务、评定地点、类别等情况设计问卷[③]。

二、调查实施

调查对象：广东省在职中小学特级教师（含中职、中专、幼儿园、特殊教育学校等），包含最新一批（即2010年第八批特级教师）。

调查时间：2012年10月—12月。

调查方式：由各地市汇总到省教育厅师资管理处的全省在职特级教师相关数据为依据，目前全省在职特级教师986人，有效数据100%。

由于特级教师毕业学校信息不完整，故采取抽样调查的方式，通过全省各县区分管人事工作的负责人协助问卷调查，然后汇总而成。共计回收有效问卷涉及特级教师291人，占全省特级教师总数的29.5%。

数据统计：对收集的数据，采取分类统计的方式，借助SPSS统计软件进行

---

① 本文原载于《教师教育论坛》2014年第27卷第6期，第76—80页。

② 王芳、蔡永红：《我国特级教师制度与特级教师研究的回顾与反思》，载《教师教育研究》2005年第6期，第41页。

③ 赵光鼎：《湖北省特级教师现状调查〉，载《教育研究与实验》1988年第1期，第33页。

相关分析①。

三、调查基本情况分析

（一）学历情况

从全省范围看，特级教师中本科学历占主体，为 80.8%，硕士及以上占 11.0%，大专及以下占 8.2%。

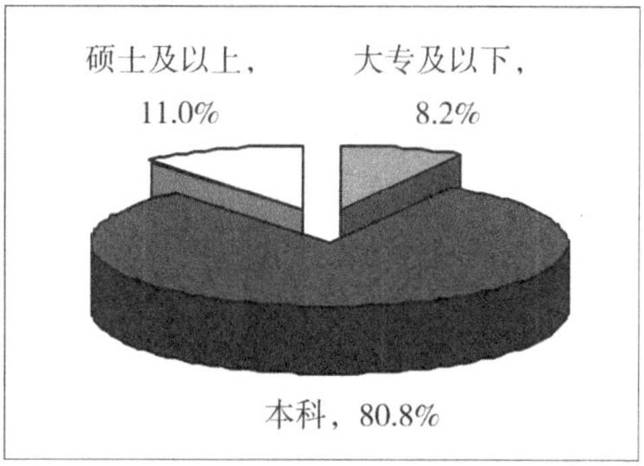

图 1 特级教师学历结构分布

从地区差异看，硕士以上学历比例最高的为省直属学校，占 23.5%；其次是粤东，占 12.1%；最低的是粤北，为 0。而大专学历所占比例最高的是粤北，为 15.8%；其次是粤西，为 14.7%；最低的为省直属学校，为 0。

（二）年龄分布

从年龄分布看，特级教师人数最多的年龄段是 41 ～ 50 岁，占 62.7%（其中 46 ～ 50 岁，占 33.8%；41 ～ 45 岁，占 28.9%）；最年轻的为 32 岁，有 3 人。这反映了特级教师成长的规律：特级教师的成长需要一定的周期②；同时也反映了近年来我省特级教师年轻化的重要趋势。部分优秀教师脱颖而出，成为学校的骨干和中坚力量。

---

① 相关说明：为方便比较，本调研将全省分为五个区域，包括：省直属（华师附中、广东实验中学、华师附小、省教研室）；珠三角地区（广州、深圳、佛山、东莞、中山、珠海、惠州、江门）；粤东（潮州、揭市、梅州、汕头、汕尾）；粤西（阳江、云浮、茂名、湛江、肇庆）；粤北（韶关、河源、清远）。

② 李红惠：《中小学特级教师的教学情况调查研究》，载《上海教育科研》2010 年第 2 期，第 49 页。

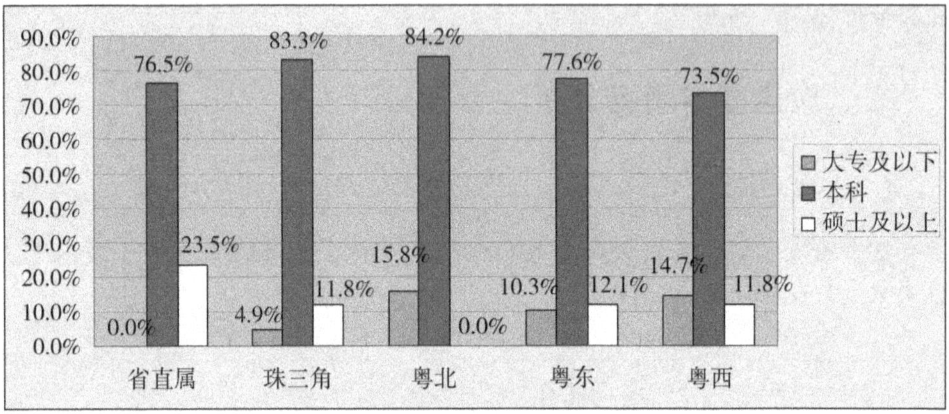

图2 特级教师学历地区差异

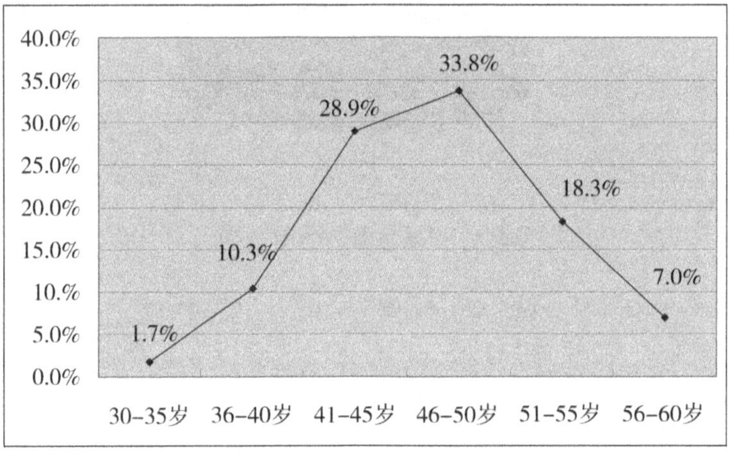

图3 特级教师年龄段分布

（注：年龄计算截至2010年12月。）

（三）性别比例

从全省范围看，特级教师中男性占62.8%，女性占37.2%，男性约是女性的1.7倍。这与目前中小学教师队伍中女教师明显多于男教师的现状不匹配①。据《中国中小学教师发展报告（2012）》统计表明②，截至2009年，全国中小学

① 周建伟：《中小学教师性别结构失衡成因及其对策》，载《教学与管理》2007年第18期，第28页。

② 曾晓东：《中国中小学教师发展报告（2012）》，社会科学文献出版社2012年版，第129页。

专任教师队伍中，总体上女性教师所占比例已达52.93%。

（四）毕业学校分布情况

从毕业学校地域分布看，省内院校毕业的占72.9%，省外院校毕业的占27.1%。可见特级教师大多数出自本省院校。

从毕业学校类别看，师范院校毕业的占79.9%，非师范院校毕业的占20.1%，可见特级教师中绝大多数出自师范院校。

从单个毕业院校情况看，华南师范大学毕业的特级教师占的比例最高，为30.6%，其次是广东教育学院（已更名广东第二师范学院）占18.0%，而教育部直属6所师范大学［含北京师范大学、华东师范大学、东北师范大学、华中师范大学、陕西师范大学、西南师范大学（已更名西南大学）］毕业生占6.9%，湖南师范大学毕业生占3.5%。

从地区差异看，华南师大毕业的特级教师在省直属学校占的比例最高，达64.7%，在粤东地区最低，占28.8%。韩山师院毕业的特级教师在粤东地区最多，湛江师院毕业的特级教师在粤西地区最多，这反映了地方院校在当地占有重要的影响力。而上述教育部直属的6所师范大学在珠三角地区占有不小的份额，为13.2%，这从一个侧面反映了近年来珠三角发达地区对重点师大毕业生有较大的吸引力。

表1 全省特级教师毕业学校地区差异

毕业学校	省直属	珠三角	粤北	粤东	粤西	全省
华南师大	64.7%	31.3%	34.2%	28.8%	39.4%	34.2%
广东教育学院	5.9%	14.6%	21.1%	36.5%	24.2%	20.1%
湛江师院	0.0%	1.4%	0.0%	0.0%	3.0%	1.1%
韩山师院	0.0%	0.0%	0.0%	7.7%	0.0%	1.4%
广州师院	5.9%	4.2%	5.3%	0.0%	0.0%	3.2%
省内其他院校	5.9%	8.3%	18.4%	23.1%	15.2%	13.0%
部属6师大	5.9%	13.2%	2.6%	0.0%	3.0%	7.7%
湖南师大	0.0%	6.9%	0.0%	0.0%	3.0%	3.9%
省外其他师范院校	5.9%	9.7%	10.5%	3.8%	9.1%	8.5%
省外非师范院校	5.9%	10.4%	7.9%	0.0%	3.0%	7.0%

（五）学科分布

从学科看，语文、数学两个学科在所有特级教师中占的比重最高，分别达

26.9%和22.8%，两科合计占49.7%，占了特级教师的“半壁江山”。这与基础教育各级各类学校都开设语文、数学课程，故语文、数学教师较多有一定的关系。紧跟其后的是英语课程，占8.0%。这是传统意义上的“三大主科”。

其他科目中，位于前三甲位置的分别为：物理占7.2%，思想政治（道德与法治）占7.0%，化学占6.9%。其他科目所占比例均低于总数的4%。

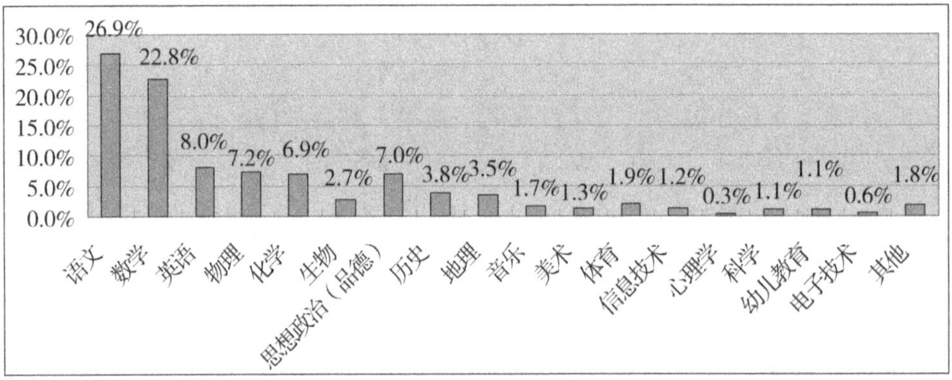

图4 全省各地特级教师学科分布

（六）地区分布

从特级教师任教所在地区来看，特级教师主要集中在珠三角地区，占55.2%（如果算上省直属学校所占的1.9%，则高达57.1%），粤西地区占17.2%，粤东地区占16.0%，粤北地区最少，占9.6%。

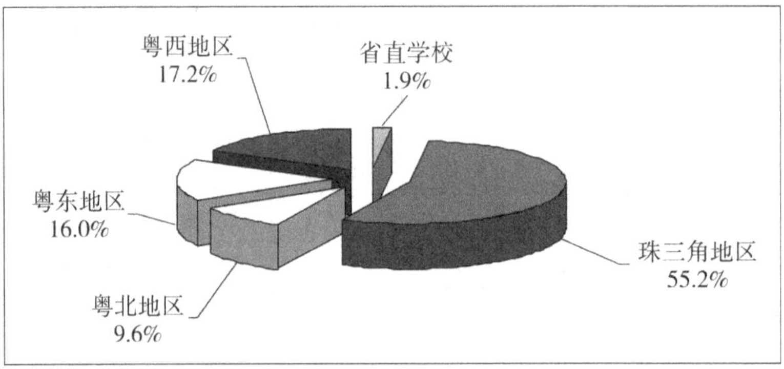

图5 全省特级教师地区分布

从地市分布来看，特级教师最多的地市是深圳，占全省特级教师的19.5%。这与近年来深圳的待遇高吸引了大量省外特级教师到深圳就业有密切关系。以

2009 年在职特级教师为例，深圳当时特级教师共 167 人，其中在广东省评定的只有 37 个，占 22. 4%，省外评定的 130 人，占 77. 6%。其次是广州，特级教师共 90 人，其中在广东省评定的有 61 个，占 67. 8%，省外评定的 29 人，引进的占 32. 2%。仅是深圳、广州两地从省外引进的特级教师就有 159 人，占全省引进特级教师总数的 77. 3%。其他各地市引进特级教师比例不大，主要来源为本省评定。

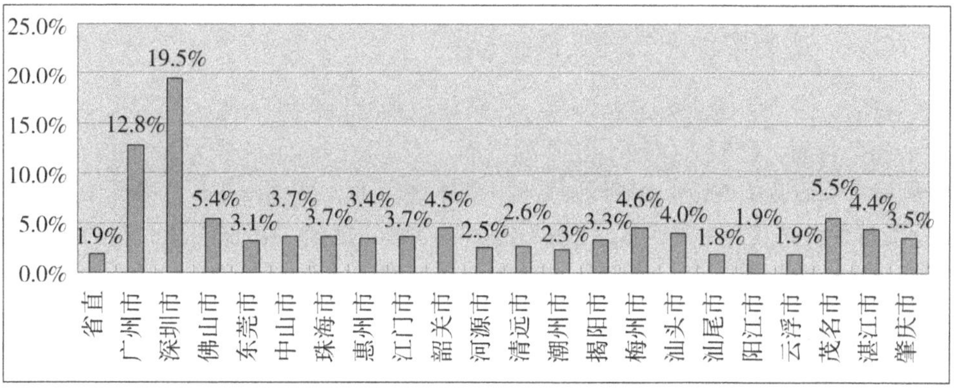

图 6　全省特级教师各地市分布

（七）特级教师类别

从特级教师类别看，特级教师目前主要分两个类别，分别为小学特级教师和中学特级教师。统计结果显示，中学特级教师数大约是小学特级教师数的 2 倍，两者所占比例分别是 66. 6% 和 33. 4%。

（八）是否担任领导职务

我国历来有“学而优则仕”的传统。特级教师是我国基础教育界教师的最高荣誉，是教师中的佼佼者。而我国基础教育界的领导基本上是由教学骨干来担任。调查数据显示，担任单位领导（含正副校长、党支部书记、正副局长等）者占 39. 4%，担任中层干部（主任、科组长、年级长等）者占 29. 9%，无领导职务者占 30. 7%，即七成左右的特级教师担任了中层干部以上职务。

（九）评定地点分布

调查数据显示，截至 2010 年我省在职特级教师中，79. 4% 是广东省内评定的，20. 6% 是非广东省评定的。其中，省外引入我省的特级教师所占比例超过 1. 0% 的省份有：湖北 5. 4%、湖南 4. 2%、广西 1. 2%、黑龙江 1. 2%、吉林

1.1%、江西1.1%、河南1.0%，其他省份的均不足1.0%。可见，由于地域相近的缘故，湖南、湖北到我省工作的特级教师较多。

四、问题及发展对策

从调查数据来看，广东省特级教师呈现了学历高、年龄低的良好态势。同时，也有一些问题值得我们重视。

（一）适当增加评选的名额指标

目前，全省特级教师总量偏低。而特级教师每四年评一次，每次每个地级市才十几个名额，已较大制约了教师的发展。以2009年的74.8万专任教师[①]为基数测算，我省现有986名特级教师，占全体教师的比例为1.3‰，略低于教育部《特级教师评选规定》中评选比例不超过1.5‰的规定。在现阶段，是否可以探索设立地市级特级教师，由地级市根据本市的教师情况而定。

（二）继续注重向一线教师倾斜

教育部《特级教师评选规定》明确指出，特级教师评选的重点是在普通中小学教育教学第一线工作的教师。但统计表明，不少特级教师是当了领导才评上的。为了提高特级教师评选的公信力，我们应该继续坚持国家的要求，注重向一线教师倾斜。

（三）坚持标准与统筹兼顾相结合

在坚持评选标准的同时，应充分考虑到特殊群体的需求，统筹兼顾，促进教师的均衡发展。建议做好“三个加大”：一是加大农村偏远地区的倾斜力度。农村地区条件艰苦，待遇偏低，要鼓励当地优秀教师更快更好地成长，形成良好的示范带动作用，促进农村偏远地区教师整体素质的提升。二是加大对小科目的倾斜力度。注意发掘和推荐史地生、音体美、信息技术等小学科的优秀教师。三是加大对女教师的倾斜力度。毕竟当前中小学教师中以女教师居多，故在评选特级教师时，建议适当加大女教师的比例。

（四）重视本土培养与引进相结合

珠三角地区是特级教师聚集最多的地方，但有一个不容忽视的现象是，从省

---

① 洪奕宜：《广东中小学教师空编6万，超过代课教师人数》，《南方日报》2009年9月16日。

外引进特级教师最多的也是珠三角地区。过多地一味从外面引进，对本地本校教师专业发展的积极性是个很大的打击。建议各地区各学校在吸引外地特级教师的同时，也要注意本地本校教师的提升，使之相互促进。

（五）制定科学的后续发展激励政策

从调查情况看，有些教师不到四十岁就评上了特级教师。如果缺乏后续发展的激励政策，则不利于特级教师后续发展①。广东省从2009年启动的正高级教师试点是一个有力的举措，对激发老师的工作积极性和创造性、有更高目标动力和理想追求发挥积极的作用。建议逐步地加大正高职称评审的力度，给老师更多的希望和出路。

（六）充分发挥地方高校作用为地方服务

调查结果表明，广东省特级教师毕业学校来源有两个显著的特点：以地方高校为主体，以师范院校为主体。一方面，地方高校为地方服务是义不容辞的，地方师范院校应勇于承担起提升教师素质的责任；另一方面，地方政府和教育行政部门，也应充分调动地方高校的积极性，发挥其参与地方师资队伍建设的作用。建议积极探索高校、地方政府、中小学三方合作培养师资、提升师资队伍向高水平发展的新机制。

（七）构建省级或者市级特级教师平台

榜样的力量是无穷的。为充分发挥特级教师作为基础教育的优秀资源，建议组建省级或者市级的特级教师平台，改变特级教师“单打独斗”的状况，实现特级教师“落地”。既强化特级教师个人作用，又与当地学校的教育教学工作结合在一起，形成一个团队，加强统筹和组织管理。凝聚特级教师的力量，营造良好的氛围，帮助年轻教师成长，带动越来越多的教师向特级教师学习，越来越多的教师争当特级教师。

【致谢】本调查得到广东省教育厅师资管理处及各地市、各县区分管教师继续教育工作和人事工作的同志鼎力相助，数据处理得到华南师大数学科学学院2012届陈明珠、叶素静、杨英梅、杨祖鑫等同学的积极帮助，特此感谢。

本文系广东省教育综合改革试点项目“卓越教师全程优化培育”

---

① 杨黎方：《最大限度地发挥特级教师的骨干作用：浙江省中小学特级教师的现状调查》，载《人民教育》1997年第1期，第38页。

(YJGH2011101)、华南师范大学教改项目“高师院校教学法教师队伍建设的现状与对策研究”(JG523481)阶段性研究成果。

本文作者：彭上观，林天伦（华南师范大学教务处），何毅（沅江市新湾中心校杨阁老学校）。

新课程背景下高中数学骨干教师省级培训的现状与思考[①]

——基于广东省高中数学骨干教师培训的调查

一、问题的提出

骨干教师省级培训是教师继续教育的重要组成部分，是各省区加强中小学教师队伍建设的重要举措。自教育部实施“中小学教师继续教育工程”以来，骨干教师培训在全国各省区已逐步开展起来[②]。在当前新一轮的课程改革的背景下，骨干教师省级培训的现状如何？在关注新课程方面有什么做法？存在哪些问题？参训的学员有什么意见或建议？如何才能增强骨干教师省级培训的实效性和针对性？……带着这些问题，笔者对参加第三期广东省高中数学骨干教师省级培训班的学员做了一次调查，调查的学员来自全省21个地市的中学。主要采用问卷调查与访谈相结合的方式，其中发出问卷46份，回收有效问卷43份。下面根据调查和访谈的结果，对省级骨干教师培训的现状提出若干思考与建议。

二、高中数学骨干教师省级培训的现状及分析

（一）参训学员的基本情况

1. 大部分学员有丰富的教学经验

调查表明，参与省级骨干班学习的学员中，参加工作“10年以上”的占65.1%，工作“6～10年”的占18.6%。可见，80%以上的省级骨干班学员中具有6年以上的工作经验。作为一名教师，不仅要具有渊博的知识，更要有丰富的实践经验。而教师在刚参加工作时，无论是对教育教学内容，还是对学生的心理发展状况，都不是很熟悉，这就需要一个过渡时期。随着教学经验的丰富和教

① 本文原载于《中学数学教学参考》2009年第3期，第64—67页。

② 王爱珍：《省级中小学数学骨干教师培训调查研究》，载《数学教育学报》2006年第3期，第68—71页。

学水平的提高，逐渐从一名“新手”转变为一名“老手”，能认识到教育教学规律，顺利地开展教育教学工作。这也从另一个侧面说明，骨干教师的成长需要较长的周期，是一个渐进的、累积的过程。

表1 学员的工作年限

工作年限	10年以上	6～10年	3～5年	1～2年
占比/%	65.1	18.6	9.3	7.0

2. 学员们普遍感到平时所肩负的任务比较重

在问及“你认为所肩负学校工作的负担如何?”时，23.3%的学员认为“非常重”，58.1%的学员认为“比较重”，18.6%的学员认为“一般重”，没有学员选择“比较轻”“非常轻”。在与学员们的访谈中发现，学员们普遍认为在新课程改革后，工作负担较以往有加重的趋势。由于这次新课程改革的力度较大，很多东西都要从头开始，对课程改革的方向、教学内容的深度、广度等都把握不准。这无论是在心理上，还是实际操作中，都是教师们的新挑战。调查中还发现，25.6%的学员在学校中兼任了行政职务，这使他们的工作量比普通教师更大一些。

（二）学员对培训的认识与态度

1. 学员及其所在学校大多数都采取支持的态度

由于种种原因，部分教师或者所在学校在平时的各种培训中，参与培训的积极性不够高。但对省级骨干教师这类高水平的培训，从调查的结果看，学员及其所在学校是欢迎的。从学员的角度看，58.1%的学员认为参与培训“非常有必要”，39.5%的认为“比较有必要”，只有2.4%的人认为“可有可无或者没有必要”。可见，学员们非常渴望有机会参与高级别的培训，都希望通过培训提升自己的素养。从学校的角度看，51.1%的学校对学员参与培训是“非常支持”，37.2%的学校是“比较支持”的。当然，也有些学校由于要另外找人代课而不太支持，这部分占11.7%。从总体上看，无论是学校还是学员本人，对省级骨干培训是支持的，态度是积极的。

2. 学员对参加培训的目的比较明确

调查表明：对参加培训的目的，18.6%的学员认为是“提高自身的发展的需要”，9.3%的认为是“适应工作的需要”，72.1%的学员认为是“提高自身的发展和工作的需要”，没有人认为是“换换环境，来这里溜达一下”的。可见，参与省级骨干培训的学员们，参与学习的目的是很明确的，都想通过培训，使某些方面的素质得到提高，以进一步适应工作的需要。这也说明教师对自身专业发展具有很强的危机意识，感受到差距感，教师的主体性意识在不断地增强。

（三）学员参与科研及其运用的情况

新课程改革的推进，要求教师扮演着“双重角色”：教育实践的工作者和教育实践的研究者，要以研究者的姿态进行教育教学。面对在教学实践中出现的新问题、新情况，要善于总结，并进行理论的升华，指导新的教学实践。从而实现从“教书匠”向“研究型”“学者型”教师转变。表2、表3分别为学员们参与课题研究及已发表论文的情况。

表2　学员们参与课题研究情况

课题级别	省级以上	市县级	校级	没有加过
占比/%	25.6	34.9	30.2	9.3

表3　学员们已在公开刊物（省级以上）发表论文情况

发表文章数	0篇	1～2篇	3～5篇	6～10篇	10篇以上
占比/%	34.9	51.2	9.3	2.3	2.3

从调查结果可以看出，大部分的学员都积极参与了各级各类的课题研究，没有参加过的只占9.3%。但相比之下，能在省级以上公开刊物发表论文的人数偏少，34.9%的人没有发表过。而在科研成果的运用方面，对于“在教学中，您是否曾将教育科研成果运用到实际教学中或指导学生的学习?”这个问题，回答“经常”的占16.3%，“有时”的占57.1%，“很少”的占20.4%，“从来没用过”的占4.1%。可见，学员们的教育科研能力及运用能力还有待提高。

（四）学员对培训内容的需求

在问及“你认为当前中小学教师最需要哪些方面的培训?”（多选题）时，回答结果见表4。

表4　当前中小学教师最需要哪些方面内容的培训

希望的培训内容	更新教育观念	教育科研方法	教学经验的介绍和推广	考试命题的研究	新教材研究的培训	新教法研究	其他
占比/%	41.9	30.2	51.2	18.6	39.5	58.1	13.9

调查表明，教师们对培训内容的需求是多方面的。特别是在新课程改革的背景下，教师们对新教法研究（58.1%）、教学经验的介绍与推广（51.2%）、更新教育观念（41.9%）、新教材研究的培训（39.5%）等的需求更加突出。

而在本次省级骨干教师培训中，在内容设置方面根据学员们需求的多样性，共开设了20多个专题。从调查反馈的情况来看，学员认为对他们帮助最大的专题见表5（这里只列出排在前6位的专题）。从专题内容上看，学员们对理论与实践联系紧密的内容比较感兴趣，特别是在教学中或者在科研中能直接应用得上的。而高中课程改革的实施，使学员们对课程标准的关注度也有了很大的提升。

表5　学员们认为对他们最有帮助的专题

专题名	数学教育研究方法	数学学与教的心理学	数学教学实践研究	数学课本中的高考问题	高中数学课程标准解读	数学问题探究
占比/%	93.0	88.4	83.7	81.4	74.4	72.1

在问到“你认为应增加哪些专题”时，按最多人选择的顺序排在前五位的是：数学中的高考问题（83.7%），新教材教法研究（76.7%），数学教学实践研究（69.8%），新课改的案例研究（69.8%），新课程新增内容的研究（65.1%）。可见，学员们最希望通过培训，真正达到“学得会，用得上”，焦点集中在实际操作中，如高考应如何备考，新课程的教学实施等。同时，也反映了基础教育新课程改革推进的过程中，即使是骨干教师也存在不同程度的迷茫，因而更需要各级各类教育工作者在新课程改革中不断摸索，为一线教师们指明方向。

（五）学员所希望的培训者（即最欢迎的授课老师）

骨干教师培训班的学员们，绝大多数都具有丰富的一线的教学经验。在授课老师的安排上，“哪些老师受到学员的普遍欢迎呢?”调查表明，研究中学数学教育的大学老师、中学一线优秀教师、优秀的教研员这三类授课老师是学员们最欢迎的。在访谈过程中，我们了解到，学员们希望教师在上课的过程中，留出一些时间让学员们讨论，增加学员与学员、学员与专家之间的互动，以便对某些问题进行深一层地探讨。同时，学员们也希望增加一些名校校长、特级教师的专题讲座，从名家身上亲身体会到其魅力，受到启迪，获得前进的动力。

（六）学员对培训模式的看法

当前，省级骨干教师培训采取的模式是“集中学习（3个星期）+课题研究（11个月）+结题答辩（1个星期）”。对这种培训模式，学员有何看法？调查表明：有8.2%的人表示“非常赞同”，有49.0%的人表示“比较赞同”，24.5%的人表示“一般赞同”，12.2%的人表示“反对”，没人表示“非常反对”。可见，近九成的人对这种培训模式是认可的。当然，这种模式也存在一定的不足之处。例如，11个月课题研究，如何保证教师与学员之间的联系；集中培训的时间应当如何安排；等等。这都有待在实践中加以完善。

（七）学员对高中新课程改革的认识

1. 对新课程改革必要性的认识

对“你认为当前我国正在开展的新课程改革的必要性如何?”的调查显示（表6），超过90%的学员认为“很必要”或者“比较有必要”。可见，对新课程改革的必要性已经深入人心了。但对新课程如何改，新课程的理念如何才能落到实处，大家比较认可“边实验、边培训、边总结、边提高，滚动发展”的原则，通过不断的培训、学习来提高实施新课程的能力和水平。

表6 学员新课程改革必要性的认识

必要性的认识	很必要	比较有必要	可有可无	根本没必要，简直是换汤不换药
占比/%	30.2	62.8	4.7	2.3

2. 对本次培训内容与新课改的联系程度

对本次培训内容与当前新课程改革的联系程度的调查表明，4.7%的学员表示“非常紧密”，51.1%的学员表示“比较紧密”，41.9%的学员表示“有一点点联系”，还有2.3%的认为“没有联系”。从中可以看出，有超过一半的学员表示这次培训内容与新课程改革的联系比较紧或非常紧，但也有超过40%的学员认为只有一点点的联系或没有联系。因而我们在设置培训内容时，还应更贴近新课程改革，更贴近学员们的实际需求。而新课程的培训，也将成为今后相当长一段时间教师培训的重要内容。

三、若干问题与建议

通过调研与访谈，我们发现学员们反映的一些问题和意见，现在提出来并做一些分析思考，以期对以后培训工作的开展提供借鉴。

（一）培训的受益面宜更广一些

按广东省教育厅的部署，在新一轮骨干教师省级培训的名额中是按全省教师总量的1%确定的。在每期的培训中，每个学科每个地市能分配到的名额就只有两三个人了。一线老师普遍要求能增加一些高级别、高水平的培训①。笔者的建

① 闫祯：《对甘肃省天水、陇南两市农村中小学骨干教师的调查与思考》，载《教育探索》2006年第11期，第120—122页。

议如下：省教育厅在规划培训时，可以适当考虑增大比例，因此而产生的经费预算，采取“三个一点”的办法，即教师、学校、省厅各出一点以解决经费问题。这样既可以让更多的老师来参加培训，也避免了全部由省里负担经费而采取压缩名额的做法。培训的面更广一些，能让更多的老师更快地得到成长！

（二）培训内容要更贴近中学实际

任何课程改革最终都要落实到课堂！理论只有与实践紧密联系才会有生命力①。学员们希望培训尽量减少纯理论性的内容，增加对教学有帮助的实际例子；能对学员们在新课改所遇到的问题、困惑的解决有较好的帮助。

（三）培训方式方法可以更丰富些

除了讲授型的教学外，学员们希望能通过更加丰富的形式，更加符合成人学习的特点来组织教学。新课程倡导新的学习方式：自主学习、合作学习、探究学习。我们在培训中也应充分体现②。笔者的建议如下：

1. 增加自由讨论时间，促进学员交流、互相促进

据学员反映，整体而言，在学习交流方面，专家讲课多，答疑少，“参与式”的体现相对欠缺。建议以后集中培训能安排专家与学员面对面的研讨、答疑、指导。同时，组织学员之间自由讨论。毕竟学员来自全省各地，具有丰富的经验，本身就是一笔很好的资源，通过相互交流，思想的碰撞能激发很多灵感，往往可以收到意想不到的效果。

2. 尽量能多安排一些的观摩与交流，理论联系实际

学员们普遍希望能有更多的机会去名校听课观摩、教育考察等。通过课堂的实践，真实反映一线老师的问题。通过讨论点评，进行交流，切实达到解疑释惑的目的。这样既拓宽了学员的视野，形式也更丰富、更鲜活，效果更佳。而且作为广东省基础教育的骨干教师，视野不必局限于省内，可以去省外、港澳等地区实地参观，亲身体验。

3. 进一步拓展师资来源，可以多聘请省内外的专家、名师

既然是省级培训，师资不必限制在某些学校之内，可以聘请更多一些省内外的专家、名师为学员授课。据了解，学员认为组织一个有经验的、本身处于教学第一线的且颇有成就的教师与各学员老师进行对话和座谈是必要的。

---

① 陈玉华：《骨干教师培训实效性调查研究》，载《中小学教师培训》2005 年第 11 期，第 21—23 页。

② 彭上观：《高中数学新课标实验教材使用情况的调查分析》，载《数学教育学报》2005 年第 4 期，第 45—47 页。

4. 借助信息化、网络化手段，拓宽交流的途径

在省级骨干培训中，其中有11个月的课题研究时间，是学员带着课题回到原单位进行的。在这段时间里，由于种种的原因，可能会使得课题的指导没有落到实处。建议可以借助信息化的手段，利用网络平台，拓宽交流的途径。例如：教育部课程教材发展中心指导下的"新思考"网站（http://www.cersp.com）就是一个成功的案例，现已成功开展了多期网上培训活动。另外利用教师博客（blog）也是实现学员之间沟通的一个好途径，成长博客（http://blog.cersp.com/）正成为当前点击率最高的教师博客。利用网络平台促进教师的专业发展将是一个趋势。

（四）培训模式可以进一步完善

从调查结果可以看出，学员们对省级骨干培训的模式——"集中学习（3个星期）+课题研究（11个月）+结题答辩（1个星期）"，超过90%的人表示认可。但大家还是提出了不少完善的建议：

（1）在课题研究中能有导师指点并组织讨论①；

（2）最好中间能安排来一两次与导师研讨、查找资料；

（3）集中时间可以适当延长一些，比如4个星期，分成两段，这样既避免了一下子时间过短，又避免了总体时间较仓促；

（4）在集中学习的过程中，穿插外出考察、交流。

四、结束语

关于骨干教师培训的问题的研究还有很多，骨干教师的培训工作还在进行中，存在的问题和困难也不少。我们期望骨干教师培训的研究得到越来越多的关注和重视，对骨干教师的成长规律及其研究积累更多更好的经验。我们期待着在提高教师继续教育质量的同时，真正促进中小学师资队伍整体水平的提高，从而推动课程改革的深入发展，为我国的教育事业做更大贡献。

【致谢】感谢陈冀平、黄俭群、王林全、吴有昌、苏洪雨、吴跃忠、白利芬、杨艳花等老师对调查及写作提供的帮助，感谢第三期培训班全体学员对调查的支持与配合。

本文作者：彭上观。

---

① 王林全：《现代数学教育研究概论》，广东高等教育出版社2005年版。

中国中学数学教师的培养与专业发展①

一、研究的背景

大量的研究报告指出同年龄的中国学生较西方学生优胜②③④，并在历届国际数学奥林匹克竞赛中屡创佳绩。然而，西方学者通常认为中国的课堂环境，如，大班级教学，教师讲授为主，考试导向等不利于学生的数学学习。这一所谓华人学习者的悖论，引起了研究人员的广泛兴趣⑤⑥⑦⑧。近几年，对中国数学教师专业知识和技能的特点，数学教学法知识特点，以及数学教师专业成长规律的探索

① 本文英文版原载：Huang，R J. Peng，S G.，Wang，LQ.，& Li，Y. P（2008），Secondary mathematics teacher professional development in China：In F. K. S. Leung，& Y. Li（Eds.），Reforms and issues in school mathematics in East Asia. Rotterdam：Sense.，2010

② Lapointe，A. E.，Mead，N. A.，& Askew，J. M. Learning mathematics [M]. Princeton，NJ：Educational Testing Service. 1992

③ Stevenson，H. W. Lee，S.，Chen，C.，Lummis，M.，Stigler，J. W.，Liu，F.，& Fang，G.. Mathematics achievement of children in China and the United States [J]. Child Development，1990，61，1053－1066.

④ Stigler J. W.，Lee，S.，& Stevenson，H. W. Mathematical knowledge of Japanese，Chinese，and American elementary school children [M]. Reston，VA：NCTM，1990

⑤ 黄荣金、梁贯成：《中国学习者悖论的质疑：透视香港和上海数学课堂》，见范良火等：《华人如何学习数学》，江苏教育出版社2005年版，第274—297页。

⑥ 范良火、黄毅英、蔡金法、李士錡：《华人如何学习数学》，江苏教育出版社2005年版。

⑦ Watkins，D. A.，& Biggs，J. B.（Eds.）. Teaching the Chinese learner：Psychological and pedagogical perspectives [M]. Hong Kong：Comparative Education Research Centre，The University of Hong Kong，2001

⑧ Mok，I. A. C. Teacher-dominating lessons in Shanghai：The insiders' story [M]. In D. J. Clarke，C. Keitel，&Y. Shimizu（Eds.），Mathematics Classrooms in Twelve Countries：The Insider's Perspective. Rotterdam：Sense Publishers，2006. 87－98

成为国际数学教师研究的焦点之一[①][②]。通过比较中国和美国小学数学教师对特定教学情境的理解和相应教学策略的选择，马立平发现：虽然中国小学数学教师受教育的程度（10～12年）比美国小学数学教师（16～18年）低得多，但是他们在对数学内容的理解，以及教学策略的选择方面比美国教师更为深刻和灵活。她进一步指出，教师通过向同伴学习，教学相长，通过研究教学参考用书，以及做题目来发展他们对基本数学知识的深刻理解。李建华[③]发现小学教师对教学参考书的深入研究有助于对教材的深刻理解，促进教师的专业发展。通过比较中国和美国中学数学教师的数学教学法知识，安淑华等发现中国教师强调通过传统而严格的程序（procedural）发展来获得正确的概念性知识，而美国教师强调用各种活动来促进创新和探究，以促进学生对数学概念的理解。这两种方式各有优缺点，需要相互取长补短。

最近，一个由基础教育界和商界领袖组成的美国代表团考察了中国的教育现状，并发表了题为《中国教育：对美国教育家的启示》（*Education in China：Lessons for U. S. Educators*）研究报告[④]。该报告指出中国具有系统、连贯的教师发展系统，准教师对学科内容有充足的准备，而且亦很重视观课的作用。他们一经受聘后，就进入了一个连续的专业发展系统。该报告对中国教师教育，特别是数学和科学教师教育不乏赞美之词。如，对学科内容有充足的准备，并且重视教师的专业发展，由低年级开始已实行专科专教等。

然而，随着《全日制义务教育阶段数学课程标准（实验稿）》和《普通高中数学课程标准（实验稿）》的颁布和实施，中学数学教师教育不仅面临教育和教学的理论冲突，也遇到教学实践的困难，这些困惑引起了一场所谓的中国“数学战争”，目前义务制阶段的数学课程标准正在修订之中[⑤]。在职教师的继续教育如何开展，将面临新挑战和机遇。因此，对我国中学数学教师教育历史及现状进行综合分析，并对发展方向进行探讨显得尤其迫切和重要。

---

① An, S., Kulm, G., & Wu, Z. The pedagogical content knowledge of middle school mathematics teachers in China and the U. S [J]. Journal of Mathematics Teacher Education, 2004, 7: 145 - 172.

② Stewart, V. China's Modernization plan: What can US learn from China [EB/OL]. Education Week, 25 (28), March 2, 2006.

③ 李建华：《透彻理解教科书：中国教师教学用书的一个显著特点》，见范良火等主编《华人如何学习数学》，江苏教育出版2005年版，第213—226页。

④ Stewart, V. China's Modernization plan: What can US learn from China [EB/OL]. Education Week, 25 (28), March 2, 2006.

⑤ 史宁中：《〈数学课程标准〉的若干思考》，载《数学通报》2007年第46卷第5期，第1—5页。

本研究把教师的职前准备和在职专业发展作为一个整体加以考察，基于相关文献和案例的分析，试图探索中国数学教师专业发展轨迹与特点，并对数学教师教育发展提出建议。首先，我们分析职前中学数学教师准备（即高等师范院校的中学数学教育）、发展及现状；然后，介绍在职数学教师专业发展的主要措施和机制；接着，剖析实施新课程标准以来数学教师教育面临的挑战及现有策略；最后，探讨中国数学教师专业发展的方向。

二、职前数学教师的准备

中国的师范教育始于19世纪末（1897），经历模仿日本型师范教育制度（1904），转而学习美国型教员养成体制（1922），然后全盘学习苏联社会主义师资培养制度（1951），乃至今日力图建立具有中国特色的师范教育体系[①]。本文只简单分析新中国成立（1949）以来，我国高等师范数学教育发展的基本特点。

（一）传统的数学教育观：苏联数学教育的深远影响

由于历史原因，新中国成立后开始学习苏联，中国高校的数学系，特别师范院校的数学系，在数学观念、数学课程体系、师范特点、课程设置乃至教学方法上都深受当时苏联的影响，这种影响一直持续至今[②]。

苏联数学教育对我国高校数学教育的影响主要表现在下面几个方面：

（1）亚历山大洛夫关于数学特征的描述为抽象性、严谨性、广泛应用性，他强调逻辑演绎、形式化的数学处理。这种思想的影响一直持续到现在。总体上说，这一影响是积极的，但是当时苏联一些学者在数学教育上对于数学与日常生活的联系、数学直观的运用等方面比较忽视，有片面追求形式化的倾向。

（2）数学系课程强调分析课程，而代数与几何课程对于这方面的重视程度相对比较薄弱。

（3）凯洛夫的《教育学》提倡的“传授人类千百年来最稳固的知识”作为教育的目标与中国传统的“传道、授业、解惑”的师道不谋而合。于是，在中国中小学教学中形成了以教师为中心，以“传授知识”为主导的教学模式，在教学实践中进一步发展为“复习—引入—讲授—巩固—作业”的5环节教学。这一基本教学模式，对学习和掌握基础知识有积极的作用，但学生学习的主体性和主动性得不到充分发挥。

---

① 陈永明等：《教师教育研究》，华东师范大学出版社2003年版。

② 张奠宙、王昆扬：《高等师范教育面向21世纪教学内容课程体系改革成果丛书（数学分卷）》，北京师范大学出版社2000年版。

（二）夯实数学基础：我国高师数学教育的传统

由于受苏联数学教育体系的影响，我国高师院校数学系一直重视数学基础，强调形式推理、形式化的数学处理。在20世纪50年代，数学系的学生必须修读三门高等数学基础课程（“高等代数”“高等几何”“数学分析”，简称“老三高”），这对在中学阶段没有接触过微积分的大一学生来说，学习像“ε－δ”定义这样的抽象概念是相当困难的。不过，为了学好其他的数学基础课，大一学生必须攻克这三门基础课。这样的严格逻辑训练为日后走向中学数学教师岗位打下了坚实的数学基础。在60年代的课程改革中，师范大学数学系的课程增设了一些现代的纯数学课程（“泛函分析”“抽象代数”等）和应用数学课程（“概率统计”“数理方程”“运筹学”“计算方法”等），向高师数学教育现代化迈出了关键的一步，确定了高师数学系的发展方向。

经过“大跃进”的“冒进”（1956—1965）和“文化大革命”的“动乱”（1966—1977），高等师范教育整体上是满目疮痍，急待恢复重建。通过1980年前后全国性的拨乱反正，数学系的课程设置大体上恢复到60年代的状况。“高等代数”“高等几何”和“数学分析”作为“老三高”重新确立了主导地位。与此同时，“泛函分析”“抽象代数”和“拓扑学”作为“新三高”也进入高师数学系课程，这样更加巩固了数学学科知识在高师数学教育中的地位。80年代后期，受到欧美大学数学的影响，计算机课程成为数学系的基础课，特别是90年代以来，“数学建模”“数学实验”和“数学教育技术”等内容陆续进入数学系的视野，现代技术和现代数学观念的影响开始显露。

（三）与时俱进：面向21世纪高师数学教育改革

20世纪90年代以来，随着经济的快速发展，社会对教育提出了新的和更高的要求，“素质教育”“创新教育”已经成为教育界的共识。另一方面，信息技术的迅速发展对数学教育产生了巨大的冲击，数学已经不再是“一张纸、一支笔、一个脑袋”的工作格局，而“一支粉笔和一块黑板”不再适应当代数学教学的要求，“数学建模”“数学实验”和“数学教育技术”等课程凸显在我们面前。此外，20世纪下半叶，数学发生了巨大的变化。数学已经不仅是训练思维的载体，或者为其他学科进行表述的工具，数学本身就是一种可以直接产生经济效益的技术。应该说，数学理论和数学技术的结合，使数学的作用获得前所未有的扩大和加深。以静态传统的数学观指导下的高师数学系教学计划显得落后了。从实际情况来看，一方面，90年代末期大学开始扩招，加上社会职业的多元化，数学系学生的数学水平不断下滑。另一方面，中学数学课程精简和调整，微积分和概率统计在中小学数学课程中有所加强，向量、矩阵、算法、数学探究、数学建模、数学文化等内容陆续进入中小学的课程范围。1999 年，《中共中央国务院关于深化教育改革全面推进素质教育的决定》首次提出“鼓励综合性高等学校和非师范类高校参与中小学教师的培养”，打破了师范院校独自培养师资的“垄断”局面，师范院校如何加快改革迎接挑战成为国人关注的焦点。2001 年，《国务院关于基础教育改革与发展的决定》又提出“完善以现有师范院校为主体，其他高等学校共同参与、培养培训相衔接的开放的教师教育体系”，完整地提出了我国教师教育的体系构成。在这样的情势下，各种因素促使高等师范教育必须进行改进。1996 年，师范司提出“高等师范院校教学改革项目”的实施计划，并于 2000 年完成了研究报告。报告指出，师范院校的数学教育目的是培训数学教师，同时也为其进一步从事数学及相关领域的研究做好准备。另外，在强调数学学科基础知识的同时，我们也应该用与时俱进的眼光看待初等数学，而且更需要用发展眼光来看待数学和数学教育。

（四）师范院校学生的知识准备

张奠宙先生等[①]提出高师院校数学系的数学课程应依循以下几个原则：

（1）少而精的基础课程。

（2）扩阔且简要的专业课程。

（3）丰富多样的选修课程。

（4）高质量的数学教育课程。数学课程的目的是为了减少基础课程，合并专业课程，扩阔选修课程的种类，以及提升数学教育课程的质量。在不同的师范大学中，其数学系的课程设置都不尽相同，为学生提供更为弹性的课程选择已成为一个趋势。例如：华东师范大学根据学生的兴趣，把学生分成三个主流，包括数学教育、基础数学和应用数学。因此，学生的自由度和更多的社会需求就能结合在一起。北京师范大学和华东师范大学是中国的两所重点师范大学，根据这两所大学的课程设置特点（见附录一），我们不难发现两者同样重视数学为主的基础课程，而对教育实习不够重视（只有六周实习课时间，仅占所有学分的 4%）。相比而言，北京师大在数学专业上比华东师大更为注重，所占比例分别为 63% 和 43%；相反，华东师大比北京师大更注重数学教育课程。因此，强调数学学科知识，较为轻视学科教学法知识及教学实习的传统一直延续至今。

根据上述分析，中国中学数学教师职前准备（即师范教育）具有下列特点：

（1）重视严格的数学训练，为成为合格的数学教师打好数学基础，培养他们的数学素养。

---

① 张奠宙、王昆扬：《高等师范教育面向 21 世纪教学内容课程体系改革成果丛书（数学分卷）》，北京师范大学出版社 2000 年版。

（2）重视“初等数学研究”课程。一般认为，对初等数学的深刻理解和扎实的解题能力是成为一名合格教师的关键。因为，以往的中国的数学教育基本上是考试导向的，对教师的解题能力有较高的要求。

（3）教育实习基本上流于形式。不仅教育实习的时间较短（6 周），而且实习的质量也难以保证。主要为学生提供机会获得对中学数学教学实践的初步的感性认识。

三、在职数学教师的专业发展

如上所述，中国职前数学教师的准备强调打好数学知识基础（高等数学及初等数学），学习一定的数学教育理论及教学法知识，获得中学数学教学实践的感性认识。那么，没有多少数学教学实践的师范大学毕业生是如何适应中学数学教学工作，又如何成长为合格或优秀的中学数学教师呢？在中国有什么政策或机制促进中学数学教师的专业成长呢？下面，首先介绍中国特有的教师资格认定及职称晋升制度，接着分别介绍相关的在职教师专业发展的机制及实践，并讨论相关的问题。

（一）教师资格的认定和职称的晋升

中华人民共和国成立以来，大部分的中学数学教师都是师范院校的毕业生，只有少数是来自别的院校，还有个别例外的情况，如高中毕业生任教中学等。当时没有统一的教师认证制度，教师还不是很规范化的职业。为了促进教师专业化的发展，1995 年，国务院颁布《教师资格条例》。2000 年，教育部颁布了《教师资格条例实施办法》，教师资格制度开始全面实施。之后，逐步完善了教师资格证书制度，中小学教师合格率不断提高。只有依法取得教师资格者，才能被教育行政部门批准举办的各级各类学校和其他教育机构按法定程序聘任为教师。教师资格制度的实施，标志着我国教师队伍开始走上科学化、规范化和法制化轨道，是新时期教师队伍建设的重大举措和制度创新，这对稳定、加强和发展教师队伍具有十分重大的意义。按照《教师资格条例》对中小学教师学历的要求，规定小学、初中、高中的合格学历分别是中师、大专、本科。

根据《中学教师职务试行条例》，中学教师职务设置为中学高级教师①、中学中级（一级和二级）教师、中学初级（三级）教师。小学也有相应的职务设置。教师职务的有关规定对教师的任职基本条件提出了政治上、道德上和学术上的具体标准，突出了对学历和工作能力的要求，同时又兼顾到不同类别学校的教

① 最近，部分省市发展为教授级高级教师和高级教师。

师工作的特性，有一定的灵活性。中学教师职务的晋升，除了要求具备相应的学历条件和低一级职务的工作年限外，主要对教学效果、教学能力等方面作出规定。

例如，中学三级教师任职条件是，除符合政治和道德的要求，为高等师范学校和其他高等学校专科毕业生，见习一年期满，经考核，表明具有教育学、心理学和教学法的基础知识，已掌握所教学科的教材教法，能够完成初级中学一门学科的教学工作，并能履行三级教师职责。又如，中学高级教师任职条件是，已被聘担任中学一级教师，任教五年以上，或者获得博士学位，经考核，表明能履行高级教师职责，并具备下列条件：

（1）对所教学科具有系统的、坚实的基础理论和专业知识，教学经验比较丰富，教学效果显著；或者在学生思想政治教育和班主任工作方面有比较突出的专长和丰富的经验，并做出显著的成绩。

（2）从事中学教育、教学某一方面的科学研究，写出理论联系实际、具有一定水平的经验总结、科研报告或论著；或者在培养提高教师的文化业务水平和教育教学能力方面做出显著贡献。

（二）数学教师传统的专业发展机制

获得一定的学历学位后，毕业生就踏入他们的教育职业生涯。在中国内地，有一些特色的教师专业发展培训，以下我们对有代表性的培训做简要介绍。

1.“师徒”传承——新任数学教师专业成长的起点

在培养新教师方面，各中小学校有自己的一套办法，而“师徒”传承历来是我国中小学校培养青年数学教师的一个优良传统，并且是行之有效的。为了加强对新教师的培养，发挥骨干教师的传、帮、带作用，促进青年教师快速、健康成长，顺利实现学校可持续发展。大部分的中小学每年在新学年开学初以举行新教师拜师会或签订协定等形式，形成以老带新、共同进步的培养教师的传统。不少学校对导师与新教师分别有明确的要求，对新教师的培养逐步规范化、制度化。

例如，为了锻炼新教师的基本功，有些学校提出了培养青年数学教师的“八个一工程”，即：读好一本教育理论专著；编写好一份教案；设计好一份试卷；上好一节精彩的公开课；制作一个多媒体精品课件；写好一篇有价值的教育科研论文；写一手漂亮的粉笔字；说一口流利的普通话。

又如，广州五中，对导师和新教师分别有具体的要求：

1）对导师的要求：

（1）制订对新教师的培养计划，采取有效措施，促进新教师迅速成长。

（2）定期与新教师谈话，交流思想、工作心得体会（每月 2 次以上）。

（3）主动关心新教师的思想、学习、生活和教育教学工作，对新教师在教学和生活中遇到的困难，主动协助解决并向上级反映。

（4）指导并检查新教师的教学工作情况，指导新教师写好教案并进行检查，每学期听课10节以上，帮助新教师总结提高。

（5）检查和督促指导新教师执行学校规定的“四个一”“四个一定”的制度。（所谓“四个一”是指写好每一个教案，上好一节数学公开课，上好一节班课公开课，写好一篇有较高质量的教学、教育论文。而“四个一定”是指一定要坚持实行坐班制，一定要坚持使用普通话和规范汉字，一定要做班主任，一定要拜“老”教师为师。）

（6）学年结束前，写出指导新教师的工作总结，对新教师的表现做出鉴定，并向学校汇报。

2）对新教师的要求：

（1）主动向导师汇报工作、学习情况，虚心向导师学习，自觉接受导师的指导。

（2）在学校领导、级组长的领导和导师的指导下，认真学习，努力提高班主任的基本工作技能，包括班级调研、计划总结、思想教育、班风管理、干部培养、教学管理、教育评价、组织活动、卫生清洁、教育研究、家长工作等。

（3）新教师在“老”教师的指导下，贯彻执行学校提出的“四个一”“四个一定”。

（4）认真执行学校有关班主任工作的制度和要求，有计划地学习教育理论，积极开展教育科研（每学年至少完成一篇科研论文或经验总结），不断提高理论水平与班主任工作质量。学年结束前，完成一篇总结，向学校汇报跟导师学习的情况。

传统的“师徒制”，一般是由学校指定专门的教师对新教师进行指导。经过多年的发展，部分学校对传统的“结对”方式进行了改革、完善。有的学校提倡“师傅”（专家教师）和“徒弟”（新教师）跨年级或跨学科“双向选择”，更具有灵活性和针对性。实践证明，这样的结对组合，青年教师的教学水平能很快得到提高，徒弟更加尊敬师傅，师傅也更加关心徒弟的成长。通过新老结对的方式，让每一位新教师尽快熟悉教材教法，尽快掌握先进的教育教学技能技巧。同时，为达到以课促学、促教、促研之目的，学校还积极鼓励新教师多听课，多上公开课，同时对新教师每学期听课的数量、质量都做出了详细的安排和要求，教师间私下相互听课活动已蔚然成风。周密细致的青年教师培养工作，促进了新任数学教师素质的迅速提高，从而使数学教师队伍整体素质迈上了一个新台阶。

此外，由于中国文化中尊师爱生的传统，在“师徒制”这种学校授意或老师自发组织的机制中，师徒之间亦师亦友的关系得到发展。在活动过程中，不仅新教师能从老教师中学到他们的职业素养和处理教学的能力，老教师也可从新教师中学到新的知识以及运用现代技术的能力等。所以，在“师徒制”的活动中，新老教师相互学习，取长补短，共同发展。

2. 校本教研——数学教师专业发展的主阵地

对数学教师而言，绝大部分的工作时间是在校内。数学教师通常的工作量是担任两个班的（10 ～ 12 节课）数学课，教师除了上课时间外，大部分时间在教研组或年级组的办公室批改作业和备课。因而校内的学科教学研究组织对教师的专业成长起到了至关重要的作用。与数学教师关系比较密切的组织主要有：数学学科教研组（有时简称数学科组）、年级备课组（以特定年级为单位，不只含数学科）等。下面介绍这些组织对数学教师专业成长的作用。

1）数学科组及其活动。

数学科组是指导数学教师开展数学教学、研究工作的主要组织。科组的主要任务是贯彻落实学校的教学工作计划和教学常规要求；做好本科组教师思想和业务水平的提高工作，搞好本科组的建设；开展教研活动，推动本学科的教改工作；对本学科各备课组进行定期检查、督促，保证本学科的教学质量。具体来说，包括如下任务：

（1）落实学校工作计划，结合本校和数学科的实际，制订学年（或学期）工作计划，并负责落实本科组工作计划，在学期（或学年）末对本科组工作进行总结。

（2）组织科组全体教师学习国家课程计划和数学课程标准（或数学教学大纲），明确各备课组的教学进度和质量要求，组织好科组的集体备课活动，了解教师备课、批改作业及教学效果等情况，并及时给予指导和帮助。

（3）组织科组教师开展教学研究活动，科组要有研究课题，并有计划地进行课题研究活动。有计划地进行教学改革实践，组织教师上好试验课、公开课，并及时进行评课，促进交流，提高课堂教学效率。组织科组教师结合实践撰写教学论文（或教学设计），并做好推荐和选送工作。

（4）组织科组教师钻研教材，研究教法，每学期不少于两次。指导各备课组的集体备课，及时解决教学中带有普遍性的问题，及时通报教学教改的新动态。有些科组组织数学教师共同研讨不同时期国内外数学教育的重点、热点问题，请专家或优秀教师来校报告，制定科组短期发展规划，等等。

（5）配合教导处检查科组教师的教案和作业批改情况，组织教师听课、评课和对外进行一定的教学交流活动。

（6）统筹安排本学科的选修课、科技活动、研究性学习、专题讲座和有关竞赛活动，指定辅导教师，做好学生的培训工作。

（7）有计划对科组教师进行听课，每学期不少于十五节，检查了解本科组数学教师执行教学计划等的情况，掌握教师的教学特点，指导和帮助教师形成自己的教学风格。

（8）协助教导处组织好期中统测、期末（或学年）考试命题工作，把好质量关，组织各备课组做好评卷及进行质量分析。每学期组织一次学生座谈会，听取教学意见，了解学生对本学科的学习要求。提出教学改进意见。

（9）搞好科组各类教学资料的收集、整理和归档工作，根据教育主管部门意见，提出订购教学用书、教学参考书、练习册和复习书籍的意见，做好学科工具书、教具的保管和使用管理。

（10）关心、指导青年教师的业务进修，通过以老带新、示范课、参加市区教研活动等方式，帮助教学上有困难的教师，促进本科组教师教学水平的提高。

（11）协助学校对教师申报高一级职称进行考核，并提出科组教师的综合意见。提出每学年学校人事安排的参考意见。

2）年级备课组及活动。

年级备课组是一个不同年级层次的数学教研组织。每一个年级的备课组长要为本年级的课程计划、为本年级不同班级教师教研工作的开展提供指导，本年级的数学教师相互配合，共同完成本年级数学备课组的相关活动。与数学科组的主要区别是，年级备课组的活动对本年级的教研活动针对性更强，主要包括年级数学科的集体备课（一般情况下每周至少一次，以一名老师主说本周教学计划、教学重点难点、教学内容、教学方法等，其他老师提出疑惑再讨论解决）、听课、教研、组织本年级公开课、课外兴趣小组等活动。年级备课是数学科组活动在年级的具体落实，年级备课组所扮演的角色与教师专业发展中的数学教研组类似，在此不再赘述。

3. 市县教研活动——架设数学教师校际交流的平台

除了学校组织的教研活动外，各地均会按照实际情况组织各类教研活动，主要是以市级或县区为单位来开展。这是促进当地不同学校的数学教师进行相互交流，提高课堂教学能力、教育科研能力的重要途径。

由于中国幅员辽阔，各地的数学教育的做法和水平有比较大的差异。本部分以广州市的教研活动为例，简要分析说明大陆各市、县教研活动在数学教师专业化方面的作用。样本的选取是基于这样的原因：一方面，广州市作为广东省的省会城市，包含了10个区、2个县级市，既包括了经济比较发达的城区，也有欠发达的县市，有一定的代表性；另一方面，2004年9月，广东省作为全国普通高中新课程四个省级试验区之一，开展普通高中新课程的实验工作。广州的数学教育在全省处于举足轻重的地位，研究其教研活动的构成，有助于对其他地区情况的了解。

从广州市的教研活动安排表（见附录二）中可以看出，广州市数学教研活动的安排有如下特点：

（1）安排的次数和频率比较合理。在市数学教研会下设立年级中心备课组，一般每个学期每个年级安排4次左右，安排的频率一般为一个月一次。这既保证了市级教研活动开展的稳定和连续，又避免了安排得过多，与区的教研活动、学校的教研活动及教师的上课时间发生冲突。而且，全市的教研活动时间往往是排在周五的下午，以免影响第二天的上课。

（2）每次都是有特定的主题内容、主讲人以及固定的活动场地。保证教研活动有较强的组织计划性。

（3）聘请的主讲人有较强的示范性，能为教师提供表率和借鉴。主讲教师中既有一线的优秀教师，也有教研室的教研员，还有师范大学或综合大学的教授。所以说，从师资力量上来看，广州市教研室的教研活动是有保障的。

（4）从内容上看，非毕业班侧重教材分析和教学建议，毕业班侧重于备考方面的内容。总体上看，其目的是为了更好地把握课堂教学。当然，与我国长期以来的“考试文化”分不开的是，每个年级的教研活动都会不同程度地关注考试，特别是毕业班的教研活动，基本上是围绕高考展开的，这是不容置疑的事实。

4. 教学技能竞赛——展示优秀教师的舞台

为了提高教育教学技能，使更多的教师脱颖而出，教育局、教研室及相关的教育行政部门或教育团体会不定期地举办各类评课活动，包括不同级别的技能竞赛、评比活动、培训活动等。

以广州市为例，现在正在有计划地扎实推进“广州市数学十佳青年教师”的评选活动。其目的是为了提高青年数学教师的数学教育学科专业水平和教学能力，为青年数学教师的成长提供更多的机会，主办方为广州市教育局教研室中学数学学科和广州市中学数学教学研究会。从2002年开始，在全市范围内组织评选“广州市高中数学十佳青年教师”“广州市初中数学十佳青年教师”，以及举行“广州市中学数学青年教师教学论文评比”“广州市中学数学青年教师解题比赛”等活动。这些活动得到了各区（县级市）教育局教研室和各中学的大力支持，并且在2002年的试行阶段均取得圆满成功。自2003年开始，这些同类型的活动均定期进行。

总体上看，“广州市十佳青年教师评选活动”包含的内容主要有三个部分：解题比赛、说课比赛、论文比赛。这包括了教师的课堂教学能力的考察、教师解决数学问题的基本功，以及数学教育科研能力，是目前为止比较全面衡量教师基本功的做法。广州市首届（1999—2002年）初中、高中十佳青年数学教师评比活动目前在广州市已经有相当的名气，这项活动对青年教师的成长起到了促进作用。

另外，教师还有机会参加各类数学教育论文评比活动（如中国教育学会中学数学教学专业委员会举办的“全国中学数学教育论文评选活动”，广州市中学数学教学研究会第七届年会论文交流），以及各类短期的研修班、培训班等，这些活动都有效地提高了数学教师改善课堂教学、加强数学教育研究能力等方面的积极性，成为数学教师专业化发展的一个积极因素。

（三）新世纪数学教师继续教育工程——逐步迈向法制化的轨道

经过十年“文化大革命”，教育事业也遭受严重破坏，1980 年，全国初中教师达到大专毕业学历的人数仅占 10%。针对这一现状，20 世纪 80 年代初开始，教师培训原则是“教什么，学什么”“缺什么，补什么”，主要是对学历未达标的和教学岗位不合格的在职教师进行补偿性培训。

到 20 世纪 90 年代中期，随着中学教师补偿性培训任务的基本完成，国家教委提出，要面向全体、突出骨干，按需施教和注重实效，努力探索符合我国国情的教师继续教育的基本框架和办学模式。1999 年，国务院转发了教育部《面向 21 世纪教育振兴行动计划》。其中，“跨世纪园丁工程”提出，3 年内，以不同的方式对现有中小学校长和专任教师进行全员培训和继续教育；2 年时间内，在全国选培 10 万名中小学及职业学校骨干教师，其中教育部组织培训 1 万名。1999 年，教育部在全国部署实施“中小学教师继续教育工程”（该工程的行动计划中提出了六类计划：新任教师培训、教师岗位培训、骨干教师培训、提高学历培训、计算机全员培训、培训者培训），动员各级政府和教育行政部门以全面提高教师实施素质教育的能力和水平为重点，旨在提高中小学教师的整体素质。同年，教育部还颁布了《中小学教师继续教育规定》，这使我国教师继续教育逐步进入了法制化的轨道[①]。

以下对骨干教师培训及提高学历培训做简要介绍。

1. 数学骨干教师培训：造就学术骨干的熔炉

数学骨干教师培训分为国家级、省级、市级三个级别。2000 年，教育部正式启动了中小学骨干教师国家级培训，拉开了我国骨干教师培训的序幕。国家决定集中一批教育资源，对部分优秀的中小学骨干教师进行国家级培训；地方各级政府也要多渠道筹集设立骨干教师专项资金，加大对中小学骨干教师培训的步伐和力度，在全国逐步建设一支符合时代要求、能发挥示范和辐射作用的骨干教师队伍，带动整个中小学教师队伍建设。

教育部以委托大学承办的方式，开展了三期骨干教师国家级培训。以华南师范大学的第二期骨干教师国家级的培训为例（含中学数学、小学数学各一个

---

① 陈永明等：《教师教育研究》，华东师范大学出版社 2003 年版。

班），简要说明培训的大体内容。从整体看，主要分为三大板块：理论与技能（占40%）、实践与考察（占30%）、课题研究（占30%）。

（1）理论与技能板块。

这一板块包括教育思想观念更新、师德修养、数学与相关学科知识拓展、学科教学理论与技能、现代教育技术等，目的是使培训对象热爱人民教育事业，确立科学的教学观和数学教育观，更新知识结构，掌握现代教育技术，提高数学理论和实践技能，增强学术能力和自我提高能力。

（2）实践与考察板块。

组织培训对象考察有代表性的若干实体（案例），进行剖析、讨论、评议，并撰写考察报告或读书笔记，目的在于提高学员理论指导教学实践的能力，对实践进行反思和改进的能力，为他们成为数学教育专家打下基础。

（3）课题研究板块。

组织培训对象在导师指导下，应用数学教育理论及相关学科的理论，选择数学教育某个或若干个课题，有针对性地进行阅读提高、实践求知、筛选材料、撰写论文，目的在于提高培训对象的科研意识和科研能力，增强他们的创新能力。先集中2周进行选题、阅读、讨论和其他准备，再用1年左右时间教学实践和论文写作，最后集中1周答辩和结题。

自从骨干教师国家级培训开展以后，各省区相继开展骨干教师的省级培训。省级骨干教师培训的内容框架类似于国家级骨干教师培训，在此从略。

2. 数学教师学历教育：系统提升教育教学理论的途径

为适应时代的发展及社会对人才学历层次上的要求，全国各地除了开展非学历的培训课程外，还积极开展了对基础教育教师学历提升工程。

（1）通过多种学习形式，努力提升中小学数学教师的学历水平。

以广东省为例，在数学科教师队伍中还有相当部分教师没有达到国家规定的相应学历要求。针对这样的实际情况，各高校的继续教育学院，积极开展函授、夜大、自学考试等多种办学形式，为提升中小学数学教师的学历层次做贡献。2002年以来，教育部批准了部分高校开始试点承办网络教育；2003年，教育部启动了“全国教师教育网络联盟计划”；等等。这些都将为中小学教师学历教育提供更多的选择。

（2）通过“研究生课程班”及“教育硕士”教育，为基础教育培养高级人才。

为提高中小学教师的学历层次和文化层次，提高中小学数学教师的专业水平和业务素质，各省份都开设了数学教育方面的“研究生课程班”。1998年，部分高校更是进行了教育硕士的培养试点工作。目前，上述硕士学位课程正在走向成熟阶段，培养模式也从原来单一的利用寒暑假上课，发展到现在的脱产、走读、假期等多种培养模式，满足不同层次学员的需求。学员完成硕士学位课程，将会获发证书；若能同时通过英语测试和论文答辩，更会获颁硕士学位。这样的硕士学位课程既能提升中学教师学历，亦能改善中学教师的学历结构。

据教育部有关统计，2005 年，小学、初中和高中符合资格的教师比例分别为：98.62%，95.24% 和 83.46%。而学历持续提升的教师比例亦平稳增长：超过 56.35% 的小学教师拥有三年的培训文凭；超过 35.31% 的初中教师拥有学士学位；超过 1.18% 的高中教师持有硕士或以上学位。另外，对比上一年的数据，在小学、初中和高中任职较高职位的教师分别增加了 3.28%、0.93% 和 0.80%，分别达到 42.55%、6.56% 和 19.29%[①]。

（四）数学新课程实验——对教师教育的新挑战及应对策略

2001 年 7 月《全日制义务教育数学课程标准（实验稿）》[②] 正式公布以来，相关的数学实验教材已经在全国铺开。2003 年 4 月，《普通高中数学课程标准（实验）》[③] 也已颁布。2004 年 9 月，相应的数学教材开始在四个省区（广东、山东、海南、宁夏）进行实验。可以说，这是新中国成立 50 多年来改革力度最大的一次课程改革。

实施新课程，教师教育是最急需解决的问题之一。从实验区的情况看，一线数学教师在教学实践中面临着全面的现实性挑战，包括教学理念的更新与转变、教学目标的落实、课程内容的理解与把握、教学方式的探索与开发、教育技术的掌握与运用、教学评价方案的制订与实施等方面。

数学新课程从 2001 年义务教育阶段首先展开，到 2004 年，高中阶段数学新课程在部分省市进行试点。以广东省为例，到 2006 年为止，各学段起始年级全部进入了新课程的实验。按照教育部的要求，以“先培训，后上岗；不培训，不上岗”为基本原则，各地积极组织了担任新课程的主讲教师参加新课程的岗前培训。

1. 数学新课程骨干培训者研修。

新课程师资培训始终坚持把培训者（主要是教育管理者、师范院校和培训机构教师及教研员等）培训和中小学骨干教师培训摆在突出位置抓紧抓好，并适度超前，使他们真正成为新课程师资培训和新课程实施的骨干力量，以带动广大中

---

① 中华人民共和国教育部：《中小学教师队伍建设背景材料》，http://www.moe.edu.cn/edoas/website18/info21638.htm

② 中华人民共和国教育部：《全日制义务教育数学课程标准（实验稿）》，北京师范大学出版 2001 年版。

③ 中华人民共和国教育部：《普通高中数学课程标准（实验）》，人民教育出版社 2003 年版。

小学教师积极投身到新课程的改革实践中去。就数学科而言，数学新课程骨干培训者研修班主要有国家级、省级两类。

（1）国家级骨干培训者研修。

为了推进新一轮基础教育课程改革实验推广工作的健康发展，提高培训者队伍驾驭数学新课程培训工作的能力，促进数学教师战线更好地为基础教育服务。教育部组织开展了国家级骨干培训者研修班。国家级研修力求变革传统数学师资的培训模式，根据教学内容采取专家讲座、小组交流、合作探讨、案例教学、现场课例观摩与研讨等多种方式进行。其基本做法为：①学员来参加国家级研修班之前，须深入学员所在省市有关实验区进行调研，认真总结新课程实验过程中一线教师的真实要求，并收集、撰写数学新课程典型教学案例 3 ～ 5 个。②学员在研修班结束后须交一份个人学习总结。③各地区学员在研修班结束后须交一份适合该地区的新课程骨干省级培训方案。

（2）省级骨干培训者研修班。

随着《基础教育课程改革纲要（试行）》的颁布，以及义务教育、普通高中《课程标准》的实施，新一轮课程改革正在轰轰烈烈地开展。各省为了更好地指导当地的培训工作，都分期分批举办了省级骨干培训者研修班。

省级骨干培训者研修，主要是根据数学新课程在实施过程中存在的一些问题和困惑，例如实验省（区）的教师对数学课程标准的认识和理解不到位，新编的各种版本的教材和数学课程标准之间还存在一定的差距，教师的教育教学观念还比较传统，教师的专业知识和专业发展程度和数学课程标准的要求之间还存在一定的距离，学生的学习评价问题难以解决等。培训真正体现新课程的教育理念，设计以培训对象为主体、以解决实际问题为中心的培训课程，切实提高骨干培训者实施数学新课程的能力和水平，突出研修的针对性、实效性、实践性和前瞻性，努力建设一支具有现代教育素质和创新精神的地市级骨干培训者队伍。

2. 新课程学科教师岗前培训

新课程的实施，实验省份普遍面临着怎样有效地推进数学新课程的现实问题，特别是高中新课程的实施，更加引起人们的广泛关注。以广东高中新课程培训为例，为了保证数学新课程的顺利开展，广东省教育厅于 2004 年 7 月 10 日至 8 月 20 日组织全省高一数学任课教师在华南师范大学进行岗前培训，为广东省率先在全国范围内开展高中数学新课程实验提供了有力的保障。本次培训的内容包括通识培训和学科培训。

第一部分是通识培训：从不同角度论述课程改革对教育教学的意义、影响，帮助教师树立全新的教育观、教学观和学习观。通识课程又分为“大通识”和“小通识”。“大通识”的主要内容包括：①基础教育课程改革背景、目标、内容及有关政策。重点学习新一轮课程改革的指导思想、教育观念、改革目标及相关的政策措施等，增强实施新课程的自觉性和责任感；②新课程改革与教学新理念；③新课程与评价改革；④新课程与教师角色转变。“小通识”的主要内容包括数学教学论的有关内容，是大通识的具体化，对数学学科教学更具有直接的指导意义。

第二部分是学科培训：面向数学学科培训进行，结合数学学科特点和基本要求探讨新的课程理念及其实施，主要内容有：①高中数学课程标准解读；②高中数学新教材教学案例分析；③数学新教材介绍与对比研究，包括教材编写的整体思路和主要原则、基本框架、内容体系与特色和对教师的相关要求等；④课堂教学观摩，为教师教学观摩提供相关学科新课程改革理念与教学实践相结合的优秀教学案例及专家点评，帮助其成长。

截至 2005 年底，全国已有 700 万的小学和初中教师及 700 万的高中教师完成了 40 学时的新课程培训课程。教育部亦直接培训了 22000 名骨干老师，向省级传播新课程的实施，更有效地推行改革实验及对基础教育扩展新课程[①]。

3. 中小学教师网上远程培训

从 2003 年起，教育部就启动了“全国教师网上联盟计划”，其目标旨在提高教师教育系统、卫星电视、计算机网络及其他教育资源的结合。整个计划共包含四个层次，分别是国家性的、省级的、城镇的以及校本的。至 2005 年底，初步阶段已逐步实施完成。在 2006 年夏季，教育部开展了一个以网页形式为基础、专为城市教师而设的网上暑期课程。这一课程为来自 49 个城市的一万名骨干老师提供服务，同时，亦有一万名教师通过网上课程进行自身学习。这个培训主要针对新课程实施的重点、难点和不确定的事情。课程包含了三个主题：课室教学、学生学习和教师专业培训。培训主要是通过同课堂学科教学密切相关的案例研究方式进行。培训方式主要包括：在线录像观赏、文章阅读、分享经验、问题讨论及专家点评等。到目前为止，远程培训已经逐步开展，范围在不断扩大，学段也涵盖了义务教育阶段及高中阶段。问卷调查结果显示，超过 90% 的参加者对培训课程表示满意[②]。

但是，我们也应清醒地认识到，不管是网上培训课程还是骨干教师的面授培训，不管是国家级的还是地区性的，它都未能有效解决新课程在课堂上实施的问题，离参训者的期望有一定的差距。人们在实践中不断地摸索其他新的途径，校本教研是其中之一。它的宗旨是改善课堂的教学质量。虽然中国对校本教研已有

---

① 中华人民共和国教育部：《中小学教师队伍建设背景材料》，http://www.moe.edu.cn/edoas/website18/info21638.htm

② 中华人民共和国教育部：《中小学教师队伍建设背景材料》，http://www.moe.edu.cn/edoas/website18/info21638.htm

很长的历史，但它同样受到新课程所带来的冲击。近期，探索式校本教研模式（研修）已经开始试验，并开始风行于全国。我们将会在下文探讨它的一些特点。

4. 从校本教研到校本研修：实施新课程教师专业发展的一种选择

教研活动在我国已有五十多年的传统，而在近几年提倡了校本教研或校本研修，与以往的教研活动相比较，后者有哪些新的特点和新的发展？在国家课程改革全面推进的大背景下，现在倡导的校本教研，是在继承传统优秀教研经验的基础上融入了新的内涵。顾泠沅先生认为①，当今的校本教研应对课程改革的挑战，发生了如下几方面的转变：从技术熟练取向到文化生态取向；从研究教材教法到全面研究学生、教师的行为；从重在组织活动到重在培育教师的教学研究能力；从关注狭隘经验到关注理念更新和文化再造。正是在上述意义上，校本研修既是教师教学方式、研究方式的一场深刻变革，同时也是教师学习方式、历练方式的一场深刻变革。校本研修让教师成为教学、研究和进修的真正主人。校本研修出发点符合教师的职业特点、认知特征和情感需求。教师的专业知识，除了明确的文本理论知识之外，十分重要的是，还必须拥有那些“默会”的、“不可言传”的和镶嵌于情境之中的实践智慧。群体合作的校本研修恰恰注意到了这一点。校本研修十分重视教师“知行合一”的认知方式。教师学习是一种问题驱动的学习。教师对教育问题的认识，往往是从面临的现实问题出发、最终又回到解决现实问题的方法策略上来，教师的思维过程是注重应用而非纯理论化的。教师学习又是一种基于案例的情境性嵌入式学习。这是因为教师所面临的通常是结构不良好的问题域，要通过多维表征、双向建构的情境嵌入才能完成对知识的有意义的全面理解。认知离不开情感，校本研修特别关注教师的情感需要与体验。教师是人，是一个“完整”的人和“人际”的人。“完整”的人意味着教师的职业生涯也有七情六欲、酸甜苦涩，所以教师的认知和学习离不开其情感的参与和投入。“人际”的人意味着教师和普通人一样，符合人类的群居性特点。教师不应该是一个孤独的职业，教师职业的欢乐和痛苦需要一个群体来共同分享和承担。这里需要提醒的是，校本研修活动应该能够为教师创设一个安全的、信任的、允许犯错的氛围，不要把校本教研活动中的反思会议变成“检讨大会”，教学中的问题不应成为教师的压力，而是成长的起点。

“聚焦课堂”既是一种研究的趋势、也是提高教学质量的内核所在，所以校本教研活动中研究课堂的教学问题无疑是重中之重。校本教研中“聚焦课堂”可以有多种方式，2002 年顾泠沅等提出的“行动教育”是一种可以借鉴的模式。它以课例为载体、强调专业引领和行为跟进，通过共同经历原行为阶段、新设计

---

① 顾泠沅：《再造教师的学习文化》，http://vod.js.edu.sh.cn/data/2005/0307/article_394.php.

阶段和新行为阶段来改进教师的课堂教学。教师在前两个阶段、后两个阶段之间会有两个不同类型的差距——而这同时也是教师更新理念、调整行为的过程，教师正是在这个行动过程中获得了较大的收益。“行动教育”和“行动研究”之间不能画等号，这是很多人没有注意到的一个细节。“行动研究”是一种研究方法，也可以指一种研究和工作的方式，它以行为改变为主要目标，研究者可以是个体也可以是群体；“行动教育”是一种以行动研究为方法论基础的教育方式，以理论运用和实践智能的学习为主要目标，必须是以群体的方式活动，还可以借助视频案例作为现代技术平台。它们的共同点是：二者都基于“行动—计划—理解—体验”同一学习循环，关注像以往的经验学习，都有行动和反思阶段，都注重工作的改善①。

四、结论与讨论

（一）职前培养：强调数学学科基础和学科教学法知识的缺失

在中国高等师范院校数学系的课程设置，无论是传统课程还是适应改革需要的课程，对师范教育中强调夯实未来教师的数学“基础”是一致的。《普通高中数学课程标准（实验）》对什么是数学基础作了与时俱进的发展性解释，并对基础课程作了必要的重组和改造。随着多元教师教育体系的形成，毕业于其他综合性大学数学系的未来数学教师的数学学科知识不会比师范院校毕业生弱。因此，中国教育部门要求中学数学教师具有扎实的数学学科基础的传统还将保持。Leung（2003）认为，中国师范教育强调学科知识有其文化传统根源。师范毕业生是未来学生的榜样，既是道德楷模也是学识丰富的学者。因此，教师必须是具有扎实学科知识的学者。事实上，国外的许多研究也强调数学学科知识对教师专业发展的重要性。早在20世纪70年代，通过分析30项有关教师数学知识的研究，Beagle（1979）得出的结论是“理所当然，教师具有深刻理解的所教的学科知识是重要的”。美国教育部的报告指出“高质量的教学需要教师具有深厚的学科知识。这是无法替代的”。。然而，正式的学术研究没有显示足够的证据说明教师的学科知识和他们的教学之间明确的联系，也就是说，“学科知识本身不能保证有效的教学表现”。

教师培养就像一个“和为零”的游戏环境，也就是说，在数学方面的额外加强将导致其他方面准备的减弱（如学科教学法）。在中国，教师培养的选择是

① 王洁、顾泠沅：《行动教育：教师在职学习的范式革新》，华东师范大学出版社2007年版。

强化数学学科知识，而势必造成对数学教学法的淡化。教学既是科学也是艺术，通常认为难以进行系统的学习。学科教学法应该是学科内容与教学法的有机结合。不同主题的教学方法是不同的，我们既要深刻理解内容本身，也要掌握如何组织主题让学生更易于学习。让我们引用康德（Kant）的话来说明内容与教学法的相关性："没有数学的教学法是空洞的，没有教学法的数学是盲目的。"所以数学教学法应该得到应有的重视。

那么，中国数学教师职前准备，在数学教学法的先天不足的情况下，能否在教师走上工作岗位后得到弥补？深厚的学科知识能否发挥积极的作用？

（二）新教师入门："师傅"传帮，同伴互助

中国传统的"师徒制"对青年教师入职阶段逐步适应中学数学教学起到积极的作用。通过听课、评课活动，新教师能较快了解和熟悉中学数学教学常规及教学方法和策略。同时，在"师傅"的指导下，教学基本功得到初步的训练。此外，通过教研组活动，使新教师对教材的理解及处理不断加深理解和丰富。正如 Paine（2002）指出，中国职业初中教师在一个合作实践共同体中通过研究教材中的重点、难点和关键来学习如何教学。因此，在"师傅"的传帮下，在教研组同事的协助下，新教师能够顺利地适应数学教学工作。中国"师徒制"一开始是一种自发状态，之后逐步发展成一种校本教研的制度。从西方教育观点来看，会觉得有些难以理解，认为教师能力如果不是天生的话，也是教师在实践中自我建构的，每个人都有自己的个性及教学风格，怎么可以拜师学艺呢？要是师傅的教学风格不好，学坏了怎么办？事实上，这里有文化传统观念的区别，中国文化崇尚尊敬师长，而且认为专家教师有好的教学方法值得模仿和学习。因此，在中国，虽然新教师在职前没有得到适当学科教学法知识学习和教学实习，但是在这样一个合作的学习共同体中，他们能很快"入门"。同样重要的是，对有经验的教师来说，也有利于他们更新知识和教学手段。

（三）在职教师专业发展原动力：晋升职称，获取奖励

中国有句古话，"师傅引进门，修行靠自身"，教师专业水平的进一步发展，有赖于自身的努力。在当前"考试文化"氛围的影响下，要成为一位好教师（合格老师）的一个基本条件是解题能力，也就是说，不仅要会编题、解题，而且不要被学生提出的题目（高考题或奥数竞赛题）难倒。在扎实的高等数学功底基础上，教师通过对数学教材、教学参考资料、课外习题等的研究，对所教的数学内容的理解及教学素养会不断加深（知识的内在关系，如何组织知识系列）。同时，通过经常的听课和评课，课堂教学能力及反思能力也有所提高。因此，常规的校本教研活动是促进教师专业发展的行之有效的主要方式。另外，区

（县）、市，甚至全国的比赛（说课、讲课）和评奖（教育科研项目、教学论文）也有力地促进了教师学习、研究教育教学理论和不断改进教学的能力。这些活动形成教师积极投入教学研究活动的机制和氛围，让一批青年骨干教师脱颖而出。那么，教师们广泛参加这些活动，积极追求发展的动机是什么呢？事实上，除了中国人“爱面子”，不甘落后的表面因素外，一个重要的驱动力是职称晋升制度。根据教师职称评定规定，中小学教师有不同等级［另外还有荣誉称号（如教坛新秀、特级教师），各种教育奖项］，不同级别教师的工资待遇（工资及其他相联系的社会福利）不同。教师从低一级职称向高一级职称晋升，除了学历及低一级职称服务年限外，教育行政部门对教师的教学能力和论文也有明确的要求，而各类比赛获奖可以被视为教学能力或论文的等价物，因而增加了职称晋升的机会。所以，参加这些活动，并能够获奖是名利双全之举。另一方面，同职称挂钩的在职进修课程，也有助于教师教育教学理论的提高，有助于用高观点指导学生对中学数学的联系与理解，有助于利用现代技术与数学教育的融合等。简而言之，“职称晋升”成为在职教师参加各类继续教育课程及公开比赛的重要杠杆，而且构成了促进中国教师在职专业发展的主要动力之一。

（四）新课程对在职教师教育的挑战：在实践中摸索，在摸索中前进

如上所述，“师徒制”及校本教研制度为教师的成长提供了一个合适环境，让一切进行得有条不紊。然而，新课程的实施彻底打破了这种平静。由于新课程深受建构主义思想的影响，提倡动手操作、合作交流、自主探究的活动式学习，对数学知识的观点也发生了转变，提倡动态和经验主义数学观：数学是人类的创造性活动，于是，猜测、错误和尝试、证明与反驳、检验和改进都是数学活动的过程。这样一来，原先擅长于“授业，解惑”讲授式教学的“师傅”们（专家教师或骨干教师）也不知道如何教学了。这给新课程实施带来了严峻的挑战。于是，各大学组织和教授主讲的各种培训班粉墨登场，介绍新课程理念、课程安排及具体内容。可是接受新课程培训的中学教师听报告时“云里雾里”，进课堂时还是“依然故我”。一方面，大学教授（即使是学科教育专家）大都没有中小学教学经验，他们只能从理论到理论，难以给教师针对性的、具体的示范和指导。而另一方面，习惯于应试教育、讲授式教学的有经验教师，也不肯冒风险去尝试（不知道如何尝试）新的探究式教学。新课程实践将面临“有形无实”的尴尬局面。近几年，在传统校本教研基础上，吸收“学习共同体”观点发展而来的校本研修制度提供了解决上述困境的一种选择。在研修活动中，强调专业引领（在理论上大学教授引领，而在教学设计上由专家教师引领），围绕教育教学中的重要或困难问题对“行动—设计—反思—改进”等过程进行合作，在由专业人员

及一线教师组成的实践共同体中进行学习，不断提供参与人员的理性思考和实践反思能力。此外，借助于多媒体和网络技术，基于视频案例的教师学习模式也展现了良好前景。

【致谢】感谢华东师范大学张奠宙教授、赵小平教授，北京师范大学郇中丹教授为本研究提供了宝贵的资料及建议。感谢华南师范大学王林全教授，浙江教育学院戴再平教授对本文初稿给出的建设性修改意见。本文的写作得到澳门大学研究项目（项目编号：2566）资助，但本文的所有发现仅代表作者观点，而不反映澳门大学的立场。

编入本书时，本文略有删节，特别说明。

本文作者：黄荣金（澳门大学教育学院）、彭上观、李业平（美国德克萨斯A&M大学教育学院）。其中，职前部分为黄荣金撰写，职后部分为彭上观撰写，李业平参与统稿。

附录一　北京师范大学与华东师范大学数学系课程设置

知识分类	修读类别	课程名称	北京师大①（2006，167.5 学分）	华东师大（2005，160 学分）
数学学科内容	必修	高等代数	10	5
		数学分析	18	15
		解析几何	4	5
		常微分方程	4	3
		复变函数	4	3
		概率统计	8	4
		抽象代数	4	3
		微分几何	4	3
		数学建模	4	3.5
		数理方程	0	3
		数学软件与数学实验	0	3
		偏微分方程	4	0
		泛函分析	4	0
		拓扑学	4	0
		实变函数	4	0
		总计	76	50.5
		选修总计	30	16
	Total		106（63%）	66.5（42%）
数学教学法知识	必修	数学教育心理学 初等数学研究	3 4	3
		总计	7	3
	选修	初等数学研究（数论，图论，模糊数学），数学教学的理论（文化，历史，哲学）		
		选修总计	19 out of 25	18.5 out of 26
	总分		26（15%）	21.5（13%）
教学法知识	必修	教育学，心理学，课堂管理	3 3 0	2 2 3
		总计	6（4%）	7（4%）

① 说明：2004 年以来，在北京师范大学数学系本科课程中取消数学教育相关课程，如果毕业生想从事教师职业，他们必须修读数学教育相关课程并取得证书。表中列出的是 2000 年没有改革以前的数学教育相关课程的设置。

附录二　广州市教育局教研室中数科 2006—2007 学年全市教研活动安排

	2006—2007 学年上学期		2006—2007 学年下学期	
年级	周次	内容	周次	内容
高一	3	（1）使用课标下新教材的教学体会 （2）必修 1 中函数的教材分析与教学建议 （3）本学年教研工作说明	3	（1）必修 4 教材分析及教学建议 ①三角函数；②平面向量；③三角恒等变换（分总体与课后习题两个方面探讨） （2）必修 4 学分认定考试模拟题
	7	（1）必修 2 教材分析及教学建议 ①立体几何；②解析几何 （2）必修 1 模块考试题 2 套，立体几何测试题 1 套	7	（1）必修 5 教材分析及教学建议 ①数列；②不等式 （2）必修 5 学分认定考试模拟题
	12	分片听课研讨： （1）研讨核心：高一必修 2 的教学处理，如何以学促教 （2）开展发展性评价的认识与体会	12	分区教研： 研讨核心：高一必修 5 的教学处理，如何提高课堂教学的效益，优化课堂教学
	16	（1）有关算法与教育统计知识讲座 （2）解几单元题，必修 2 模块测试题，学期综合练习题	16	（1）数学课堂有效教学的策略与方法研究 （2）必修 4 和 5 综合训练题
高二	3	（1）高中数学新课程教学要注意“回头看” （2）高中数学选修课开设经验谈 （3）如何积极稳妥地推进高中数学新课程实验	3	（1）高二下学期教学工作计划及教学建议 （2）高中数学教材中问题及处理办法
	7	（1）空间向量与立体几何教学建议 （2）圆锥曲线与方程教学建议 （3）常用逻辑用语与导数教学建议	7	分区教研： 研讨重点：课堂教学的有效性
	12	高中数学新课程优秀课例展示	12	有效数学课堂现场教学
	16	高中数学新课程实施经验交流（分四个组进行）	16	结合教材谈教法
高三	3	（1）数学高考总结 （2）近两年广东高考试题分析	3	高考夺分技巧（2006 年广东高考试题评分标准解读）
	7	高考备考经验交流	5	2007 年广州市数学一模分析及教学建议
	12	高三数学复习课优秀课例展示	10	2007 年广州市数学二模分析及教学建议
	16	（1）高三第二轮复习建议 （2）毕业会考复习建议		

农村师资教育硕士岗前培训的实践与探索[①]

——基于2006—2009年广东省的情况分析

为了探索农村师资补充的新机制，提高农村师资的整体素质和水平，教育部从2004年开始启动农村师资教育硕士培养工作[②]，广东省从2006年开始启动。根据教育部的要求，对农村教育硕士中的非师范专业学生，统一由省级教育行政部门组织岗前培训。近四年来（2006—2009年），在广东省教育厅教师继续教育指导中心的关心支持下，全省农村教育硕士岗前培训工作均由华南师范大学具体实施。现简要介绍广东省在培训中的一些经验和做法，以期对兄弟省份及类似培训提供有益的借鉴。

一、培训的基本情况

根据教育部的部署，农村教育硕士的培养模式为：本科毕业后，利用三年的时间在指定的扶贫县农村中小学担任教师，第四年返回培养学校参加农村教育硕士课程学习，第五年到任教单位边工作边完成硕士学位论文。因为农村教育硕士本科就读的大部分为非师范专业的特点，所以在奔赴中小学任教前进行岗前培训就显得尤为重要，培训的目的是为了提升其教育教学能力和水平[③]。

农村师资教育硕士岗前培训对象为大学在读大四的学生，全部为参加农村师资教育硕士计划中的非师范类学生，来自中山大学、华南理工大学、暨南大学、华南师范大学、华南农业大学等的高校。从培训人数来看，2006—2009年参加广东省农村教育硕士岗前培训人数呈上升的态势（见表1）。从培训时间看，2006—2007年培训的时间为7天，2008—2009年则为11周（含5个星期的课程学习和6个星期的教育实习、教育见习）。

---

① 本文为华南师范大学提交给广东省教育厅的调查报告。

② 周其国、张朝光、周淑芳：《农村教育硕士政策分析》，载《教育与职业》2008年第15期，第13—15页。

③ 冯涛、成爱武：《高素质师资培养与新农村和谐教育环境的构建："农村学校教育硕士师资培养计划"探析》，载《黑龙江高教研究》2007年第5期，第30—32页。

表 1　广东省 2006—2009 年参加农村教育硕士岗前培训人数

年份	2006	2007	2008	2009
学员人数	43	41	48	72

二、培训的实践探索

近四年农村教育硕士岗前培训的实践，大体上经历了两个阶段：第一阶段是起步摸索阶段（2006—2007 年），该阶段培训时间短，设置的课程单一，只是针对申请教师资格证而开设的一些规定课程。第二阶段是改革创新阶段（2008—2009 年），该阶段的培训课程，除了开设申请教师资格规定的课程外，更多的是转向切实提高学员教育教学能力和水平的课程，培训时间延至 11 个星期，以保障学员对培训内容的理解和吸收，实习回来后，还专门安排了教师教育类的讲座和培训座谈会。

为了调动不同高校参与农村教育硕士岗前培训的积极性，从 2008 年开始，广东省教育厅还采取了由不同院校申报培训方案，然后根据各校的实力和优势择优确定承担培训的院校，改变了以往指派任务的做法。这无论是对促进有关高校参与培训工作的积极性，还是提升培训质量都是有好处的。

总体而言，广东省农村教育硕士岗前培训呈现出如下的一些特点。

（一）从课程设置上看，更加丰富和切合实际

2006—2007 年岗前培训只是安排了教育学、心理学两门课程，2008—2009 年除了教育学、心理学外，共增加到 9 门课程（见表 2）。这主要是针对非师范生的特点增加了一些实用性较强的课程，如学科教学论、课堂教学设计与教学基本技能、教师职业道德、教育政策法规、学校心理辅导、普通话培训、教师口语等教师教育相关课程。增设了 6 周教育实习（含 2 个星期的教育见习）等实践类课程。同时，还聘请了中学名师为学生做“如何做好一名教师”“如何做好一名班主任”“名师名家成长经验分享”等专题讲座。

表 2　不同年份培训课程设置对照

	（一）2006—2007 年		（二）2008—2009 年		（二）与（一）的变化
	课程名称	课时	课程名称	课时	
1	教育学	36	教育学	36	

续表 2

	（一）2006—2007 年		（二）2008—2009 年		（二）与（一）的变化
	课程名称	课时	课程名称	课时	
2	教育心理学	36	教育心理学	36	
3			学科教学论（分学科授课）	32	增加
4			课堂教学设计与教学基本技能	32	增加
5			教师职业道德	24	增加
6			学校心理辅导	24	增加
7			教育政策法规	16	增加
8			普通话培训	8	增加
9			教师口语		增加
10	普通话测试		普通话测试		增加
11	教育教学能力测试		教育教学能力测试		
12			教育实习	6 周	增加
13			若干个专题讲座	16	增加

（二）从学时安排上看，大大增加实践环节时间

理论课程从原来的 1 周增加到 5 周，加上教育实习的 6 周，总的学习时间足足比原来增加了 10 周，实践环节大大加强。这有利于提高学员的教育教学实践能力，使他们能在正式工作之前得到真实的锻炼，较快走上工作岗位。而且将教育教学能力测试的时间安排在实习结束后进行，一方面有利于检测教育实习的效果，另一方面也让学生在参加教育教学能力时测试能更好地发挥应有的水平。

（三）从时间安排上看，适当提前到第八学期初

2006—2007 年的培训，是安排在第八学期末才进行的。从 2008 年开始，培训安排在第八学期初就开始，避免了以往临近毕业才安排，时间比较仓促，这有效地保证了学习的时间。而且，经过系统的培训学习后，再在暑假让学员有个反思的时间，为学员走上教学岗位奠定良好的基础。

三、基本经验和做法

结合近四年农村教育硕士岗前培训工作的实践，特别是 2008—2009 年的探

索，笔者谈谈农村教育硕士岗前培训的一些经验和做法。

（一）领导重视，专人负责，责任落实，措施到位

从接到省教育厅有关文件开始，学校领导及教务处等相关职能部门的有关负责人就紧锣密鼓地组织有关专家开展方案的研制，部署相关工作的落实，并成立培训工作小组。整个培训课程的安排，教育见习、教育实习的落实，均有专人负责，为从头到尾抓实抓好有关工作提供保障。

（二）制定合适的培训方案，并根据实际情况适当调整

根据培训开设课程的特点，多次组织专家研制培训方案。并根据实际情况做了微调，以便更切合实际。例如：

（1）将教育教学能力测试调整到实习结束后进行，以便测试效果更佳；

（2）将清明节的课程分散调整到周末上，避免清明节师生要请假，保证上课时间；

（3）将“如何当好一名班主任”讲座调整到培训的后期，让学员在实践的基础上听更有体会；

（4）教育见习环节由原来的一所学校增加至三所学校，让学员在正式实习前见识不同层次学校教师的风格；

（5）增加了我校电教专家讲座“光动媒体及其应用”，让学员了解到在不同的条件或者在缺乏先进仪器的情况下如何开展多媒体教学。

（三）选派高水平的主讲老师，确保授课质量和吸引力

结合课程特点，抽调水平高、责任心强的教师担任主讲教师，确保授课质量。2008 年、2009 年每次培训均选派授课主讲老师近 20 名，都是有关方面的高水准教师，含部分中学名师。学科教学论则是分学科授课的。有分有合，确保培训课程的顺利开展。

（四）加强教育教学实践环节，切实提高学员实践能力

由于参与培训的学员是非师范专业，相对而言，教育教学技能欠缺，而往年没有专门安排教育实习，导致学员们到当地任职，一下子难以适应。从 2008 年开始，安排了 2 周的教育见习与 4 周的教育实习，大大加强学员们实践能力的培养和锻炼。

其中，教育见习安排在广州的三所学校：华师附中、广州四十七中、番禺市桥二中；期间，还安排到番禺中学等观摩听课。2008 年的教育实习则安排在河源市和平县的 3 所高中进行为期 4 周的实习，整个实习工作，由教务处实习科统

筹安排。2009 年，由于实习人数较多，则安排在揭西县和大埔县的 8 所中学进行培训。由于跟中学方面多次沟通，及时协商，中学方面也足够重视，配备了较强的师资力量来指导实习工作，所以实习工作开展得非常顺利。学员们的收获都很大，实践能力都有比较大的提高。

（五）重视培训过程的监控，管理与学生自我管理结合

强化培训过程管理：建立健全有关管理制度并认真落实，并由教师教育科和实习科分别设专人负责培训过程监控；健全属地管理，及时沟通华农、见习学校及实习学校，妥善处理培训、见习、实习过程中出现的问题及困难。

强化学生自我管理：建立健全班委会制度，实行班级自我管理制度；任命实习队长及副队长，实行实习团队合作制度，强化学生自我管理，充分发挥学生的积极性。建立社交软件群组、博客、网站等，便于及时发布有关通知通告，学员们也可以在平台上交流，消除培训中的疑惑。

（六）细致周到做好后勤工作，保障学员的学习和生活

由于整个培训时间持续 2 个多月，牵涉面比较广，所以做好后勤工作相当重要，这将为学员们解除生活和学习等方面的后顾之忧。

一是做好学生见习、实习的接送工作。不管是去见习，还是去实习，每次均派专车接送，有老师带队。每个中学，我们都提前派人去落实有关见习、实习的安排工作，把工作做细做实。二是妥善处理学生日常的疑难问题。在培训中，学生会遇到不少疑难问题，对于我们能够解决的，都会及时加以解决；需要协调或者请示上级部门解决的，我们也会及时将问题反映上去。比如，教师资格申请问题，生活补助问题等。三是协同省厅及华农负责同志去看望实习的学生。在实习中期，教务处陪同省教育厅、华农的负责同志去看望学生，当地教育行政部门及各有关实习学校的领导也一起来跟学生座谈，给学员们极大的鼓舞。四是组织培训座谈会。在实习结束后，召开培训工作座谈会，面对面倾听参与培训学员的想法及各方面的意见，并现场进行问卷调查，了解学员对培训工作的意见及建议。

（七）协调好有关高校及中学，多方努力共同做好培训

省教育厅在培训前召集了有关院校的培训协调会，会议同意我校承担培训任务。因为培训学员中华农占的比例较大，以方便学生的原则，培训地点设在华农。此后，我们多次与华农沟通，以期将培训工作做好。另外，由于教育见习、教育实习牵涉到的中学也比较多，我们多次协调中学方面，就见习、实习的安排、指导、后勤保障等方面进行全方位的协商。我们也多次召集所有授课教师，研究课程的安排等，努力做好各方面的协调工作，确保培训工作高质量地完成。

四、若干问题和思考

根据课程培训、教育见习、教育实习及对学员们的访谈与调查，笔者总结如下问题及建议。

（一）增加实践环节，增强教育教学的实战能力

因为是非师范生，所以2008年以来已经加大教学论方面的培训。但据学员们反映，还可以适当增加教学法方面的课程，增加更多的时间进行技能培训，有助于掌握基本的学科教育方法，提高真正的实践教学能力①。适当增加一些如何听课、评课的专门辅导等。

（二）正确处理好各种关系，保障培训与专业学习两不误

由于培训的时候，学生还没有毕业，极个别同学还有部分专业课，而且所有学生需完成本科毕业论文。所以，在学生方面要正确处理好培训与专业课学习的关系，以及培训与毕业论文撰写的关系。在组织工作方面，有学生反映，实习时间应尽量避免与中学中段考重叠在一起；部分课程可以适当提前到大四第一学期培训，比如教育学、心理学；培训时，不应该连续培训，让学员有充足的时间来理解与消化。

（三）做好宣传与咨询工作，完善学生的选拔工作

在前期宣传动员方面，应加强政策咨询的力度，让学生在签约前充分了解相关政策；切实关心学员的学习、生活（包括以后5年内的）。一方面，可以动员更多的同学加入到这个队伍中；另一方面，让学员做到无怨无悔，让学员们真正体会到，去读农村教育硕士是值得去的，而不是犹豫不决。

态度决定一切，细节决定成败。整个培训工作，我们应以高度的责任心，用心、尽力做好各项有关工作，及时解决培训过程中学员们遇到的各种困难及疑惑，努力为学员在奔赴工作岗位前提供高水平的岗前培训。

本文作者：彭上观。

---

① 王云兰：《“农村高中教育硕士师资培养计划”政策实施过程中的问题及思考》，载《江西教育科研》2006年第11期，第40—41页。

志存高远　求新求实①

——华南师范大学开展基础教育师资培训工作的回顾与展望

我国是世界上人口最多的国家，沉重的人口负担给我国的发展带来了极大的困难。寻找一条有效途径，将沉重的人口负担转变为巨大的举世无双的人力资源优势，是我国一项重大战略性任务。

办好基础教育正是这样一条最有效的途径，因为，基础教育是科教兴国的奠基工程，对提高中华民族素质、培养各级各类人才，促进我国现代化建设具有全局性、基础性和先导性作用。为此，必须把基础教育摆在优先地位并作为基础设施建设和教育事业发展的重点领域，切实予以保障。

基础教育需要师资，因此，建设好一支数量足够、结构合理、素质精良的基础教育教师队伍更具全局性、基础性、先导性，更需优先发展，更是我国现代化建设的“重中之重”。

随着社会的飞速发展，知识经济、信息时代已经到来，终身教育与终身学习成了人类可持续发展的强烈需求。教师尤其需要树立终身教育与终身学习的理念并身体力行。因此，基础教育教师的在职培训已显得异常重要。

正是在这种理念的指导下，我校在广东省基础教育师资培训工作方面做了大量工作，并取得了较好的成效。以下进行简要历史回顾，并分析我校开展基础教育师资培训课程的特点及其存在的一些问题，进而对我校今后培训工作提出几点展望，以期为兄弟院校师资培训工作提供某些参考。

一、我校开展培训课程工作的回顾

自我校成立至今，已走过了 70 多年的发展历程。在这一过程中，我校的基础教育师资培训工作也经历了曲折的发展历程。纵观我校的基础教育师资培训工作，可以将 2000 年作为一个分界点。2000 年前，我校以学历提高的培训为主，主要以成人教育、函授、夜大等形式开展基础教育教师继续教育工作；2000 年我校介入国家级中小学骨干教师培训后，进入了一个崭新的发展阶段，即非学历

① 本文原载于《泛珠三角区域教师教育联盟“师资培育课程新发展”研讨会论文集》，香港教育学院编印。

培训与学历培训并举并重的发展阶段。

2000年以前我校走过的路程，与全国其他高师院校走过的路程基本是一样的，这里就不去赘述了。以下主要谈谈我校2000年以后所做的工作。

2000年以来，我校承担了不少各类大型的基础教育教师继续教育工作，现按不同类别的培训，进行简要回顾。

（一）新课程任课教师岗前培训

1. 2004年全程承担广东省高中新课程学科教师岗前培训

义务教育课程标准于2001年正式颁布实施，普通高中课程标准于2003年正式颁布，这是我国基础教育课程50多年来较大的改革。2004年9月以来，广东作为全国四个首批高中新课程实施的省区之一，面临着怎样有效地推进新课程的现实问题。为了保证新课程在我省顺利开展，2004年7月10日至8月20日，在我校举行了全省新课程十六个学科的省级培训，共10批约25000人参加了培训，为广东省率先在全国范围内开展高中新课程实验提供了有力的保障，取得了预期的培训效果。

培训的内容主要包括通识培训和学科培训两大部分。

第一，通识培训。从不同角度论述课程改革对教育教学的意义、影响，帮助教师树立全新的教育观、教学观和学习观。通识课程又分为“大通识”和“小通识”。“大通识”的主要内容包括：①基础教育课程改革背景、目标、内容及有关政策。重点学习新一轮课程改革的指导思想、教育观念、改革目标及相关的政策措施等，增强实施新课程的自觉性和责任感。②新课程改革与教学新理念。③新课程与评价改革。④新课程与教师角色转变。“小通识”的主要内容包括学科教学论的有关内容，是大通识的具体化，对学科教学具有更直接的指导意义。

第二，学科培训[①]。面向各学科培训者，分学科进行，结合学科特点和基本要求探讨新的课程理念及其实施，主要内容有：①相关学科新课程标准解读；②相关学科新教材教学案例分析；③相关学科新教材介绍与对比研究，包括教材编写的整体思路和主要原则、基本框架、内容体系与特色和对教师的相关要求等；④课堂教学观摩，为教师教学观摩提供相关学科新课程改革理念与教学实践相结合的优秀教学案例及专家点评，帮助其成长。

所选用的教材、资料主要有《新课程改革的理念与创新》《走进新课程——与课程实施者对话》《基础教育课程改革纲要（试行）》《广东省普通高中新课程实施指导》《广东省普通高中新课程学科教学指导》。

---

① 李海花、陈冀平：《新课程高中教师培训存在的问题与对策：来自广东省高中新课程教师培训的调查》，载《教育导刊》2006年第7期，第30—33页。

2. 2005年，牵头组织第二轮高中新课程教师岗前培训

2005年，在总结过去一年培训工作经验的基础上，对全省的新课程教师岗前培训的方式进行了调整，具体由各个地级市组织实施，全省共计培训高中新课程学科教师约30000人次。

基本做法是：先由我校举办“广东省高中新课程学科教师岗前培训培训者研修班”，集中培训培训者。随后，由我校牵头，制定广东省高中新课程学科教师岗前培训的各个学科培训方案，然后由各个地极市依据省的培训方案及各市的实际制定出当地的培训方案。在各地市进行培训期间，以我校、广东教育学院及省教研室专家为主的讲师团，到各地市（主要是非珠三角地区的地市）进行部分课程的巡回讲学。由我校培训的各地市培训者承担大部分课程的培训。

与2004年相比，2005年时间上更加充裕一些，增加了培训的时间，普遍都由原来的3天增加至5天。选用的教材更加本地化，贴近实际。选用的教材中增加了我校组织编写的《广东省普通高中新课程学科教师培训系列教材》（广东教育出版社出版，该系列教材将2004年暑期广东省高中各个学科教师新课程培训的主要内容做了如实地介绍）及部分课堂教学案例的相关书籍，更加增强了培训的实效性和可操作性。

（二）骨干教师培训

1. 国家级骨干教师培训

从2000年上半年开始，教育部启动了中小学骨干教师培训工程，按规划，全国培训1万名国家级、10万名省级、100万名地市级中小学骨干教师，共分三期。我校从第二期开始介入。其中，第二期承办了中学数学、小学数学、中学英语三个班，第三期又承办了中学政治、高中语文、中学计算机。具体情况见表1。

表1　近年我校承办国家级骨干教师培训班

第二期（2000年10月）	科目	中学数学	小学数学	中学英语
	人数/人	31	37	37
第三期（2001年10月）	科目	中学政治	高中语文	中学计算机
	人数/人	41	31	43

注：表中数据为实到人员。

从培训内容看，主要包括三个方面：一是理论与技能学习，包括师德教育、教育科学理论、学科基础知识的更新与扩展、学科教学理论和方法、现代教育技术应用；二是实践与考察，包括考察中小学校、授课评课、参加学术活动、组织专题论坛等；三是教育科学研究，包括教育科研理论和方法、课题的选题与确

定、研究方案的设计与执行、研究报告（论文）的撰写、结题答辩。

从培训的形式看，采取理论学习、教育教学实践与考察、教育科学研究相结合等具体形式，力争做到理论与实践、面授与网上学习相结合。采用集中学习与分散研修相结合的方式：集中学习采取讲授、研讨和考察等方式；分散研修采取导师指导下的个人自修、课题研究等方式，强调培训对象的自主学习、研究和实践，教学相长，交流互动。

从时间安排上看，每期培训分为三个阶段：第一阶段，重点为集中进行理论和技能学习（11 周），同时进行教学实践，开展教育考察和科研选题立项等；第二阶段，重点为分散开展教育科研，完成课题研究（约 40 周），同时结合课题自学理论及进行教育实践；第三阶段，重点为集中总结，结题答辩和成果验收（1 周）。

2. 省级骨干教师培训

从 2001 年下半年开始，广东省开始正式启动中小学骨干教师培训工程。按省的要求，准备在三年内完成省级中小学骨干教师（含幼儿师资）培训任务，每年 2000 人。我校是 5 个承办培训单位之一。到目前为止，我校承担的省级骨干教师培训情况见表 2。

省级骨干教师培训的内容，主要包括理论与技能、实践与考察、课题研究三大部分[①]。理论与技能着眼于介绍现代科学、技术和人文科学的最新成果，能开阔视野，优化知识和能力结构；教育实践与考察着眼于用现代教育思想、教育理论、教育技术和新的学科知识指导培训对象的教学实践，提高培训对象实施素质教育的能力；课题研究着眼于提高培训对象的科研意识和科研能力。三个部分的学时和学分比例为1∶1∶1。

培训工作采取理论与实践相结合、阶段性培训与持续提高相结合、集中学习与分散研修相结合，实行省和市双导师制的办法。省级导师由省级培训单位聘请专家担任，地方导师由地市教育行政部门聘请教学第一线的特级教师或其他教育机构的专家担任，负责指导培训对象的课题研究。我校要对培训对象开展为期一年的跟踪服务，为培训对象提供专业发展信息和咨询服务。

每期培训时间为一年，其中集中学习时间为一个半月（含考察），分散研修 6 个月（含跟踪指导）。每期培训活动可具体分为四个阶段：第一阶段，理论研修，同时进行科研选题、立项和开题。第二阶段，重点对中小学教学实践进行研究，同时集中展示教学成果，开展教育考察。第三阶段，开展教育科研，同时结合课题学习理论，进行课题研究。第四阶段，结题答辩和成果验收。

除了学科骨干教师培训外，我校承担了两期“广东省中小学骨干教师学科教

---

① 郭根福：《骨干教师培训的六种模式》，载《中小学管理》2001 年第 2 期，第 24—26 页。

学信息化网络化高级研讨班”，对象来自全省中小学各个学科的骨干教师，目的是提高中小学学科教师教学的信息化、网络化水平。

表 2　2001—2005 年我校承办省级骨干教师培训班的情况

期别	类别	学科	计划培训人数/人	实训人数/人	期别	类别	学科	计划培训人数/人	实训人数/人	期别	学科	计划培训人数/人	实训人数/人
第一期2001年	中学	语文	100	41	第二期2003年	中学	语文	100	68	第三期2005年	高中数学	50	
	中学	数学	100	42		中学	数学	100	90		高中物理	50	
	中学	英语	100	77		中学	英语	100	76		高中历史	50	
	中学	政治	100	54		中学	思想品德	50	43		高中政治	50	
	中学	计算机	50	43		中学	科学	50	43		高中化学	50	
	中学	地理	50	44		中学	信息技术环境下的课程整合	50	49		高中生物	50	
	中学	体育	50	31		中学	历史与社会	50	36				
	中学	音乐	0	33			艺术	60	48				
	小学	音乐	50	40									
	小学	数学	50	47									
	幼儿园	幼儿教育	50	41									
小计			700	493				560	453			300	

注：第三期 2005 年正准备开始培训。另外，2001 年 12 月、2002 年 5 月开展了两期广东省中小学骨干教师学科教学信息化网络化高级研讨班，共培训了 138 人次。

3. 广东省基础教育系统“百千万人才工程”

广东省基础教育系统“百千万人才工程”省级教育专家、名校长、名教师培养对象高级研修班，是目前广东省师资队伍建设的最高层次的培训形式。该工程的目标是，到 2010 年，在基础教育系统中，培养 100 名教育专家、1000 名名校长和 10000 名名教师，并于 1999 年 7 月确定了首批培养对象，成立了“百千万人才工程”培养指导中心（该中心设在华南师范大学教育科学研究所）。到目前为止，以高级研修班的培养方式先后举办了两期研修班，对 409 名省级教育专家、名校长、名教师培养对象进行培养指导。此外，全省大部分的地级市，部分县市（区）也在培养指导中心的指导下陆续开展对本市、县（区）级的名校长、名教师培养对象的培养和指导工作。

实施广东省基础教育“百千万人才工程”培养模式的主要措施和经验做法如下：

1）以创新的思想指导“百千万人才工程”的实施。

培养指导中心在认真分析、研究、总结过去各种师资培训方式的基础上，结合广东教育改革的实际及本项工程培养对象的实际，参考高等院校培养研究生的一些做法，根据广东高等院校的教育资源和研究成果情况，提出了高级研修班培养工作的新思路和一系列的新方法、新措施，包括开设系统的教育理论研修课程，设立专项课题研究，聘请导师一对几进行指导，引进案例教学法，开展教育专家、名校长、名教师教育思想与实践专题研究，建立培训基地学校，进行实地考察教育，组织中期检查、学习成果汇报，等等。在整个培训过程中，培养指导中心不停留于既有的经验和固定的模式，不断对培养模式进行研究和实验。本着“边培训、边研究、边探索、边总结、边提高”的原则，将研究工作贯穿于培训工作的始终，以先进的培训观念指导工作，积极进行培训创新，改革培训模式、内容和手段，使培训质量不断提高。学员普遍感到，通过一个完整的培养周期后收获大、见效快，认为这种培养方式比以前所参加过的培训的效果好。

2）组织高水平的师资队伍，挖掘优质的培训资源。

培养指导中心聘请为培养对象授课，做专题讲座，以及担任培养对象导师的，都是省内外副教授职称以上的知名专家、学者，重点学校的校长、学科教育方面的专家等。如第一批的培训中，就聘请了十多位全国知名的专家、博士生导师做了专题讲座，聘请了五十多位硕士生导师为学员讲课，指导他们开展专题课题研究，即使外出考察、观课，也安排导师作现场评点。更难能可贵的是，这些导师都把最新的研究成果，包括自己的原创成果介绍给学员，使学员能直接接触到最前沿、最先进、最根本的教育理论和教学的方式方法。

3）把培养指导的重点放在更新学员的教育观念和提高科研能力的水平上。

鉴于被确定为“百千万人才工程”的省级培养对象，他们当中大多数在培训前，就在当地有一定的知名度和业绩基础，而让他们参加高级研修班的目的，就是让他们无论在理论水平还是业务能力等方面都能提高一个层次。而对他们来说，教育观念的彻底转变、教育科研能力的进一步提高是最为关键的。因此，在整个培训过程中，应自始至终都把培训的重点放在更新学员的观念上。此外，设立专项课题的目的，也是为了让学员在整个培训过程中，不但能系统地掌握校本科研的基本理论知识，也能在导师直接指导下开展教育科研，在实践当中掌握如何有效开展教育科研的基本方法。

4）坚持边学边用，积极参加当地改革实验，并在教改实践中充实、发展和提升自我。

培养指导中心一开始就让学员很明确地认识到，高水平、高素质人才，需要在教育改革的实践中、在教育研究的过程中，成长、发展、成才，不参加教育改革实践，没有高水平的教学研究，就难以培养出高水平的人才。因此，培养指导中心要求和鼓励他们在为期三年的培训当中把学到的先进理论和方法在实践中加以运用。如让每位学员开展一项研究，写一篇自己在教改实践中的案例，在培养指导中心组织教育改革理论与实践研讨会上谈自己的研究成果，等等，使学员在培训期间能做到边学习、边研究、边出成果。据不完全统计，第一批省级培养对象在三年的培训过程中，就完成了175项市（厅）级以上科研课题，公开发表学生论文504篇，出版著作83本，获得市、厅级以上奖励或荣誉的有232人次。第二批培养对象也顺利完成课程理论的研修学习，他们主持的160余项专项课题也顺利完成，正在鉴定、验收之中。

（三）新课程骨干培训者研修

在新课程师资培训过程中，我们始终坚持把培训者（主要是教育管理者、师范院校和培训机构的教师及教研员等）培训和中小学骨干教师培训摆在突出位置抓紧抓好，并适度超前，使他们真正成为新课程师资培训和新课程实施的骨干力量，以带动广大中小学教师积极投身到新课程的改革实践中去。目前，我校主要承担部分科目的国家级、省级骨干培训者的培训工作。

1. 国家级骨干培训者培训

为了推进新一轮基础教育课程改革实验推广工作的健康发展，提高培训者队伍驾驭美术新课程培训工作的能力，促进美术教师战线更好的为基础教育服务，受教育部师范教育司委托，我校于2003年10月27至11月5日，承办基础教育中学美术新课程骨干培训者国家级研修班（科目：中学美术）的任务。

研修的模式：本研修班力求变革传统美术师资的培训模式，将根据教学内容采取专家讲座、小组交流、合作探讨、案例教学、现场课例观摩与研讨等多种方式进行。

基本做法：①学员来参加国家级研修班之前，必须深入学员所在省市有关实验区进行调研，认真总结新课程实验过程中一线教师的真实要求，并收集、撰写美术新课程典型教学案例3～5个。②学员在研修班结束后须交一份个人学习总结。③各地区学员在研修班结束后须交一份适合该地区的新课程骨干省级培训方案。

2. 省级骨干培训者培训

随着《基础教育课程改革纲要（试行)》的颁布，以及义务教育、普通高中各科《课程标准》的实施，新一轮课程改革正在轰轰烈烈地开展。为了更好地指导我省各地的培训工作，我校举办了两期省级骨干培训者培训。

2002 年 12 月，以我省师范院校、教育学院、教师进修学校、教师培训中心的学科教师为对象，并吸纳拟担任新课程培训任务的教研员、部分中学骨干教师参加。我校组织了首轮义务教育新课程骨干培训者培训。每科培训时间为 6 天，共培训了中学语文、数学、英语、物理、化学、生物、历史、地理、体育与健康、音乐、美术课程教师，小学美术、音乐课程教师共 736 人次。

这次培训的目的是了解新课程改革的背景意义，重点学习新一轮课程改革的指导思想、教育观念、改革目标及相关的政策措施，明确师资培训机构在新课程改革中所肩负的责任，增强参与新课程改革的自觉性和责任感。

通过学习和研究相关学科的课程标准，明确所任培训科目的课程目标、具体内容和评估要求，了解所任科目新编教材的编写思路、结构、内容，并积极探索实施新课程的有效教学方法和手段，提高培训者的专业素质。探索新课程师资培训的模式和方法，掌握新课程师资培训的特点和规律，为全面开展新课程师资培训打好基础。

2005 年 5 月，我校举行了部分科目的新课程普通高中省级骨干培训研修班，包括政治、历史、地理、化学、生物、信息技术、音乐、美术、艺术、体育与健康、综合实践活动 11 个学科。每个学科培训的时间为 1 个星期。

本培训的目的：解决普通高中新课程在实施过程中存在的一些问题和困惑，例如实验省（区）的教师对高中课程标准的认识和理解不到位、新编的各种版本的教材和高中地理课程标准之间还存在一定的差距、教师的教育教学观念还比较传统、教师的专业知识和专业发展程度和新课标的要求之间还存在一定的距离、学生的学习评价问题难以解决等。培训要真正体现新课程的教育理念，设计以培训对象为主体、以解决实际问题为中心的培训课程，切实提高骨干培训者实施高中新课程的能力和水平，突出研修的针对性、实效性、实践性和前瞻性，努力建设一支具有现代教育素质和创新精神的地市级骨干培训者队伍。

研修的方式：采取集中面授和分小组研讨的方式进行，通过参与式学习，提高研修的效率和效果，鼓励专家和骨干培训者在研修之后进行互动研究。

（四）教师学历培训

为适应时代的发展及社会对人才学历层次上的要求，我校除了开展非学历的培训课程外，还积极开展了对基础教育教师的学历提升工程。

1. 开展多种办学形式，努力提升中小学教师的学历水平

当前，我省师资队伍中还有相当部分教师没有达到国家规定的相应学历要求。针对我省这样的实际情况，我校利用继续教育学院的优势，积极开展函授、夜大、自学考试等多种形式的办学途径，为提升我省中小学教师的学历层次做贡献。以1990—2004年为例，我校继续教育学院成人高等学历教育的各类毕业生累计35000多人。自2002年以来，我校成为广东省3所承办网络教育的试点单位之一，积极开展网络教育。截至2004年，招生11700多人，为我省中小学教师继续教育又多提供了一个选择。

2. 开办“研究生课程班”及“教育硕士”教育，为基础教育培养高级人才

为提高中小学教师的学历层次和文化层次，提高中小学教师的专业水平和业务素质。我校面向广东省中小学，在全省各地开设了若干专业的“研究生课程班”，以2002—2004年为例，我校开班的研究生课程班情况见表3。

表3　我校2002—2004年“研究生课程班”办班情况

年份	2002	2003	2004
班数/个	22	16	18
人数/人	820	485	869

按照教育部的部署，为加快基础教育师资和管理队伍的建设，提高基础教育教师和管理人员的素质，促进基础教育教学及管理水平的提高。国务院批准设置教育硕士专业学位。国务院学位办［1996］53号文公布我校作为全国教育部首批16所试办教育硕士的院校之一。1998年首次招生以来，从小到大，由试点招生到自主招生，始终与国民经济和社会发展相协调，与时俱进。各年具体的招生人数见表4。目前在校教育硕士1500人，已经授予教育硕士学位720人。

表4　我校近年培养的教育硕士情况一览表

年份	1998	1999	2000	2001	2002	2003	2004	2005
人数/人	114	94	0	284	335	300	508	620

注：2000年全国停招一年。

教育硕士的招生培养，已经成为我校研究生“上水平、上规模、上台阶”的重要组成部分，占了目前我校在校研究生总量的30%。多年来的报考、录取人数一直保持在所有院校的前3名，培养模式也从原来单一的利用寒暑假上课，发展到现在的脱产、走读、假期等多种培养模式，满足不同层次学员的需求。通过教育硕士的培养，在提高我省中小学教师整体的学历结构、教师自身智能结构，提高具有硕士学位教师比例，加速骨干教师队伍建设等方面做出我们应有的贡献。

二、我校当前培训课程的主要特点

纵观我校承担的基础教育师资培训工作，经过多年的探索，我校师资培训课程逐步走向了规范化、科学化、系统化。

（一）从培训的理念看

切实开展提高广大教师实施素质教育的能力和水平的高度指导师资培训，以促进教师的专业化发展为目标。通过培训，引导中小学教师从实践中学习，在反思中进步，提高专业化水平。

（二）从培训的内容看

从关注教师的理论素养逐步转变为师德、理论素养、教学科研能力并重的培训体系。关注教师的课堂教学能力及新课程实施能力，关注“校本课程”的培训与开发。将先进的教育理念转化为课堂教学的能力，让参训教师真正感到“学得会，用得上”，从而有效地提高教师参与培训的积极性和主动性。

（三）从培训的形式看

根据不同的培训类型及接受培训教师的特点，我们采取了不同的形式。集中培训、“送教上门”、函授、脱产进修等多种培训形式正在形成。要努力做到既注重我校的具体办学条件，又照顾到学员所在学校的需求；既注重吸收我国在师资培训形式上的创造，形成我校自己的特色，又不断学习世界教师培训的有益经验。

（四）从培训的原则看

以业余自学与教师讲授辅导相结合为基本原则。从我校举办的各类培训来看，由于在职教师的特殊性，集中培训的时间一般都比较短，要在一次培训中解决所有问题是根本不可能的。因此，大部分的培训，都是采取教师讲授与学员业余自学相结合的方式。通过教师的讲解、指导，让学员结合自己的学习与实际的课堂教学实践，逐步内化在培训过程中所学到的理论知识。

（五）从培训的模式看

在培训模式上，我们坚持“三结合、一注重”的模式，即坚持培训、教研、教改相结合，坚持集中培训和分散培训相结合，坚持短期面授与长期跟踪指导相结合，注重发挥校本培训的作用。倡导培训者与教师的平等交流、对话，了解他们的疑惑和困难，引导教师结合自己的教学实际，深入讨论，在提高培训工作的针对性和实效性上下功夫。

（六）从培训的管理看

在广东省教育厅教师继续教育指导中心的领导下，在学校教务处的统筹安排下，我校的师资培训工作正在稳步推进。做到“专人管理、责任到位”，具体落实到相关院系，落实任课教师、培训方案的制订，开展具体学科的培训工作等。2005 年，广东省继续教育指导中心还成立了“广东省中小学教师继续教育专家委员会”，该委员会由教师教育专家、课程教育专家、教育技术专家和学科专家组成，由省教育厅领导，实行秘书处负责制，由秘书处具体组织开展工作。专家委员会秘书处设在我校，为我校师资培训工作带来了新的机遇与考验。

（七）从培训的手段看

在培训手段上，在传统师资培训方式的基础上，正在积极探索利用卫星电视和计算机网络等现代远程教育手段开展新课程师资培训工作，保证培训质量，提高培训效益。

三、存在的主要问题

（一）课程设置有待进一步优化

综观我校开设的培训课程，大部分集中培训的时间都比较短，偏重理论方面的多一些。这与教育的实践性与长期性的矛盾比较突出有关。某些培训，如新课程培训，一些实例与操作性强的做法欠缺，和中学的教学实际联系还不足。应当紧密结合中小学教师的实际教育教学的需要而设置，要把先进的教育理念与当前中小学的教学实际相结合，“上通国际主流，下达课堂实践”应成为教师培训的主导思想。

（二）跟踪研究有待加强

虽然我校承办的不少培训班都有跟踪指导的阶段，但由于各种因素的影响，对培训学员的跟踪指导工作做得不是很完善。同时，学员与学员之间、学员与教师之间的交流与合作也有待加强。如何才能有效地加强培训的长期跟踪指导，以及促进学员之间、教师之间、学员与教师之间的交流与合作还有待进一步的研究与实践。

（三）部分学员参与意识不强

总体而言，部分培训学员参与培训的意识不强，抱着“完成任务”的心态。部分学员认为培训的内容过于理论化，容易脱离自己日常的教学活动。

如何充分调动学员参与培训的积极性，提高培训的实效性是摆在我们面前的一个很现实的问题。

（四）网络平台有待建设

应用现代信息技术开展教师培训工作已经成为国际的一个潮流，而我校在师资培训方面还没有相应的网络平台。应设立“教师教育”网站，在分散研修阶段，各培训教师和学员可通过登录网站，开展远程教学和科研指导。通过提供专业发展信息，师生之间进行答疑和对话，学员与学员之间进行交流和学习，为参训教师的可持续发展提供有力的保障。

（五）培训方式、方法有待进一步探索

由于培训时间的限制，培训时主要还是采用传统的讲授方式，“讲得多，互动少”是一个比较普遍的问题。某些培训时间过于紧张，学员学习消化的时间不足，从而影响了培训的效果。

事实上，一方面，被动地接受培训，易于导致教师主体性的失落。而在教师实施课堂教学中，必须充分发挥教师的自主性、能动性和创造性。另一方面，理论学习又往往易于忽视教师缄默化的课程思想。这些难以用语言表达的课程思想常常是隐形的、情景化的，随时会以无意识的方式影响教师个体的教学行为。缄默化的“课程思想”并非直接受某种课程理论的影响，而更多的来自教师的教育日常生活、回归教育经验交流和教师本人的自我反思。故从上述意义看，回顾教育日常生活、回顾教育经验的交流、回归教师本人的培训方式才能使教师以主体的身份参与培训过程，才能触动和澄清他已有的那些植根于教育经验中的缄默的课程思想，才能在真正意义上促进教师的成长。

有调查①表明，对于“以何种培训方式对教师进行新课程实施素质的提高帮助最大”，80%以上的教师认为从教育经验出发的案例研究、经验交流和反思的方式对新课程实施素质提高帮助最大。

（六）承办的培训科目有待进一步丰富

不论是国家级培训，还是省级培训，我校承办的学科都只是其中的一部分，还有部分科目可以进一步丰富。我们应找准不足，充分发挥优势学科，以优势培训科目带动我校培训课程的全面发展；应承办更多的科目，为我省师资培养做更大的贡献。

---

① 杜志强、靳玉乐：《新课程师资培训的问题与对策》，载《课程·教材·教法》2005年第5期，第79—83页。

四、我校师资培训课程的几点展望

（一）构建终身学习的培训体系，实现职前、职后一体化

新一轮基础教育课程改革，给高师院校在课程设置方面带来了不少考验，旧的课程体制无法适应基础课程改革的变化。打破原来教师职前教育和职后培训相分离的状态，实现职前、职后一体化是当前教师教育的一个重要趋势和举措。在今后很长的一段时间里，提高教师的专业化水平是我国教师教育的主要任务。构建终身学习型社会已逐步成为人们的共识。党的十六届三中全会提出了“构建现代国民教育体系和终身教育体系，建立学习型社会”的宏伟目标。而师范院校肩负着为国家培养高素质师资的任务，因而既要在制度上构建适应学习型社会的学习组织，又要以开放的眼光关注整个社会的教育。

可见，我们要根据时代的发展、形势的发展，综合考虑教师教育在职前、职后的连贯性，构建终身学习的教师培训体系。

（二）师德教育与教学科研能力并重，理论与实践紧密结合

充分发挥大学教师的科研优势与中学教师具有丰富的实践经验的优势，将两者有机结合起来。在师资队伍建设方面，除了聘请科研能力强的名师外，还应努力将优秀一线教师吸收到培训者的队伍中来。让中学一线教师以他们的亲身经历、丰富的经验，讲述如何将新的理念、先进的科学知识贯穿在课堂教学的实际中；以名师的力量感染广大的参训学员。从而实现先进的教育理念与实际的课堂实践紧密结合，增强培训效果的目的。

（三）全员培训，提高的实效，为新课程改革提供支柱

中小学新课程改革正在我省全面铺开，新课程的实施成为广大教师关注的焦点。这一轮新课程改革，对教师的素质提出了更高的要求。特别是在知识更新方面，课堂教学方式、方法等都面临着不少新的问题。以教育部“先培训，再上岗；不培训，不上岗”的精神为指导，在全部学科教师中，对首次担任新课程的教师进行全员培训。在实践中，我们培训机构要更多地到一线中小学去，了解中小学开展新课程实验的情况，了解一线教师在实施新课程中遇到的困难、困惑，急需哪些方面的帮助。然后采取针对性的培训，切实解决广大教师在教学实际中的困难，让教师乐于参与新课程培训，从而让新课程培训成为新课程改革的重要支柱。

（四）培训方式灵活化，提高教师的积极性

新课程改革强调丰富学习方法，改善学习方式，这是课程改革的一个基本理念。我们在师资培训中也要提倡多样化的培训方式。要改变以往单一的讲授形式，让教师切身体会到培训的必要性和重要性，激发教师参与培训的积极性，由“要我参加培训”向“我要参加培训”转变。案例学习、行动研究、校本研修、访问交流、教学观察等成为培训的主要方式。

（五）培训工作制度化、规范化，并强化管理

经过多年的发展，对我校师资培训工作不断摸索、总结经验，培训课程的开展逐步制度化、规范化。今年我校教务处成立了“教师教育科”，是专门负责教师继续教育培训工作的培训机构。广东省教育厅今年成立了“广东省中小学教师继续教育专家委员会”，秘书处设在我校，负责开展具体的工作。所有这些为我校进一步开展教师教育工作提供了极为有利的条件。

制定各门学科培训方案，并定期调研，根据课程改革，召集专家、受训教师共同研究修订、完善培训方案，不断提高培训的实效，这是当前及今后工作的一个主要方向。

（六）突出骨干教师、教育硕士的带头示范作用

“榜样的力量是无穷的”，在培训工作中，既注重教师的全员培训，也注意突出骨干教师、教育硕士的带头示范作用，通过其科研优势，以点带面。逐步形成骨干教师梯队，带动全省中小学教师队伍建设。

新课程要求教师必须从以往的“教书匠”转变为“研究型”的教师，教师已经成为课程开发的重要资源，特别是骨干教师、教育硕士，更是课程改革的中坚力量。

（七）充分发挥信息技术的优势，整合、优化师资培训的资源

充分发挥我校作为全国教师网络联盟首批成员在“实施中小学现代远程教育工程工程”中的作用，同时整合全国教师网络联盟和广东省各个教师培训院校的优质资源，发挥基础教育信息网在教师教育中的作用。逐步开设涵盖中小学各学科的网络课程，满足各学科中小学教师学历层次提升和专业发展的需要。

（八）加强培训者的培训，为师资培训提供原动力

“问渠哪得清如许？为有源头活水来。”在基础教育师资培训过程中，要始终坚持把培训者（主要是教育管理者、师范院校和培训机构教师及教研员等）

培训和中小学骨干教师培训摆在突出位置抓紧、抓好，并适度超前，使他们真正成为基础教育师资培训和实施课程改革的骨干力量，以带动广大中小学教师积极投身到课程改革的实践中去。

（九）“培研”结合，实现培训与研究的相互促进

在基础教育课程改革中最重要、最基本也是最经常的工作是教学研究和教师培训。在课程实施中，这两项工作又常常联系在一起，统筹安排教研和培训工作，才能发挥培训的实效。对培训者而言，更要“在研究中培训，在培训中研究”。通过培训，促进研究的发展，把研究成果及时转化为培训课程的工作新方法，实现培训与研究的双赢。

总而言之，基础教育师资培训工作，要“求新”，更要“求实”，努力更新培训观念，探索新的培训模式和手段，切实提高师资培训的实效，为提高基础教育师资力量提供有力的保障。

本文作者：彭上观。由王国健、陈冀平代表华南师范大学，在泛珠三角区域教师教育联盟“师资培育课程新发展”研讨会上做汇报交流。

中编　数学教育

学科教育历来是师范教育不可或缺的重要组成部分，也是“新师范”建设重要的载体。数学作为基础教育三大主科之一，决定了数学教育在学科教育中具有举足轻重的作用。数学教育领域涉及的方向广泛，跨越了教育学、心理学、哲学、历史学、政治学、经济学、数学、统计学、脑科学等多个学科，这决定了其研究方法的多样性。数学教育研究人员也是跨越了大学、中学、小学、幼儿园各级各类学校的教师、教研员、学生、数学教育爱好者等多个群体。

自改革开放以来，我国数学教育得到了蓬勃发展，特别是 2001 年启动课程改革以来，人们对数学教育的关注、研究达到了前所未有的新高度，甚至出现了大批的数学家关心数学教育的良好局面。笔者从读本科至今，恰好遇上了最近两轮的基础教育课程改革的春风，深切体会到师范大学和基础教育改革相关人员对课改的关切，也有幸参与了其中的一些工作，提出了一些个人的思考和体会。

本编收录的是笔者多年来在数学教育领域研究与实践中的一些见解。读者从中可以对数学教育改革的现状与趋势略知一二。

数学教育领域高被引图书的学术特征研究[①]

——基于 CNKI 中国引文数据库的视角

一、问题提出

在学术研究中，规范地标注参考文献是学术论著的基本要求，以示对前人研究的尊重和研究关系的传承。参考文献一方面支持了研究者当前的研究，另一方面也向读者推荐了值得阅读的文献。因此，在一定意义上，文献的被引频次代表了被推荐的次数，是衡量著作学术影响力的重要指标，体现了该文献在同行中引起的反响和对后续研究工作的影响。被引频次虽不能直接等同于文献的质量和价值，但与该成果的学术水平、选题新颖性、重要性等要素密切相关，是一种相对客观且有效的学术价值评价指标[②]。

在教育学领域，张楠、王光明[③④]等对教育学的 SSCI 和 CSSCI 高被引论文的学术特征进行了研究。在数学教育领域，已有学者从不同的角度对高被引论文做了研究。例如陈勤[⑤]基于网络计量学对《数学教育学报》的高被引论文进行了研究；彭上观[⑥]、胡丽芸[⑦]等从高频作者的视角分别对《数学教育学报》和人大《复印报刊资料·初中数学教与学》的论文被引情况进行了研究。但据中国知网

---

① 本文原载于《数学教育学报》2020 年第 29 卷第 2 期，第 70—75 页。

② 黄璜：《中国学术出版影响力分析》，载《出版人》2019 年第 1 期，第 29—30 页。

③ 张楠、王光明：《国际教育学高被引论文学术特征研究：基于 25 种教育学 SSCI 收录期刊的知识图谱与内容分析》，载《中国科技期刊研究》2018 年第 29 卷第 2 期，第 171—178 页。

④ 张楠、王光明：《教育学 CSSCI 期刊高被引论文的学术特征研究》，载《当代教育与文化》2017 年第 9 卷第 1 期，第 17—22 页。

⑤ 陈勤：《基于网络计量学的〈数学教育学报〉1992—2013 年高被引论文分析》，载《数学教育学报》2014 年第 23 卷第 6 期，第 78—82 页。

⑥ 彭上观：《〈数学教育学报〉论文高频作者的特征研究：基于 1992—2015 年载文的实证视角》，载《数学教育学报》2017 年第 26 卷第 2 期，第 96—100 页。

⑦ 胡丽芸、朱哲：《人大〈复印报刊资料·初中数学教与学〉论文高频作者的特征研究：基于 2010—2017 年载文的实证研究》，载《中学数学杂志》2018 年第 10 期，第 60—64 页。

数据显示，截至2018年11月暂缺少针对数学教育领域高被引图书的系统研究。在碎片化阅读方式越来越普及的新时代，如何引起数学教育工作者对图书阅读的新审视？数学教育领域图书中哪些是高被引图书？高被引图书有什么特征？这些问题都值得深入探析。因此，笔者试图从被引率的视角，以CNKI中国引文数据库为依据，对数学教育领域高被引图书的学术特征作一剖析，以期对数学教育学研究和数学教育人才培养提供一定的参考和借鉴。

二、研究设计

（一）样本选取

选取出版于1949—2018年且在CNKI中国引文数据库中被引频次≥30的672本数学教育领域高被引图书（以下简称“高被引图书”）作为研究对象。需要说明一点，数学教育领域图书，是指基础教育阶段的数学教育相关图书，不含中小学数学教材及辅导资料，不含大学数学类教材，不含各类数学工具书。被引数据截止时间为2018年11月30日。

（二）研究方法

运用内容分析法，对高被引图书从研究内容、图书作者、研究机构、出版机构、出版年份等五个维度进行定量和定性研究，研究高被引图书的学术特征。

（三）相关说明

图书的题名、作者、出版社等三个要素相同者，视为同一本图书，并将其被引频次累加，得到某本图书的合计被引频次。对不同版次的图书被引数据进行归纳整理，统一纳入出版时间较早的版本来统计。作者单位发生变化的，以在CNKI查询到的截至2018年11月的较新单位为准。

三、研究结果

（一）关于高被引图书的研究内容

借鉴国际数学教育大会（ICME13）专题研究组（Topic Study Group）的分类[①]，结合高被引图书自身的特点，拟将数学教育领域高被引图书的不同研究方

---

① 徐斌艳：《2016年相聚在第十三届国际数学教育大会》，载《中学数学月刊》2015年第6期，第1—3页，第16页。

向分为如下类别：数学教育概论、数学课程论、数学教学论、数学学习论、数学方法论、数学教育心理学、数学史与数学教育史、数学哲学与数学教育哲学、数学教育比较、标准大纲、测量评价、数学解题、数学文化、数学应用、初数研究、竞赛数学、现代数学基础、数学教育技术、数学教师教育、数学教育研究、数学思想 21 类。

1．不同研究方向图书数量的分布

相比期刊而言，图书是对某一研究方向问题更加系统的梳理。因而，高被引图书数量可以在一定程度反映出某个研究方向的成熟度。将不同研究方向的高被引图书数量进行统计，结果如图 1 所示。从图 1 可以看出，高被引图书数量最多的 5 个方向为数学教学论（134 本）、数学教育概论（91 本）、数学史与数学教育史（77 本）、数学文化（56 本）、数学教育心理学（54 本）。这表明在数学教育研究中，数学教学论等 5 个方向相对成熟，著作丰富。而数学教师教育、数学教育技术、数学教育研究等方向相对薄弱一些。特别是数学教师教育方向仅有 3 本高被引图书，且均为职后培训，缺少职前教育方面的；数学教育技术方向仅有 4 本高被引图书，反映出教育技术与数学课程的有机融合尚有较长的路要走；数学教育研究方向仅有 6 本，反映出数学教育研究的规范化、系统化方面的欠缺，离世界一流水平尚有不少提升的空间。

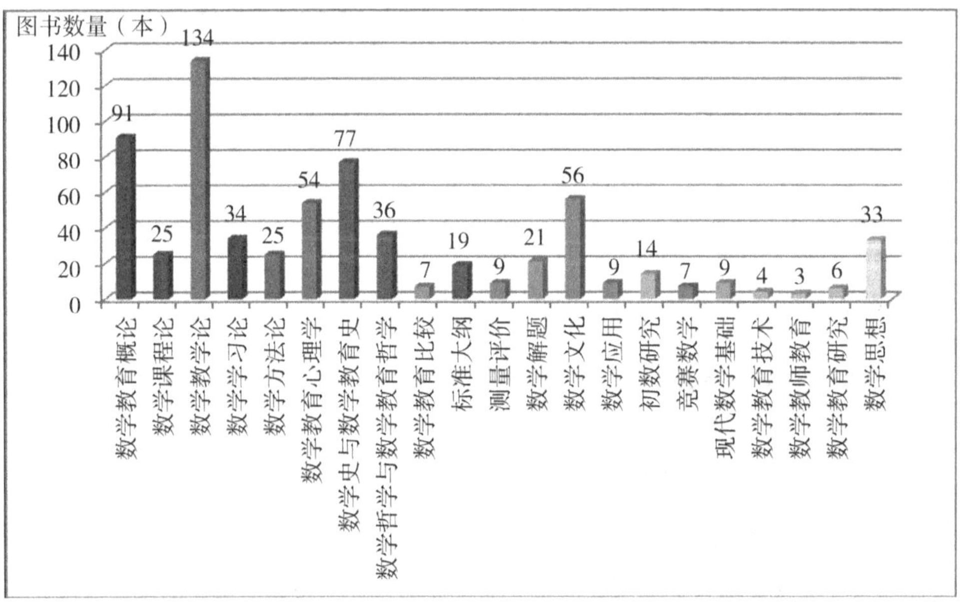

图 1　不同研究方向高被引图书数量分布

2. 不同研究方向总被引量的分布

总被引量反映了某个方向的总被关注热度。数学教育领域不同研究方向的图书总被引量分布情况如图 2 所示。从图 2 看出，关注度最高的 5 个方向为数学教育概论、数学教学论、标准大纲、数学教育心理学、数学史与数学教育史，总被引用量均超过 1 万次。数学教育技术、数学教师教育、竞赛数学等方向总被引量相对靠后，总被引量均低于 500 次。

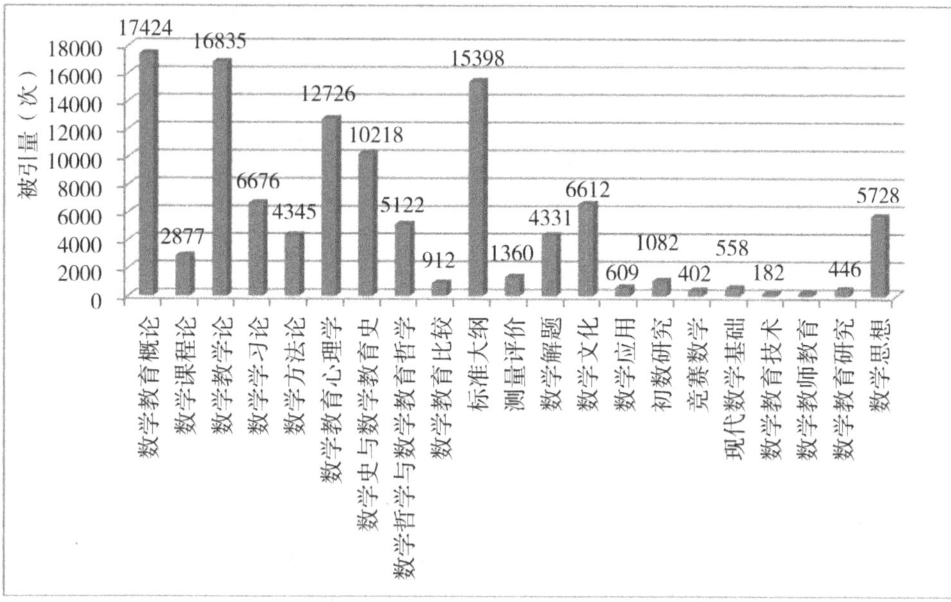

图 2　不同研究方向高被引图书总被引用量分布

3. 不同研究方向图书平均被引量的分布

从图书平均被引频次可以看出同一研究方向图书的学术质量水平。平均被引频次高，说明该学科方向被引图书的学术质量相对较高、学术影响力更大。平均被引频次高的方向基本上都拥有着一批经典著作和优质的奠基之作。

不同研究方向图书平均被引量的分布情况如图 3。从图 3 可见，标准大纲平均被引量遥遥领先，主要原因是自 2001 年新一轮课程改革以来，课程标准的关注热度空前高涨，而标准与大纲类图书品种少，主要集中在教育部颁布的课程标准、标准的解读，以及标准的比较等方面。数学教育心理学、数学解题、数学学习论、数学教育概论、数学思想、数学方法论等方向紧跟其后，这说明，数学教育心理学、数学解题、数学学习、数学思想、数学方法也是数学教育工作者十分关注的问题，同时也是最具有数学教育学科特色的研究方向。

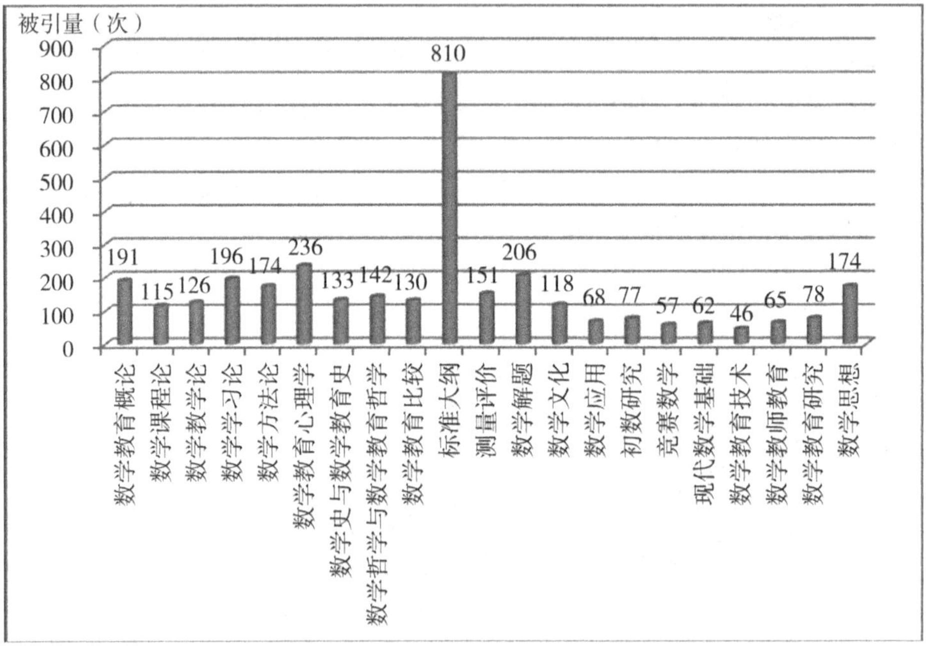

图3　不同研究方向高被引图书平均被引用量分布

4. 单本图书被引情况

就单本图书而言，被引用量反映了该图书的被关注度和对后续研究的影响力。表1为被引量前25位的图书及其被引用情况。从表1可以看出，位于前三甲位置的均为教育部颁布的课程标准。这反映了自2001年义务教育数学课程标准颁布以来，数学课程改革已经引发了数学教育同行的普遍关注和系列研究。从个人著作的角度看，曹才翰、章建跃所著的《数学教育心理学》高居个人著作被引榜首，美国M.克莱因（M. Kline）的《古今数学思想》位于国外个人著作被引的首位。据统计，前25本高被引图书，虽然只占高被引图书总数的3.7%，但被引率却占33%。可见，高被引图书在数学教育领域的影响巨大。

（二）关于高被引图书的作者

1. 国内外作者所著的图书数量

从高被引图书作者的国别看，国外作者的图书有70本（占10.4%），国内作者的图书有602本（占89.6%）。可见，中国数学教育高被引图书中以国内作者的图书为主，接近90%，国外的译著数量总体偏少。

表1 被引量前25位的图书

序号	被引题名	被引作者	被引来源	出版年	被引数
1	义务教育数学课程标准	教育部	北京师范大学出版社	2011	5509
2	全日制义务教育数学课程标准（实验稿）	教育部	北京师范大学出版社	2001	3109
3	普通高中数学课程标准（实验）	教育部	人民教育出版社	2003	2258
4	数学教育心理学	曹才翰、章建跃	北京师范大学出版社	1999	2247
5	古今数学思想	［美］M. 克莱因（M. Kline）	上海科学技术出版社	1979	1842
6	数学课程标准解读	刘兼、孙晓天	北京师范大学出版社	2002	1800
7	数学教育概论	张奠宙、宋乃庆	高等教育出版社	2004	1719
8	数学教育学导论	张奠宙等	高等教育出版社	2003	1610
9	作为教育任务的数学	［荷］弗赖登塔尔（Hans Freudenthal）	上海教育出版社	1995	1471
10	怎样解题	［美］G. 波利亚（G. Polya）	上海科技教育出版社	2002	1422
11	数学教育心理学	喻平	广西教育出版社	2004	1200
12	数学史概论	李文林	高等教育出版社	2002	1097
13	数学学习论	郑君文、张思华	广西教育出版社	1991	1094
14	PME：数学教育心理	李士锜	华东师范大学出版社	2001	1090
15	数学学习的心理基础与过程	鲍建生、周超	上海教育出版社	2009	1054
16	数学教育展望	徐斌艳	华东师范大学出版社	2001	1035
17	数学解题学引论	罗增儒	陕西师范大学出版社	1997	1012
18	数学方法论	郑毓信	广西教育出版社	1991	963
19	数学与猜想	［美］G. 波利亚（G. Polya）	科学出版社	1984	930
20	数学方法论选讲	徐利治	华中工学院出版社	1983	930
21	认知科学建构主义与数学教育	郑毓信、梁贯成	上海教育出版社	2002	893

续表1

序号	被引题名	被引作者	被引来源	出版年	被引数
22	数学教育哲学	郑毓信	四川教育出版社	2001	887
23	数学教育学	张奠宙等	江西教育出版社	1991	878
24	数学教育学	［苏］斯托利亚尔	人民教育出版社	1984	785
25	数学教学理论选讲	唐瑞芬	华东师范大学出版社	2001	782

2. 总被引量前10位的国外作者

数学教育领域图书被引量前10位的国外作者及其被引用情况如图4。从图4看出，总被引量前10位的国外作者中（为了便于统计，只按第一作者进行统计，以下同），6人为美国籍（含1名美籍华人），2人为苏联籍，1人为荷兰籍，1人为日本籍。可见欧美和苏联对中国数学教育的影响是巨大的、深远的，他们的图书对中国数学教育的研究产生了持久的影响。其中，影响特别巨大的3名国外作者是G. 波利亚、M. 克莱因、弗赖登塔尔。这3名作者的被引量远远超过其他作者，他们分别以《怎样解题》《古今数学思想》《作为教育任务的数学》等代表作，赢得了中国广大数学教育工作者的信赖和共鸣。

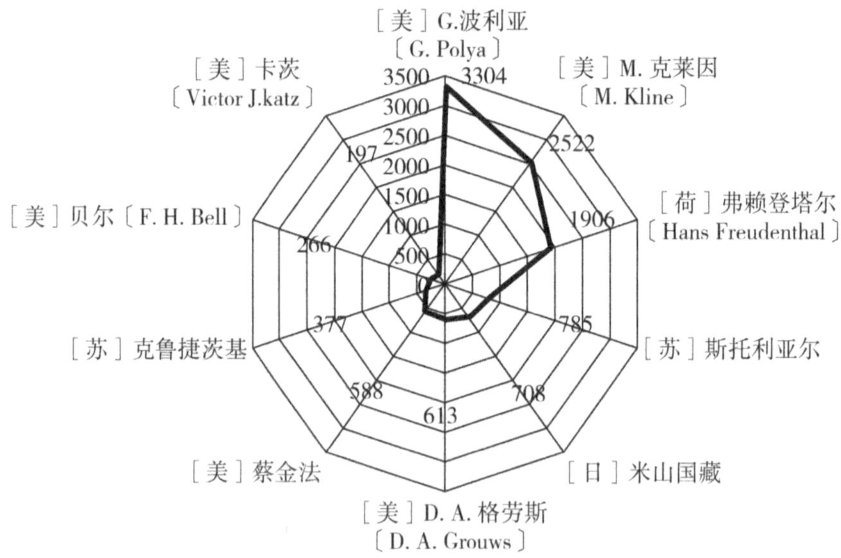

图4　总被引量前10位的国外作者及其被引情况

3. 总被引量前20位的国内作者

据统计，数学教育领域图书被引量前20位的国内作者，其总被引量占国内作者总被引量的46.8%，他们的高被引图书总被引量如图5所示。从图5可见，张奠宙、曹才翰、郑毓信三位作者名列总被引量的前三甲，且遥遥领先其他作者。这三位作者总被引量为18520次，占国内总被引量（89170次）的20.8%。据文［4］对《数学教育学报》论文高被引作者的统计分析，张奠宙、郑毓信也位居《数学教育学报》论文高被引的前三甲。可见他们3位对中国数学教育的贡献是相当巨大的，他们分别在构建中国特色的数学教育理论、数学教育心理学、数学教育哲学等方面对数学教育的发展起到了引领、辐射和示范的作用。

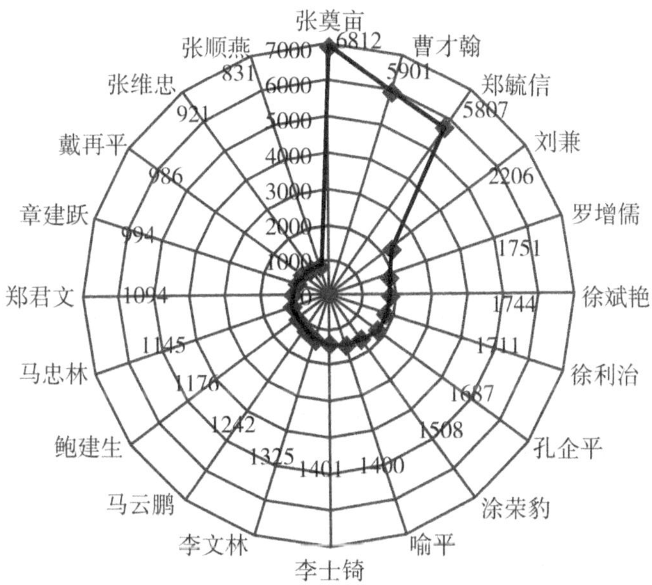

图5　总被引量前20位的国内作者及其被引情况

（三）关于高被引图书的研究机构

1. 国外作者国别分布

统计结果显示，高被引图书中有70本为国外的译著，来自57个不同作者。高被引图书国外作者分布情况如图6所示。从图6可以看出美国、苏联、英国这3个国家的数学教育图书对中国影响最大。这可能与中华人民共和国成立初期学习苏联，改革开放后学习美、英有较大关系。

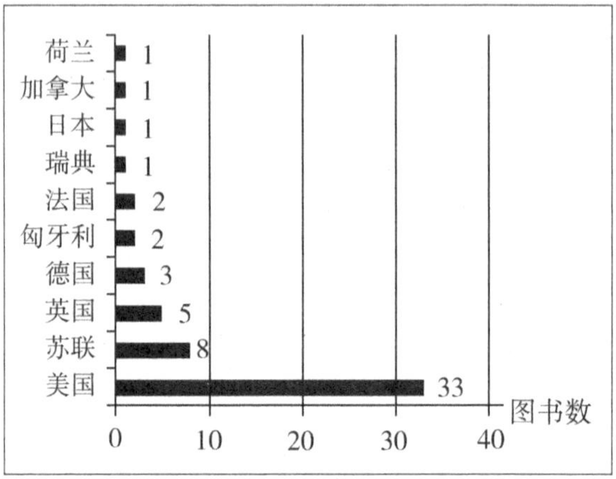

图6　高被引图书国外作者国别分布

2．国内作者单位分布

统计显示，国内作者所著的602本高被引图书中，14本来自集体编写，8本作者单位不详。现对作者为个人且单位明确的580本图书的作者单位进行分类统计（见图7）。从图7可以算出，作者单位为高校的有467本，占80.5%；作者单位为中小学的有26本，只占4.5%。对作者单位为高校的再细分，作者单位为师范大学的有308本（占66.0%），为师范学院的有（含教育学院）52本（占11.1%），为综合性大学的有91本（占19.5%），为其他院校的有16本（占3.4%）。这说明对高校群体而言，77.1%的作者单位为师范类院校。

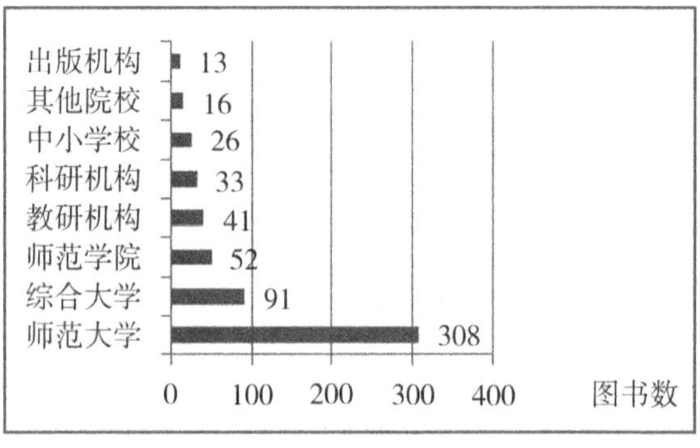

图7　高被引图书国内作者所在单位分类

从作者具体单位看，综合考察高被引图书数量前10位的单位（表2）和高被引图书总被引量前10位的单位（表3），可以看出，华东师大、北京师大、南京师大、东北师大、南京大学、中科院六个单位稳居前列。

表2 国内高被引图书数量前10位的单位

序号	单位	图书数（本）	序号	单位	图书数（本）
1	华东师大	61	7	华南师大	14
2	北京师大	32	8	首都师大	14
3	中科院	30	9	天津师大	12
4	东北师大	27	10	大连理工	11
5	南京师大	24	11	人教社	11
6	南京大学	19	12	浙江师大	11

表3 国内高被引图书总被引量前10位的单位

序号	单位	被引总数（次）	序号	单位	被引总数（次）
1	华东师大	16789	6	中科院	3214
2	北京师大	9589	7	陕西师大	2106
3	南京大学	5996	8	大连理工	1711
4	南京师大	5169	9	浙江师大	1625
5	东北师大	3957	10	华南师大	1512

进一步分析发现，两张表中前四个单位均是中国数学教育博士等高层次人才培养的引领者，南京大学是国内数学教育哲学的奠基者，中科院是数学史研究的重要基地。

（四）关于高被引图书的出版机构

综合高被引图书数量前10位的出版社（表4）和图书的总被引量前10位的出版社（表5），可以看出，以下出版社稳居两个榜单的前8名：北京师范大学出版社、华东师范大学出版社、科学出版社、高等教育出版社、人民教育出版社、上海教育出版社、广西教育出版社、江苏教育出版社。其中，北京师范大学出版社、华东师范大学出版社是依托两个师范大学的，而科学出版社、高等教育出版社、人民教育出版社是国家级出版社，另3个为地方教育出版社。

表 4　高被引图书数量前 10 位的出版社

序号	出版社	图书数（本）	序号	出版社	图书数（本）
1	高等教育出版社	50	6	人民教育出版社	39
2	科学出版社	49	7	江苏教育出版社	33
3	北京师范大学出版社	43	8	广西教育出版社	27
4	华东师范大学出版社	42	9	山东教育出版社	18
5	上海教育出版社	42	10	北京大学出版社	14

表 5　高被引图书总被引量前 10 位的出版社

序号	出版社	被引量（次）	序号	出版社	被引量（次）
1	北京师范大学出版社	17056	6	人民教育出版社	7125
2	高等教育出版社	11759	7	科学出版社	6309
3	上海教育出版社	10456	8	江苏教育出版社	5366
4	华东师范大学出版社	8841	9	四川教育出版社	2807
5	广西教育出版社	7263	10	上海科学技术出版社	2196

（五）关于高被引图书的出版年份

由于 1980 年及之前出版的高被引图书相对少一些，故将 1949—1980 年作为一段，后续每 5 年作为一段（其中 2016—2018 年也作为一段），对不同年份的出版图数量与被引量进行分析。从不同年份出版的图书数量（图 8）和图书总被引量（图 9）两个维度来看，1980 年以前出版的高被引图书数量少，总被引量也低；2016—2018 年的数据也偏低；图书数量和总被引总量均在 2001—2005 年间达到峰值。究其原因：一方面，义务教育数学课程标准和高中数学课程标准于 2001 年和 2003 年相继颁布，新一轮课程改革的实践引发了大量的相关研究；另一方面，一本图书著作从出版、发行到被广泛认可、引用，需经一段较长时间的沉淀、积累。

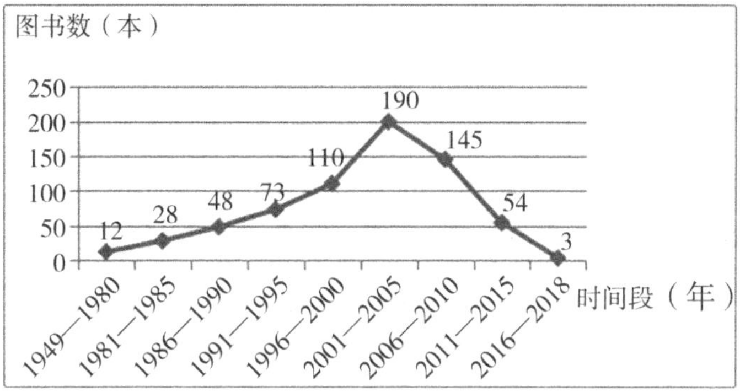

图8　不同年份出版的图书数量

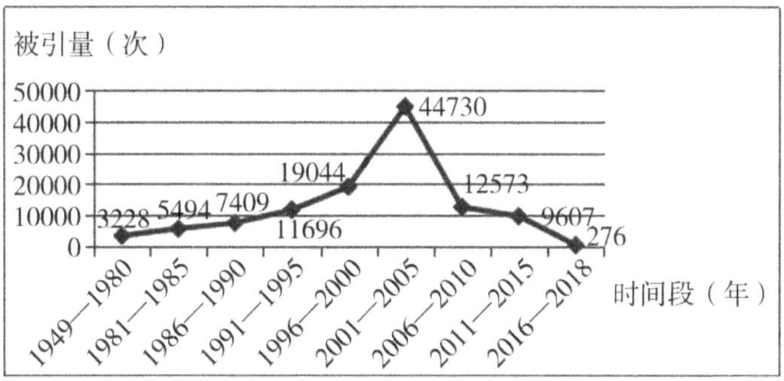

图9　不同年份出版的图书总被引量

四、结论与讨论

（一）高被引图书影响广泛而深远

郑毓信先生曾语重心长地指出："希望中国在数学教育领域内也能有自己的重要贡献和经典著作，从而能更好地走出国门，走向世界[①]。"那么，什么是数学教育领域内最为重要的一些理论著作？郑先生推荐了美国 NCTM 编辑的一本著作——*Classics in Mathematics Education Research*[②]。在国内，哪些是较为重要的数学教育的理论图书？高被引图书是否可以作为一个重要参考？这有待同行的进一步论证。但有一点是可以确认的，高被引图书对数学教育研究的影响是广泛而深

① 郑毓信：《数学教育的理论建设》，载《数学教学》2014 年第 7 期，第 1—5 页。

② Thomas P. Carpenter, John A. Dossey, Julie L. Koehler. Classics in Mathematics Education Research [M]. Reston, VA : NCTM , 2004: 1 -6.

远的。这从高被引图书的被引量可以看出。排位前10%的图书被引量为59117次，占总高被引图书总量（114057次）的51.8%。进一步分析发现，高被引图书被同行持续引用的时间较长。在这个意义上，高被引著作引领着数学教育的发展方向。

（二）高被引图书内容丰富，视角多元

数学教育是一个多学科交叉、理论与实践融合的研究领域。从统计结果看，21个研究方向大类均有高被引图书，除了传统的课程论、教学论、学习论外，心理学、哲学、历史学、社会学，各种新技术、新方法、新理念等正在从不同的视角对数学教育产生着深刻的影响。从第十四届国际数学教育大会（ICME14）专题调查组（TSG）① 就有62组，也可略见一斑。数学教育研究跨越学科门类多，参与人员广，涉及范围宽。数学教育研究的系统性、复杂性，必然要求数学教育工作者以更宽阔的视野，更规范的方法，更深入的研究，推动中国数学教育的进一步发展，特别是数学教育的薄弱环节，如教育技术与数学教育的融合，教师教育职前培养等领域均需进一步的深入研究。

（三）高被引图书作者相对集中在高校

统计结果显示，高被引作者主要集中在高校，占总高被引图书量的81%。在高校中，又特别集中在师范院校。仅仅是华东师大、北京师大、东北师大、南京师大四所师范大学，总被引量就达到35504次，占高被引图书总被引量的39.8%。一般而言，高被引图书作者单位，其团队成员多，有稳定的研究方向。一个特别的现象是，南京大学的郑毓信、大连理工大学的徐利治，其所在单位高被引图书作者人数均较少，只有1～2人，但无论高被引的图书数量，还是总被引量，其所在单位排名均进入了前10。这值得进一步深思：数学教育研究，究竟是团队合作的结果？还是独立研究的结果？是否不同的研究方向可能存在较大的差异？

（四）高被引图书与人才培养互动良好

综观高被引图书数量前10的单位和总被引量前10的单位，除人民教育出版社、大连理工大学外，其余单位均为数学教育领域的博士培养单位。这些高被引作者绝大部分也是数学教育领域的博士研究生导师。可见，高被引图书的产生与高层次数学教育人才培养关系密切。一方面，高被引图书为数学教育人才培养提

---

① Topic Study Groups（TSG）of The 14th International Congress on Mathematical Education，http://www.icme14.org/static/en/news/37.html?v=1553786790514.

供了优质的资源；另一方面，数学教育高层次人才的培养和成长，进一步提高了图书的被引量。两者形成了良好的互动效应。随着数学教育领域硕士研究生、博士研究生的逐年增多，未来将有越来越多的数学教育研究生进入中小学任教和从事数学教育研究工作。这些数学教育领域的硕士、博士，是数学教育未来发展的中坚力量。期待数学教育工作者以高被引图书为抓手，多学精品图书，多出精品图书，塑造经典阅读，打造阅读经典。

（五）高被引图书与课程改革关系紧密

课程改革是数学教育改革永恒的话题。从高被引图书出版时间可以看出，以2001年义务教育课程标准和2003年高中课程标准的颁布为标志的课程改革，已引起数学教育工作者的广泛关注。据统计，2001—2003年出版的高被引图书达123本，总被引量达32861次，占国内高被引图书总被引量的36.9%，呈现井喷式增长的态势。课堂教学是落实课程改革的主阵地，数学教学、数学教学心理学、数学解题等课堂教学类高被引图书著作比例较高，说明广大数学教育研究者聚焦在数学课堂教学这个主渠道。这体现了数学教育既需要“理论的实践性解读”又需要“教学实践的理论性反思”的双重特性①。

（六）高被引图书中国特色体系有待进一步凝练

长期以来，中国国内都在推介苏联、欧美等国外的数学教育理论，缺少自己的声音。但中国有最广大的数学教育工作者，有最大规模的数学教育实践基地，而且在各种国际数学竞赛和测评中屡获佳绩。统计结果显示，高被引图书中，国内作者的图书占了将近90%。中国数学教育中的双基教育、变式教学正在被更多的世界同行所理解和接纳。另一个值得关注的现象是，国外正在引进中国的一些做法，例如英国引进华东师大版的《一课一练》，上海小学数学教材几乎一字不差地被译成的 *Real Shanghai Mathematics*，并已在英国出版发行。因此中国数学教育工作者需要有自信，同时也需要全球视野。虽然国人整体外文水平在不断提高，但由于母语的原因，直接阅读外文耗费时间较长，故期待对国外经典的数学教育作品可以多引进，以造福更广大的数学教育工作者。国际的先进理念和经验，对充实、发展中国数学教育特色理论体系，加速中国特色的数学教育理论体系的凝练起到重要的推动作用。

---

① 郑毓信：《新数学教育哲学》，华东师范大学出版社2015年版，第375页。

五、结语

当前正处于“互联网+”的时代，各种资源极度丰富，电子期刊、搜索引擎触手可及。人们在享受这些便利的同时，也需警惕碎片化学习带来的不足：因为不知道事物的来龙去脉，很容易断章取义，不能客观认识事物，也不利于系统性学习，妨碍自身成长提高。如何让数学教育工作者静下心来阅读图书、阅读经典的学术图书？这是有待进一步思考的问题。在其他更有效的经典图书认定标准产生前，阅读高被引图书不失为一种可行的途径。

第十四届国际数学教育大会将于2020年在中国召开①，期待中国数学教育工作者以此为契机，进一步凝练中国数学教育的特色，平等地同世界数学教育同行交流②，向世界展示数学教育的“中国方案”，讲好数学教育的“中国故事”③，发出数学教育的“中国声音”。

本文作者：彭上观，谢明初（华南师范大学数学科学学院），丁时进（华南师范大学华南数学应用与交叉研究中心）。

---

① 因受全球新冠肺炎疫情影响，该会议已延期至2021年。

② 张奠宙、宋乃庆：《数学教育概论（第3版）》，高等教育出版社2016年版，第77页。

③ 张奠宙：《讲好数学教育的中国故事》，载《数学教学》2014年第10期，第50页。

《数学教育学报》论文高频作者的特征研究[①]

——基于1992—2015年载文的实证视角

一、问题提出

《数学教育学报》（简称《学报》）创刊于1992年，至今已是国内数学教育界认可度最高的核心期刊，2014年入选CSSCI期刊（扩展版），是国内数学教育研究与交流的重要阵地。近年来，已有不少学者从不同角度对《数学教育学报》载文和引文情况进行了研究：①从载文、作者、引文、单位分布等维度进行了研究[1-11]；②，对《学报》的功能、效用等进行了分析[12-14]。这对促进《学报》的发展以及了解数学教育现状和趋势提供了很好的视角。

这里将从《数学教育学报》的高频作者（发表5篇及以上文章的作者）入手，剖析数学教育的高频作者队伍。通过考察这些作者的特征，有助于了解数学教育研究的核心群体，从某些视角把握数学教育发展的动态。例如，在数学教育中哪些人源源不断的产出；这些研究对后续研究发挥了什么作用；等等。

二、研究设计

（一）样本选取

以1992—2015年在《数学教育学报》发表5篇及以上文章的作者93人及其发表的共计764篇文章为研究对象。为便于统计，这里所说的作者，仅限独立作者或第一作者，将这些作者简称为“高频作者”。

（二）研究方法

采用文献计量分析方法，以《数学教育学报》1992—2015年纸质期刊及中国知网（CNKI）提供的相关数据，从作者发文数量、单位、地域、学历、职称、性别、年龄、与他人合著、文章被引用等维度进行剖析。

① 本文原载于《数学教育学报》2017年第26卷第2期，第96—100页。

三、相关数据与分析

（一）高频作者发文概况

经统计，1992—2015 年在《数学教育学报》上发表 2 篇及以上文章的作者有 488 人，该群体共发表文章 1767 篇。其中，发表 5 篇及以上的作者 93 人（占 2 篇以上作者数的 19%），共发表文章 764 篇（占 2 篇以上作者发文数的 43%）。可见，高频作者对《数学教育学报》文章发表量贡献较大。从图 1 可以发现，发表 5～9 篇的高频作者为 72 人，占 5 篇及以上的高频作者数的 77%；发表 10 篇及以上的作者人数相对较少。（除特别说明外，下文所涉及的统计样本均来自 93 个高频作者及其相关数据。）

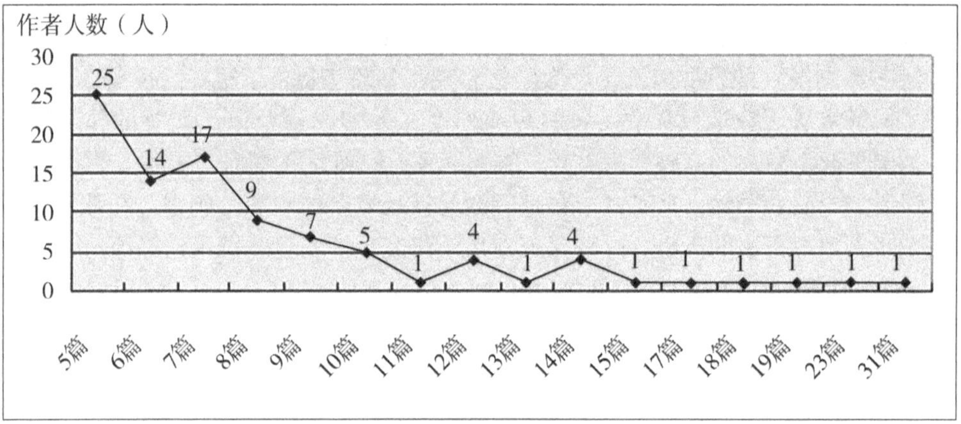

图 1　发表 5 篇及以上文章作者人数分布

表 1 为发表了 10 篇及以上文章的作者（21 人），这个群体可以称得上“特别高频作者”，占高频作者人数的 23%。其中，有 6 人（郑毓信、黄秦安、曹一鸣、张奠宙、吕世虎、喻平）更是发表了 15 篇以上。

表 1　发表文章 10 篇及以上的作者

序号	作者	篇数（篇）	单位
1	郑毓信	31	南京大学
2	黄秦安	23	陕西师范大学
3	曹一鸣	19	北京师范大学

续表 1

序号	作者	篇数（篇）	单位
4	张奠宙	18	华东师范大学
5	吕世虎	17	西北师范大学
6	喻平	15	南京师范大学
7	黄兴丰	14	常熟理工学院
8	李渺	14	湖北工程学院
9	张定强	14	西北师范大学
10	徐文彬	14	南京师范大学
11	孙名符	13	西北师范大学
12	胡典顺	12	华中师范大学
13	张国杰	12	天津师范大学
14	李善良	12	江苏省教育科学研究院
15	王林全	12	华南师范大学
16	王光明	11	天津师范大学
17	叶立军	10	杭州师范大学
18	宁连华	10	南京师范大学
19	徐章韬	10	华中师范大学
20	涂荣豹	10	南京师范大学
21	徐利治	10	大连理工大学

注：作者单位以在《学报》最新发表文章所在单位为统计源（下同）。

（二）作者单位

经统计，93 名高频作者分布在 55 个单位。从图 2 可以看出，师范大学（含部属和省属）是高频作者的摇篮，有 64 人（占高频作者数 69%）来自 28 所师范大学（占全部单位 51%）。如果将综合性大学、师范大学、师范学院、其他学院看作高校的整体，那么高校的高频作者有 89 人，占全部高频作者的 96%；而教研机构和中小学只有 4 人，占 4%。值得指出的是，中小学只有 1 个高频作者——杨骞，而且杨骞以前也是在大学担任教授的。可以说，中小学校几乎没有高频作者。从这个意义上，中小学校在《数学教育学报》上还没有足够的舞台。

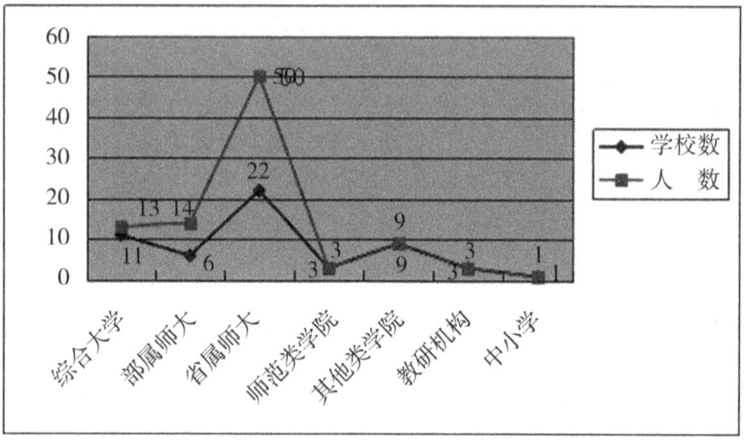

图 2 高频作者所在单位机构及作者人数分布

（注：文中所指的部属师大包括西南大学。）

（三）作者地域

从作者单位所在地域分布看，高频作者来自内地的 20 个省份，以及香港、澳门地区和境外大学（分别为中国香港中文大学、中国澳门大学、美国中田纳西州立大学）。从数量上看，江苏占有绝对优势，共有 11 个单位的 17 人为高频作者（占高频作者数的 18%）。广东次之，共有 5 个单位的 10 人（占高频作者数的 11%）。浙江、辽宁、天津、上海各有高频作者 6 人。具体见表 2。

表 2 高频作者地域分布

序号	省份	单位个数	人数	序号	省份	单位个数	人数
1	江苏	11	17	12	山东	2	3
2	广东	5	10	13	吉林	2	3
3	浙江	4	6	14	湖北	2	3
4	辽宁	4	6	15	陕西	1	3
5	天津	3	6	16	甘肃	1	3
6	上海	3	6	17	河南	2	2
7	重庆	2	5	18	福建	2	2
8	北京	2	5	19	广西	1	2
9	湖南	2	4	20	内蒙古	1	1
10	贵州	1	4	21	安徽	1	1
11	香港、澳门	2	2				

（四）作者性别

93 个高频作者中，男作者 78 人（占总数 84%），女作者 15 人（占总数 16%），男作者的数量是女作者的 5.2 倍。

（五）作者年龄

以 2015 年为年龄的计算节点，分析高频作者的年龄分布。经统计，31 ～ 40 岁的有 10 人（占 9%），41 ～ 50 岁的作者有 33 人（占 35%），51 ～ 60 岁的有 26 人（占 28%），61 岁及以上的也有 24 人（26%）。可见，高频作者主要集中在 41 ～ 50 岁。

结合近三年（2013—2015 年）高频作者在《学报》发表文章的情况（如图 3），发现两个可喜的现象：一是 50 岁以下中青年高频作者持续发力。其中 31 ～ 40 岁的作者中，有 80% 作者近三年有文章发表；41 ～ 50 岁的作者中，也有 70% 的人近三年有文章发表。二是老一辈的数学教育家“退而不休”，笔耕不辍，是年轻学者们学习的标杆。近三年尚有文章发表的作者中，61 ～ 70 岁的有 2 位：顾沛和徐沥泉；71 岁以上的有 3 位：郑毓信、王林全、匡继昌。其中，郑毓信先生还发表高达 5 篇作品，大大超越年轻力壮的作者。这些老先生，一心为数学教育用心尽力，令人钦佩。

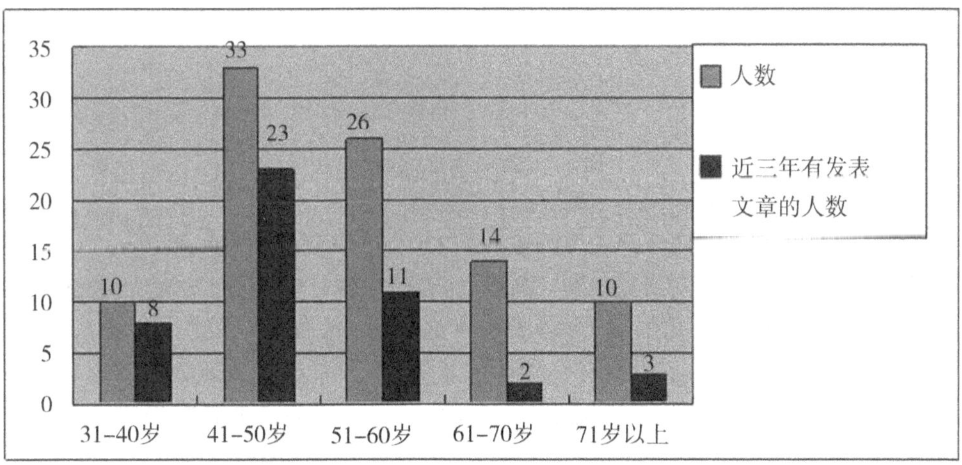

图 3 高频作者年龄分布及近三年在《学报》发表文章人数

（注：岁数以 2015 年为统计时间节点。）

（六）作者职称及学位

93名高频作者中，除2名特级教师（荣誉称号）、1名编审（正高）、1名编辑（中级）外，其余89人均为高校系列职称，其中教授70人（占75%），副教授16人（占17%），讲师3人（占3%）。可见，高频作者中，高级职称占绝对的主体。（具体见图4）

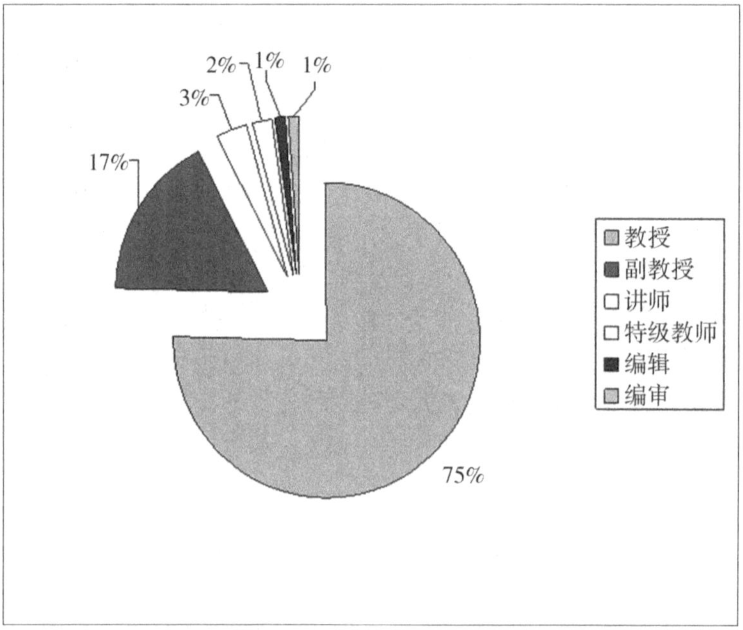

图4　高频作者职称分布

（注：职称是以作者在学报最新发表文章时为准。）

在全部高频作者中，具有博士学位（含2个博士生）者55人（占59%），硕士学位者15人（占16%），本科学历者23人（占25%）。进一步分析发现，本科学历的高频作者中，1960年前出生的为20人，即本科学历中的87%年龄为55岁及以上（截至2015年）。这表明，研究生，特别是博士研究生正成为数学教育研究的主力。（具体见图5）

（七）合著情况

从所有高频作者的整体文章看，由两个或者以上作者完成的有359篇，占总文章764篇的47%。换言之，有53%的文章为一个作者独立完成的。从文章的作者看，有一篇及以上文章与他人合著的有46人（占总人数的49.5%）。有两

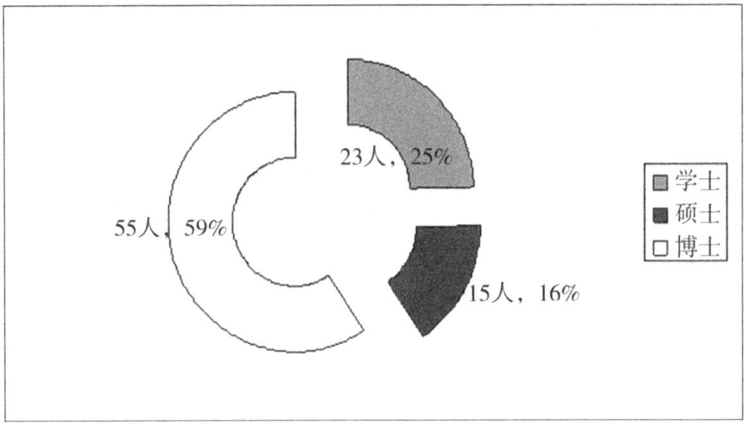

图5 高频作者学位分布

（注：学位是以作者最新在学报发表文章时为准。）

种特别的情形：100%与他人合著的作者有9位（陈丽敏、黄兴丰、连四清、吕传汉、罗新兵、孙名符、武锡环、闫德明、张文宇）；100%为一个作者独立完成的也有9位（鲍建生、傅学顺、黄翔、匡继昌、蔺云、马复、徐彦辉、郑毓信、周学智）。

无论从所有高频作者的文章整体看，还是单个作者的文章看，均有超过50%的文章为“单兵作战”的。这一方面，反映了数学教育独立思考、独立研究的良好传统；另一方面，也说明目前合作研究的团队有待形成。

（八）持续发表文章情况

在高频作者中，在《学报》发表文章跨度为11～15年的有34人（占总数36%），时间跨度为16～20年的有27人（占总数29%），发表文章跨度时间超过21年以上的有4人（占总数4%）。总的来看，发表文章时间跨度为11年及以上的人数达65人（占总数70%）。这可从一个侧面反映出高频作者是长期关注数学教育，持续研究，坚持写作的。

发表文章时间跨度最长的4名作者是郑毓信、喻平、徐沥泉、游安军，时间跨度超过21年。其中，跨度时间长，连续性又好的要数郑毓信先生，郑先生除2008、2012年外，其他年份均在《学报》发表文章，其中，2003年和2004年每年均发表3篇。这在《数学教育学报》史上是独一无二的。（具体见图6）

为进一步把握高频作者近期研究的现状，选取了近三年（2013—2015年）高频作者发表文章的情况进行分析。从图7可见，高频作者中，近三年发表2篇及以上文章的作者有26人（占28%）。而近三年没有产出的有46人（占49%），接近高频作者的一半。可见，高频作者中，近三年在《学报》发表文章的人数偏少。

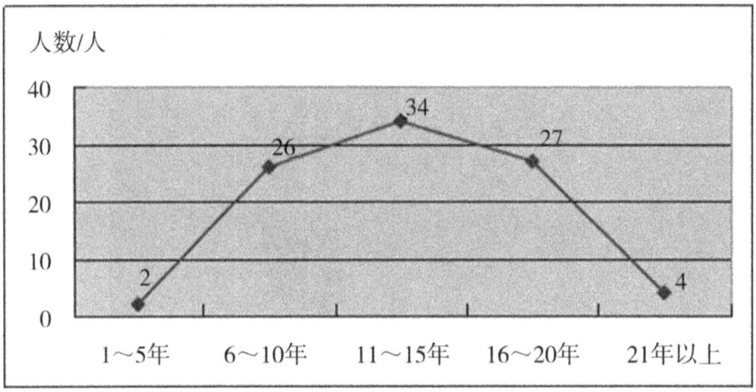

图6 不同时间跨度发表文章的作者人数

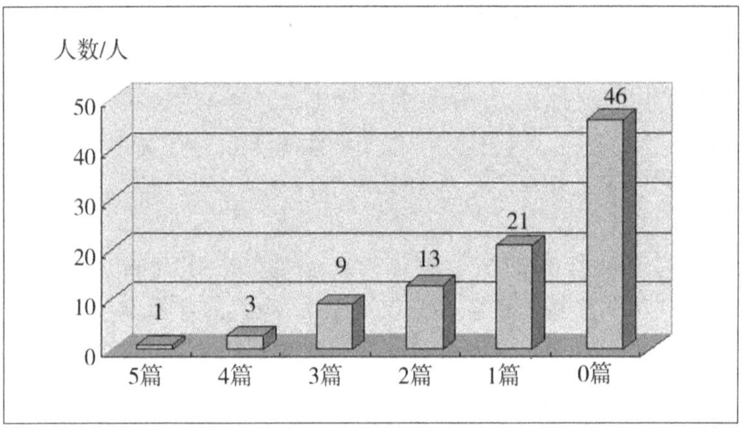

图7 2013—2015 年高频作者在《学报》发表文章情况

（九）文章被引用情况

学术论文是科研成果输出和呈现的主要载体，“学术论文的被引频次可用来描述文章被认同的价值”①，论文之所以被引用是缘于施引者对论文创作者思想和观点的认同和理解。从这个角度看，高频作者在数学教育界的影响力还是比较大的。

从总被引量看（图8），总被引量前15位的作者，其作品总被引量都超过了300次（统计来源：中国知网；统计截止日期：2016年4月25日，下同）。其

① Peritz B C. On the Objectives of Citation Analysis：Problems ofTheory and Method [J]. Journal of the American Society for InformationScience，1992，(43)：608－612.

中，总被引用量的前5位为：涂荣豹（1232次）、张奠宙（1078次）、郑毓信（702次）、吕传汉（577次）、黄秦安（552次）。

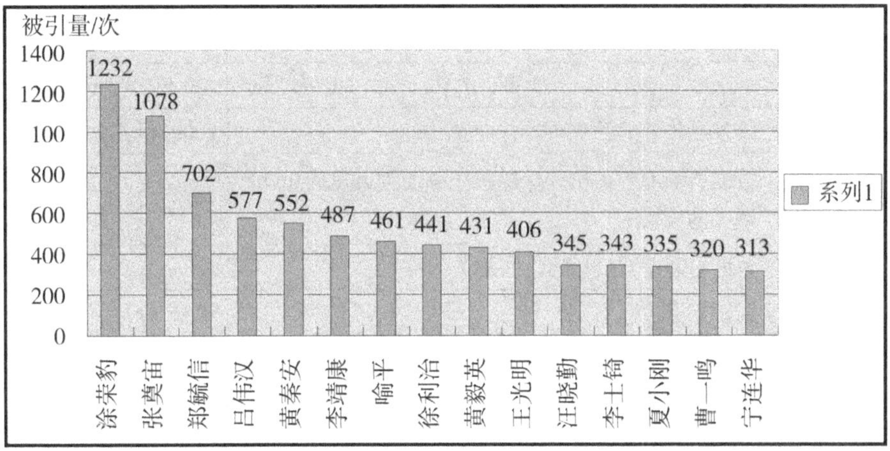

图8　总被引量前15位作者被引情况

从篇均被引量看（图9），篇均被引量前15位的高频作者的被引量均超过30次。其中，篇均被引用率的前5位为：涂荣豹（123.2次）、吕传汉（115.4次）、夏小刚（67.0次）、黄毅英（61.6次）、张奠宙（59.9次）。

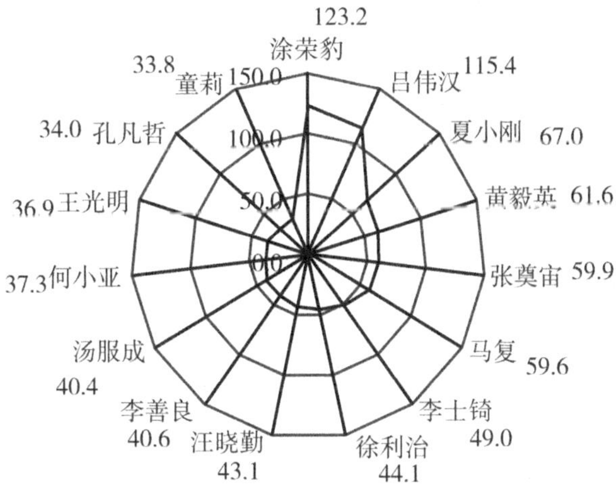

图9　篇均被引量前15位作者

在高频作者中，单篇被引量排在前15位的作者及其题目见表3。从单篇高被引文章的年代分布看，发表的时间相对集中，在2001—2003年的有10篇（占前

15 篇的66.7%）。这些文章，从某种程度上可以看作相关作者的代表作。同时，也可以看到，一篇文章从发表到被广泛传播、认可，发挥其影响力，需要较长的时间积累。

表3 不同作者的单篇最大被引量前15位及其题目

第一作者	题目	年（期）	被引量（次）
涂荣豹	试论反思性数学学习	2000（4）	348
张奠宙	关于数学的学术形态和教育形态——谈“火热的思考”与“冰冷的美丽”	2002（2）	216
夏小刚	数学情境的创设与数学问题的提出	2003（1）	210
黄毅英	数学观研究综述	2002（1）	206
吕传汉	再论中小学“数学情境与提出问题”的数学学习	2002（4）	205
黄秦安	数学文化观念下的数学素质教育	2001（3）	190
李善良	数学概念学习中的错误分析	2002（3）	178
马复	试论数学理解的两种类型——从R.斯根普的工作谈起	2001（3）	176
徐利治	关于高等数学教育与教学改革的看法及建议	2000（2）	164
李士锜	熟能生巧吗	1996（3）	140
何小亚	建构良好的数学认知结构的教学策略	2002（1）	125
王光明	重视数学教学效率　提高数学教学质量——“数学教学效率论”课题简介	2005（3）	109
李淑文	“超回归”数学理解模型及其启示	2002（1）	101
汪晓勤	HPM研究的内容与方法	2006（1）	99
李吉宝	有关函数概念教学的若干问题	2003（2）	99

四、结论与展望

（一）“两高一低”成为数学教育研究者新常态

随着数学教育研究新生代的兴起，“两高一低”（高学历、高职称、低年龄）成为数学教育研究高频作者的新常态。这一方面反映出高学历者一般有科研的硬性任务，另一方面也是高频作者有内在的动力，让其有不断的原动力持续产出。同时，高频作者集中在高级职称人群中，说明了高职称与高产出的良性联动，高产出促使其更快获得高职称。而且，40岁左右作者成为高频作者主要人群，表明数学教育研究具有蓬勃的发展前景。

（二）研究的主力部队在高校特别是师范大学

从高频作者所在单位分析可知，高频作者集中在高校，特别是师范大学。这与高校对教学科研人员有论文要求有一定关系。但如何吸引基础教育教师的参与，扎根中国的实践，形成高质量、有特色的数学教育是值得深入探讨的一个课题。毕竟，基础教育是数学教育研究的重要对象。正如郑毓信先生大力提倡的数学教育既需要“理论的实践性解读”，又需要“教学实践的理论性反思”[①]。数学教育事业的繁荣，离不开基础教育教师的积极参与。期待有更多的基础教育数学教师成为“高频作者”。

（三）高频作者存在着地区不平衡的现象

教育均衡是当前一个热门的话题，也是民众关注的焦点，其中，数学教育也扮演着一个重要的角色。从研究的结果看，高频作者出现了不均衡的现象。江浙、广东、天津、上海等东部沿海地区占据了大部分的席位。希望未来有更多的举措，促进更多的省份都有高频作者，促进数学教育共同繁荣。

（四）高频作者集中在男性，女性作者偏少

研究结果表明，高频作者中，男性人数是女性的5倍多。而目前，无论是大学，还是基础教育，从事数学教育及其研究人员中，女性所占比重越来越大。以2013年为例，根据教育部的统计数据显示“全国普通高校女教师占比47.73%”[②]，“女研究生占比48.97%，女本科生占比51.78%”[③]。就数学教育而言，数学教育类的本科生和研究生，女性占的比例更高。以华南师范大学在校生为例，数学本科女师范生占78.2%，数学教育类女研究生为73.0%。期待未来会有更多的女性高频作者。

（五）合著的比例有进一步提升的空间

数学教育是一项理论与实践联系紧密的系统工程，涉及哲学、教育、心理、社会、历史、文化等众多学科领域，光靠单兵作战，难以取得突破性的成效。而研究结果表明，目前数学教育中“单兵作战”的比例较高，团队合作的著作还有进一步提升的空间。建议充分利用ICME-14、PME-44等国际性会议在中国

① 郑毓信：《新数学教育哲学》，华东师范大学出版社2015年版，第375页。

② 教育部：《2013年教育统计数据（各级各类学校女教师、女教职工数）》，http://www.moe.edu.cn/publicfiles/business/htmlfiles/moe/s8493/201412/181717.html.

③ 教育部：《2013年教育统计数据（各级各类学校女学生数）》，http://www.moe.edu.cn/publicfiles/business/htmlfiles/moe/s8493/201412/181716.html.

举办的契机，不断加强数学教育高水平团队建设，提高中国数学教育研究成果的质量和国际影响力。

（六）高频作者在数学教育影响力较大

高频作者持续发表文章，让这些作者成为数学教育领域的“常客”，他们长期关注数学教育，对推动数学教育学科发展发挥了很好的示范作用。高频作者的文章被引用率也是数学教育界最高的，以1992—2015年《数学教育学报》所刊文章被引用率为例，被引用率前10位的文章中，有9篇为高频作者。期待着有更多的高频作者，为数学教育事业的发展添砖加瓦。

诚然，并不能简单地以发表文章数的多寡来衡量对数学教育研究贡献的大小，但研究高频作者特征，有助于对数学教育研究的“活跃分子”有个全面的了解。持续关注数学教育，不断发出数学教育的声音，推动国内外数学教育学术交流，建构中国数学教育理论，对数学教育学科的建设和发展有积极借鉴意义。

参考文献：

[1] 李善良.《数学教育学报》载文分析［J］. 数学教育学报，1996，5（4）：1－5.

[2] 关科，谷向九.《数学教育学报》载文、作者和引文统计分析［J］. 情报科学，1999，17（5）：538－542.

[3] 陈瑶，李善良.《数学教育学报》载文分析［J］. 数学教育学报，2002，11（1）：32－35.

[4] 陈勤，田鹏.《数学教育学报》2008—2010年文献计量学分析［J］. 数学教育学报，2011，20（4）：47－50.

[5] 谢艳玲，代钦.《数学教育学报》20年载文分析［C］. 全国数学教育研究会2012年国际学术年会论文集，2012.

[6] 俞宏毓. 中国数学教育研究现状分析：基于《数学教育学报》载文研究［J］. 数学教育学报，2015，24（4）：96－99.

[7] 相东升. 我国数学教育研究的发展与趋势：《数学教育学报》创刊13年引文定量分析［J］. 数学教育学报，2005，14（4）：80－83.

[8] 尹莉，卫爱心. 2001—2010年《数学教育学报》施引期刊计量分析［J］. 数学教育学报，2012，21（2）：81－85.

[9] 陈勤. 基于网络计量学的《数学教育学报》1992—2013年高被引论文分析［J］. 数学教育学报，2014，23（6）：78－82.

[10] 严虹. 从CSSCI看《数学教育学报》的学术影响力：基于2003—2012年引证期刊的统计分析［J］. 数学教育学报，2014，23（1）：

28 -32.

[11] 周学智. 基于2014年CSSCI统计数据分析《数学教育学报》的学术影响力［J］. 数学教育学报，2015，24（1）：94 -99.

[12] 金晶. 中小学数学教育研究中统计方法应用研究：基于《数学教育学报》2010—2012年论文的分析［D］. 华中师范大学，2013.

[13] 苏帆. 从《数学教育学报》看数学教育研究现状［J］. 数学教育学报，1997，6（3）：21 -23.

[14] 张定强，陈国蕤.《数学教育学报》内涵新解析［J］. 数学教育学报，2013，22（1）：96 -99.

如何提高数学解题能力[①]

总体上看，广大中学生对数学学习是重视的，但效果却不是很理想。最突出的问题是，基本概念不清，基本技能不熟，数学能力薄弱，学习方法被动；集中暴露出来的问题是，数学能力不强。对此，有些老师采用了“题海战术”，在教学中只注重“就题论题”，抓具体解法的灌输，而忽视抓根本的数学能力的培养及学习方法的指导。这样本末倒置的教学思想，很难抓出实效来。有些同学也习惯于埋头演题，认为只要多做题就一定能学好数学，他们日日夜夜在题海中挣扎，弄得自己疲惫不堪。题目做个没完没了，但解题能力不见明显提高，甚至越来越糊涂，连最基本、最简单的概念公式也弄得真伪不辨。因此，我们有必要对如何提高数学解题能力进行深入的思考。

学数学就要做题，这是提高数学能力的必由之路。但是，做题只是学习数学的途径，不是目的，正如北京大学附中张思明老师所说：“作为数学教师，我觉得好的教学成果并不一定是课堂上直接交给学生的知识、公式、定理、算法本身，而常常体现在学生经过遗忘后所剩的那些东西上。在这些‘沉淀’物中更多的将是：怎样提出问题、怎样发现问题、怎样做学问、怎样面对困难和挑战、怎样利用信息、怎样寻求帮助……我不企盼每个学生都成为数学家，但若能通过我的教学使学生们有一种在生活、工作、学习中应用数学去思考的观念和习惯，通过我教他们在课内外创设的‘微科研’环境，使他们得以培养一种勤奋求实、不断创新进取的精神，他们自身和我们的国家将受益无穷。”[②]

笔者认为，张思明老师这里说的“微科研”环境，主要是指一些适合学生程度的课题研究。其实在数学上，一切能引起学生学习心向的，有利于培养学生数学能力的问题、习题都是可取的。学数学的目的是领悟其中的思想方法，提高解决问题的能力和素养。

下面谈谈怎样才能提高数学解题能力。

---

① 本文原载于王林全、吴有昌主编的《中学数学解题研究》，科学出版社 2009 年版，第 174—210 页。（本文为书中第 5 章“数学解题能力的培养”中的第 5.3 节“如何提高数学解题能力”，作者为彭上观。）

② 教育部师范教育司：《张思明与数学课题学习》，北京师范大学出版社 2006 年版。

一、夯实数学学科基础，打好数学解题基本功

解题能力的提高取决于多种因素，最基本的有：解题的知识因素、经验因素和非智力因素，这些统称为解题的基本功。人的思维依赖必要的知识和经验，数学知识是数学解题思维活动的出发点，凭借丰富的知识及优化的知识结构，能理解题意的本质，为迅速寻找思路创造成功的条件。

波利亚说过："货源充足和组织良好的知识仓库是一个解题者的重要资本。"俗话说"万丈高楼平地起"，没有一定的知识基础，谈解题能力是"无本之木，无源之水"。要想在数学的海洋里面遨游，要想数学解题做到"游刃有余"，没有扎实过硬的数学内功是不可能的。

（一）深刻理解数学概念及相关原理，构建清晰的知识网络体系

1. 要提高解题能力，必须首先学好数学基础知识

当前，在数学学习中，学生存在两种错误的倾向：一是只急着解题，忽视基础知识的学习；二是将概念、公式死记硬背，把它看成僵化的条文。这是造成学生们解题能力不高的一个重要原因。

以循序渐进的方式，逐章逐节地学习数学，对每个数学学习者来说，不但是可行的，而且是几乎不可以替代的。"工欲善其事，必先利其器"，数学基础知识是解题的武器。具体来说，数学概念是数学思维的细胞，数学定理、公式是数学论证的工具，数学中一切的分析、判断、推理都要依据概念公式，运用概念公式。"巧妇亦难煮无米之炊"，只有透彻理解，灵活运用概念公式，才能掌握运算的技能技巧，才会有正确、合理、迅速的逻辑论证和空间想象能力。可见，数学概念及公式、定理是解题的理论基础和有力武器，是提高解题能力的关键所在。

2. 仅仅知道定义是不够的，还必须学会利用定义

数学，在某种意义上来说，如果把它看作是一种"游戏"，它有独特的"游戏规则"。谁能熟悉游戏规则，并能灵活运用规则，谁就能在游戏中获胜。我们解答数学题，就是运用数学概念及有关的数学规律、原理，去搭建"已知"与"未知"间的桥梁。仅仅知道定义是不够的，理解和活用才是关键。

笔者读书的时候，有个老师上课的时候多次强调概念的重要性，他说："如果你解题，能紧扣定义，肯定能拿到80%以上的分，少了来找我。"当时不是很理解，多年过去了，回过头来想想，确实很有道理。在数学上，我们见得最多的是"如果……，那么……"，一切推理都是基于"如果"做出来的，所以从这个意义上来说，没有"如果"，就没有数学。归根结底，数学上的推理活动，是基

于大家公认的“公理”，或者大家约定俗成的那些定义、定理等来进行的。现在看来，“紧扣定义”包含了两层含义：一是理解有关定义，知道定义的具体内涵与外延；二是能根据具体的问题情境，灵活变通，能回到定义，用定义去解决相关的问题。

【例1】求过点（0，1）的直线，使它与抛物线 $y^2=2x$ 仅有一个公共点。

【错误解法】设所求的过点（0，1）的直线为 $y=kx+1$，则它与抛物线的交点为

$$\begin{cases}y=kx+1\\y^2=2x\end{cases}，消去 y 得：(kx+1)^2-2x=0。$$

整理得 $k^2x^2+(2k-2)x+1=0$。

∵ 直线与抛物线仅有一个交点，

∴ $\Delta=0$，解得 $k=\frac{1}{2}$。

∴ 所求直线为 $y=\frac{1}{2}x+1$。

【误因分析】此处解法共有三处错误：

第一，设所求直线为 $y=kx+1$ 时，没有考虑 $k=0$ 与斜率不存在的情形，实际上就是默认了该直线的斜率是存在的，且不为零，这是不严密的。

第二，题中要求直线与抛物线只有一个公共点，它包含相交和相切两种情况，而上述解法没有考虑相切的情况，只考虑相交的情况。原因是对于直线与抛物线“相切”和“只有一个公共点”的关系理解不透。

第三，将直线方程与抛物线方程联立后得一个一元二次方程，考虑它的判别式时，要注意到它的二次项系数不能为零，即 $k\neq0$，而上述解法没作考虑，表现出思维不严密。

【正确解法】当所求直线斜率不存在时，即直线垂直 x 轴，因为过点（0，1），所以 $x=0$，即 y 轴，它正好与抛物线 $y^2=2x$ 相交于点（0，1）。

当所求直线斜率为零时，直线为 $y=1$，平行 x 轴，它正好与抛物线 $y^2=2x$ 相切于点（0，1）。

设所求的过点（0，1）的直线为 $y=kx+1$（$k\neq0$）则

$$\begin{cases}y=kx+1\\y^2=2x\end{cases},$$

∴ $k^2x^2+(2k-2)x+1=0$。令 $\Delta=0$，解得 $k=\frac{1}{2}$。

∴ 所求直线为 $y=\frac{1}{2}x+1$。

综上，满足条件的直线为：$y=1$，$x=0$，$y=\frac{1}{2}x+1$。

3. 注意定理、公式成立的条件

数学上的定理和公式都是在一定条件下成立的。如果忽视了成立的条件，解题中难免出现错误。

【例 2】已知实数 m，使方程 $x^2+(m+4i)x+1+2mi=0$ 至少有一个实根，求实数 m 的值。

【错误解法】$x^2+(m+4i)x+1+2mi=0$ 方程至少有一个实根，

$\therefore \Delta=(m+4i)^2-4(1+2mi)=m^2-20\geqslant 0$。

$\therefore m\geqslant 2\sqrt{5}$，或 $m\leqslant -2\sqrt{5}$。

【误因分析】实数集合是复数集合的真子集，所以在实数范围内成立的公式、定理，在复数范围内不一定成立，必须经过严格推广后方可使用。一元二次方程根的判别式是对实系数一元二次方程而言的，而此题目盲目地把它推广到复系数一元二次方程中，造成解法错误。

【正确解法】设 a 是方程的实数根，则

$a^2+(m+4i)a+1+2mi=0$，

$\therefore a^2+ma+1+(4a+2m)i=0$。

由于 a、m 都是实数，

$\therefore \begin{cases} a^2+ma+1=0 \\ 4a+2m=0 \end{cases}$

解得 $m=\pm 2$。

【例 3】已知双曲线的右准线为 $x=4$，右焦点 $F(10,0)$，离心率 $e=2$，求双曲线的方程。

【错解 1】$\because x=\frac{a^2}{c}=4$，$c=10$，

$\therefore a^2=40$，

$\therefore b^2=c^2-a^2=60$。

故所求的双曲线方程为

$$\frac{x^2}{40}-\frac{y^2}{60}=1。$$

【错解 2】由焦点 $F(10,0)$ 知 $c=10$，

$\because e=\frac{c}{a}=2$，$\therefore a=5$，$b^2=c^2-a^2=75$。

故所求的双曲线方程为

$$\frac{x^2}{25}-\frac{y^2}{75}=1。$$

【误因分析】这两个解法都是默认双曲线的中心在原点，而题中并没有设定中心在原点这个条件。由于判断错误，而造成解法错误。而随意增加、遗漏题设条件，也会产生错误解法。

【正解1】设 $P(x,y)$ 为双曲线上任意一点，因为双曲线的右准线为 $x=4$，右焦点 $F(10,0)$，离心率 $e=2$，由双曲线的定义知

$$\frac{\sqrt{(x-10)^2+y^2}}{|x-4|}=2。$$

整理得 $\frac{(x-2)^2}{16}-\frac{y^2}{48}=1$。

【正解2】依题意，设双曲线的中心为 $(m,0)$，

$$则\begin{cases}\frac{a^2}{c}+m=4\\ c+m=10\\ \frac{c}{a}=2\end{cases}\quad 解得\quad\begin{cases}a=4\\ c=8\\ m=2\end{cases}$$

所以 $b^2=c^2-a^2=64-16=48$，

故所求双曲线方程为 $\frac{(x-2)^2}{16}-\frac{y^2}{48}=1$。

4．注意充分条件、必要条件和充分必要条件在解题中的运用

我们知道：

如果 A 成立，那么 B 成立，即 $A\Rightarrow B$，则称 A 是 B 的充分条件。

如果 B 成立，那么 A 成立，即 $B\Rightarrow A$，则称 A 是 B 的必要条件。

如果 $A\Leftrightarrow B$，则称 A 是 B 的充分必要条件。

与充分条件和必要条件相关的问题会经常遇到。像讨论方程组的解，求满足条件的点的轨迹等。但充分条件和必要条件在解题中的作用不同，稍有疏忽，就会出错。

【例4】解不等式 $\sqrt{x-1}\geqslant x-3$。

【错误解法】要使原不等式成立，只需

$$\begin{cases}x-1\geqslant 0\\ x-3\geqslant 0\\ x-1\geqslant (x-3)^2\end{cases}\qquad 解得\ 3\leqslant x\leqslant 5。$$

【误因分析】不等式 $\sqrt{A}\geqslant B$ 成立的充分必要条件是：$\begin{cases}A\geqslant 0\\ B\geqslant 0\\ A\geqslant B^2\end{cases}$ 或 $\begin{cases}A\geqslant 0\\ B\leqslant 0\end{cases}$

原解法只考虑了一种情况 $\begin{cases} x-1\geqslant 0 \\ x-3\geqslant 0 \\ x-1\geqslant (x-3)^2 \end{cases}$，而忽视了另一种情况 $\begin{cases} x-1\geqslant 0 \\ x-3<0 \end{cases}$，所考虑的情况只是原不等式成立的充分条件，而不是充分必要条件，其错误解法的实质，是把充分条件当成了充分必要条件。

【正确解法】要使原不等式成立，则

$$\begin{cases} x-1\geqslant 0 \\ x-3\geqslant 0 \\ x-1\geqslant (x-3)^2 \end{cases} \text{或} \begin{cases} x-1\geqslant 0 \\ x-3<0 \end{cases}$$

$\therefore 3\leqslant x\leqslant 5$，或 $1\leqslant x\leqslant 3$，

$\therefore$ 原不等式的解集为 $\{x\mid 1\leqslant x\leqslant 5\}$。

【例5】（轨迹问题）求与 y 轴相切于右侧，并与 $\odot C$：$x^2+y^2-6x=0$ 也相切的圆的圆心的轨迹方程。

【错误解法】如图5-5所示，已知 $\odot C$ 的方程为 $(x-3)^2+y^2=9$。

设点 $P(x, y)$ $(x>0)$ 为所求轨迹上任意一点，并且 $\odot P$ 与 y 轴相切于 M 点，与 $\odot C$ 相切于 N 点。

根据已知条件得

$|CP|=|PM|+3$，即 $\sqrt{(x-3)^2+y^2}=x+3$。

化简得 $y^2=12x$ $(x>0)$。

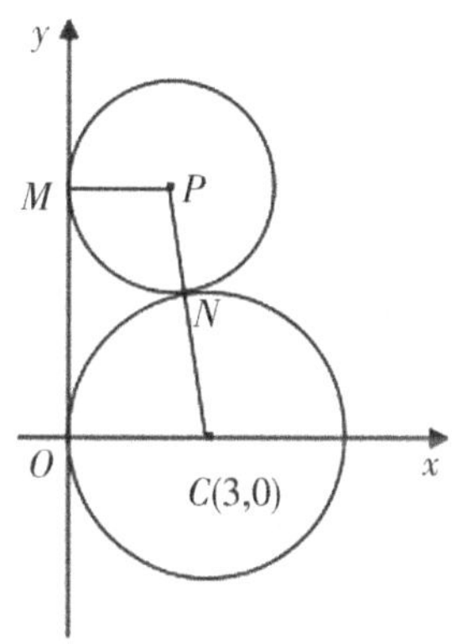

图1

【误因分析】本题只考虑了所求轨迹的纯粹性（即所求的轨迹上的点都满足条件），而没有考虑所求轨迹的完备性（即满足条件的点都在所求的轨迹上）。事实上，符合题目条件的点的坐标并不都满足所求的方程。从动圆与已知圆内切，可以发现以 x 轴正半轴上任一点为圆心，此点到原点的距离为半径（不等于3）的圆也符合条件，所以 $y=0$ $(x>0$ 且 $x\neq 3)$ 也是所求的方程。故所求的动圆圆心的轨迹方程是 $y^2=12x$ $(x>0)$ 和 $y=0$ $(x>0$ 且 $x\neq 3)$。

因此，在求轨迹时，一定要完整地、细致地、周密地分析问题，这样，才能保证所求轨迹的纯粹性和完备性。

（二）中学及大学数学的基础知识都要掌握，贯通初等数学与高等数学的桥梁

帅范大学生经常会对这样的问题感到困惑：大学里面学了这么多高等数学的东西，有什么用呢？我回去中学教书又不会教这些，还不如多学些中学教材或者

辅导资料，教我们如何教更实在。上述疑问，在师范生中不同程度地存在。而且，也是导致其学习积极性不高的一个重要因素。他们认为反正学了这些东西，用处不是很大，那又何必这么辛苦去学呢？

其实，这是一个很大的误区。姑且不说现在高中新课程改革后，大学数学的很多内容下放到中学里去，没有深厚的大学数学基础知识难以驾驭课程改革后的高中教学。读了大学再回去教书的老师，可能都有这样的体会——“怎么以前读中学觉得很难的题目，现在看来很简单了”。因为站得高了，才能看得远。

1. 欲穷千里目，更上一层楼

大学数学知识有助于理解中学问题的背景。要提高解题能力，知识的积累是必不可少的。多长一点见识，才有可能抓住问题的本质，所谓“站得高，才能看得远”就是这个意思。大学知识有助于理解问题的一些背景知识，能让解题者从更高的层次把握问题的本质。下面举例说明。

【例6】[①] 甲、乙、丙三种货物。若购甲3件，乙7件，丙1件，共需3.15元。若购甲4件，乙10件，丙1件，共需4.20元。问：购甲、乙、丙各一件共需几元？

【分析】设甲、乙、丙每一件各需 x，y，z 元，问题要求出 $x+y+z$ 的值。根据题意，

$$\begin{cases} 3x+7y+z=3.15 & (1) \\ 4x+10y+z=4.20 & (2) \end{cases}$$

三个未知数，却只有两个方程，因而想解出 x，y，z 是不可能的。但不求出 x，y，z，并不意味着没有办法求出 $x+y+z$。

事实上，将（1）×3－（2）×2，便可以得到

$$x+y+z=3.15\times 3-4.20\times 2=1.05。$$

问题的背景是三维向量（3，7，1）与（4，10，1）可以生成向量（1，1，1），学过线性代数的人不难将

$$\begin{pmatrix} 3 & 7 & 1 \\ 4 & 10 & 1 \end{pmatrix}$$

用行的初等变换化成“行梯形”，即第一行第一个数为1，第二行第二个数为1，第一行第二个数与第二行第一个数均化为0，

$$\begin{pmatrix} 3 & 7 & 1 \\ 4 & 10 & 1 \end{pmatrix} \sim \begin{pmatrix} 4 & 10 & 1 \\ 3 & 7 & 1 \end{pmatrix} \sim \begin{pmatrix} 1 & 3 & 0 \\ 3 & 7 & 1 \end{pmatrix}$$

---

① 单墫：《解题研究》，上海教育出版社2007年版，第244页。

$$\begin{pmatrix}1&3&0\\0&-2&1\end{pmatrix}\sim\begin{pmatrix}1&3&0\\0&1&-1/2\end{pmatrix}\sim\begin{pmatrix}1&0&3/2\\0&1&-1/2\end{pmatrix}$$

这样，可由（3，7，1）与（4，10，1）生成的全部三维向量是 $\left(a,\ b,\ \frac{3a-b}{2}\right)=a\ (1,\ 0,\ 3/2)\ +b\ (0,\ 1,\ -1/2)$ 的形式，其中 a，b 为任意数。

特别地，在 a，b 均为 1 时，得到（1，1，1）。

比如：取 $a=2$，$b=4$，我们就可问购甲 2 件，乙 4 件，丙 1 件共需几元?

由 $(2,\ 4,\ 1)\ =x\ (3,\ 7,\ 1)\ +y\ (4,\ 10,\ 1)$

可得

$$\begin{cases}3x+4y=2,\\7x+10y=4,\\x+y=1,\end{cases}$$

所以 $x=2$，$y=-1$

$(2,\ 4,\ 1)\ =2\ (3,\ 7,\ 1)\ -\ (4,\ 10,\ 1)$

即 2×（1）－（2），便可得到

$$2x+4y+z=3.15\times2-4.20=2.10$$

一般地，$\left(a,\ b,\ \frac{3a-b}{2}\right)=\frac{-7a+3b}{2}\ (4,\ 10,\ 1)\ +\ (5a-2b)\ (3,\ 7,\ 1)$

当然，在很多情况下，结果都可由通过观察直接凑出（也应该如此），但作为学过大学代数的人，应该知道上述背景及一般结论。

【例 7】① 求方程

$$5x^2+6xy+2y^2-14x-8y+10=0 \tag{1}$$

的所有实数解。

【分析】本题的方程是二元方程，因而解通常是不固定的，即有无穷多个解，从几何观点说，方程（1）表示一条二次曲线，通常上面有无穷多个点（x，y），即（1）有无穷多个解。

而现在要求它的所有实数解，暗示（1）是点或者椭圆的方程，换句话说，（1）式左边可化成平方和的形式，这应当能通过配平方的方法实现。

从解析几何观点，问题即以椭圆的主轴为坐标轴，但这种方法计算往往比较复杂。

从代数的观点，这种二次形的配方可以用常规的 *Lagrange* 配方法完成，这种方法容易掌握：

---

① 单墫：《解题研究》，上海教育出版社 2007 年版，第 245 页。

首先，将有 x 的项放在一起，配方，即

$$5x^2+6xy+2y^2-14x-8y+10$$
$$=5x^2+2x(3y-7)+2y^2-8y+10$$
$$=5x^2+2x(3y-7)+\frac{1}{5}(3y-7)^2+2y^2-8y+10-\frac{1}{5}(3y-7)^2$$
$$=\frac{1}{5}(5x+3y-7)^2+\frac{1}{5}(y^2+2y+1)$$
$$=\frac{1}{5}(5x+3y-7)^2+\frac{1}{5}(y+1)^2$$

为避免分数运算，可以先将方程（1）两边乘以5，然后再配方。

学过大学数学的人，如果认为像本例这样的问题，无论如何也无法配成平方，对此束手无策，那大学数学就白学了。反过来说，学习高等数学知识对理解初等数学问题的背景是有好处的。

2. 问渠那得清如许？为有源头活水来

大学数学是中学数学题目创新的来源之一，现在中学数学里面很多鲜活的题目，来源于大学数学，或者是高等数学问题研究的副产品，或者是其中一些研究问题的子问题。

近几年的高考试题，也充分体现了中学数学与大学数学的衔接。而对学生进入高等学校所需要的数学知识，如函数的性质描述、向量的应用，数列的求和，以及随机分布的计算，是学生经常要用到的数学工具。不少题目渗透着大学数学的理念，具有高等数学修养的学生在答题中将占据有利地位。所以要求我们平时要学思结合，观点高了，见识广了，好的想法自然就产生了。

【例8】（2006年广东高考题）

A 是定义在 $[2, 4]$ 上且满足如下条件的函数 $\varphi(x)$ 组成的集合：①对任意的 $x\in[1, 2]$，都有 $\varphi(2x)\in(1, 2)$；②存在常数 L $(0<L<1)$，使得对任意的 $x_1, x_2\in[1, 2]$，都有 $|\varphi(2x_1)-\varphi(2x_2)|\leqslant L|x_1-x_2|$。

（Ⅰ）设 $\varphi(2x)=\sqrt[3]{1+x}$，$x\in[2, 4]$，证明：$\varphi(x)\in A$。

（Ⅱ）设 $\varphi(x)\in A$，如果存在 $x_0\in(1, 2)$，使得 $x_0=\varphi(2x_0)$，那么这样的 x_0 是唯一的。

（Ⅲ）设 $\varphi(x)\in A$，任取 $x_1\in(1, 2)$，令 $x_{n+1}=\varphi(2x_n)$，$n=1, 2, \cdots$，证明：给定正整数 k，对任意的正整数 p，成立不等式 $|x_{k+p}-x_k|\leqslant\frac{L^{k-1}}{1-L}|x_2-x_1|$。

【分析】①

（Ⅰ）从题目形式看，任何一个接触过微分方程理论的人都会想起微分方程解的存在唯一性的利普希茨（*Lipschitz*）条件，即 $|f(x, y_1)-f(x, y_2)| \leqslant L|y_1-y_2|$。

用高等数学的中值定理可如下处理：

对任意的 $x_1, x_2 \in [1, 2]$，

因为 $\dfrac{\varphi(2x_2)-\varphi(2x_1)}{2(x_2-x_1)}=\varphi'_{2x}(2x)$，$x \in [1, 2]$，

又 $\varphi'_{2x}(2x)=\dfrac{1}{3(1+2x)^{\frac{2}{3}}}$，

故 $\left|\dfrac{\varphi(2x_2)-\varphi(2x_1)}{2(x_2-x_1)}\right|=\left|\dfrac{1}{3(1+2x)^{\frac{2}{3}}}\right| \leqslant \dfrac{\sqrt[3]{3}}{9}$。

于是 $|\varphi(2x_1)-\varphi(2x_2)| \leqslant \dfrac{2\sqrt[3]{3}}{9}|x_1-x_2|$，而 $\dfrac{2\sqrt[3]{3}}{9} \in (0, 1)$，

故可取 $L=\dfrac{2\sqrt[3]{3}}{9}$，对任意 $x_1, x_2 \in [1, 2]$，有 $|\varphi(2x_1)-\varphi(2x_2)| \leqslant L|x_1-x_2|$。

（Ⅱ）可以用高等数学的方法处理，而不用传统的反证法。

要证明 $x_0=\varphi(2x_0)$ 中 x_0 的唯一性，$x_0 \in [1, 2]$，
作函数 $f(x)=\varphi(2x)-x$，
只需证明 $f(x)$ 在 $(1, 2)$ 中是严格单调即可。

因 $f'(x)=\varphi'_x(2x)-1$，

而 $\varphi'_x(2x)-1=\lim\limits_{x_1 \to x_2}\dfrac{\varphi(2x_2)-\varphi(2x_1)}{x_2-x_1} \leqslant L<1$，$x_1, x_2 \in [1, 2]$，

故 $f'(x) \leqslant L-1<0$。$f(x)$ 在 $[1, 2]$ 严格单调。

至于（Ⅲ）中所用到的绝对值不等式的插值法，更是高等数学中常用的技巧。（解答从略）

二、掌握必要的解题理论，用理论指导解题实践

（一）从怎样解题入手，探究解题的思路与方法

“没有理论指导的实践是盲目的实践，没有实践的理论是空洞的理论。”此

① 广东省考试中心：《2006 年广东高考年报》，广东高等教育出版社 2006 年版，第 36—38 页。

句出自波利亚的《怎样解题》，该书是一本数学解题的名著，风靡全球。它是理论与实践结合的楷模，值得我们深入去琢磨。“怎样解题”是每一个数学爱好者经常思考的问题，也是每个学生或者教师想学会的。波利亚先生提出的“怎样解题”表，启发了后来许许多多的追随者，为之如痴如醉（《中学数学解题研究》一书在第三章对《怎样解题》做了介绍，在此不再赘述）。

弄清问题、拟定计划、实现计划、回顾等四个步骤，为我们解题提供了一个基本的方向，多问几个为什么，是对我们得到解题思路有益的。有研究指出①，波利亚的怎样解题的思维包涵了四个层面的东西：一是程序化的解题过程；二是启发式的过程分析；三是开放式的念头诱发；四是探索性的问题转换。

我们未必按表中的那些问题来做，但其间多问几个为什么，“小步子走”等启发我们思考的方法值得借鉴。“只要应用得当，如果你向自己提出表中的这些问题与建议，它们可以帮助你解决你的问题；而如果你向你的学生提出同样的问题与建议，你就可以帮助解决他们的问题”，可见，从怎样解题入手，不仅有助于探究解题的思路方法，更是一种典型的、有效的启发式教学——即数学教学法的范例。

（二）汲取百家之长处，为我解题之所用

“众人拾柴火焰高”，一个人的智慧总是有限的。汲取百家之长，为我所用，才能不断地提高解题能力。

波利亚的《怎样解题》在国际上确实影响极大，包括他的另外两部著作《数学猜想》与《数学的发现》，都是数学教育的名著，值得我们认真研究学习。这里再简要介绍在国内有较大影响的两名专家的解题大作，以期对我们解题有所帮助。

1. 单墫的《解题研究》

该书是数学解题研究方面的专著，介绍了解题基础知识和解题理论。从学生和教师的角度，并结合了作者很多亲身的经历和体会，讲解了解题的实践和理论，还谈了命题的若干知识。

单墫先生告诫我们，要成为解题高手，要注意勤加练习，循序渐进；不迷信书本。并把“读书，解题，总结”看成了提高解题能力的三大重要的因素。

2. 罗增儒的《数学解题学引论》

该书以升学考试题和竞赛试题为基本素材，高观点、多角度研究解题基础、解题过程、解题观点、解题方法、解题策略，从而建立起“通过解题过程的分析去学会怎样解题”的理论框架。该书展现了一个中学教师成长为大学教授的

---

① 罗增儒：《数学解题学引论》，陕西师范大学出版社 1997 年版。

轨迹。

罗增儒先生认为，数学解题学的建设是一件理论性和实践性都很强的工作，恐怕要反复经过以下两个阶段：

（1）广泛了解各种解题观点、解题方法和解题技巧，并且亲身解出很多题（每一个期望成为解题专家的人都应该到题海里去游泳，教师进题海，正是避免学生被题海淹没的一个途径），在此基础上，抽象出一些规律性的结论，这些结论不是也不应是点石成金的魔杖，不是也不会是“无题不解”的万能钥匙，但应有一般性的指导意义，在具体应用中还很灵验。比如说，应用这些规律去指导解题与解题教学，确实能解决一些见所未见的新题，确实能改进一些千锤百炼的成题，有时还能突破一些长期猜想的悬题。

（2）将经过验证的规律进行系统性的整理与数学化的加工，使之成为一个兼有逻辑结构和数学特征的理论体系，我们强调应当有数学特征，而不是生硬的“逻辑性 + 数学例子”或“教育学 + 数学例子”；同时也区别于现有的数学方法论。

罗增儒的基本观点认为：分析典型例题的解题过程是学会解题的有效途径，至少在没有找到更好的途径之前，这是一个不可替代的好主意。这是我们学习数学，特别是初学数学的一个很好途径。

上述观点，无论对指导我们的解题实践，还是提升我们的理论修养方面，都很有好处。

三、通过解题学解题，在实践中获得解题素养

“拳不离手，曲不离口”，就如下棋、游泳、弹琴等要亲自动手去做、去练一样，解题能力的提高，也离不开解题的实践。我们熟知的数学家苏步青先生，他在《怎样学好数学》一书中，介绍他自己学习微积分的时候做了 2 万道题目。“学好数学必须多做题，提高解题能力必须多做题”，这已经成为众多数学家、数学教育家的共识。

在教学中，我们常常会发现这样的问题：在课堂上，老师“满堂灌”，担心给学生练习会占用过多教学的时间，影响教学的进度，完成不了教学计划；课后学生就不断地练，但解题能力也不见得提高。在解题教学上，如何发挥学生的主动性、积极性，又不失去老师的有效指导？广州四中的周伟锋老师提供了如下范例：

【案例1】 练在讲之前，讲在关键处①

【情况简介】周伟锋是广州四中的一名教师，在3届高三毕业班的循环教学中，坚持这样一种做法：高一、高二学习新知识的时候，老师每节课讲授的时间平均不超过15分钟；高三复习课每节课老师讲课时间平均不超过10分钟，有的课甚至老师讲课的时间不超过5分钟。而令人惊讶的是：他的学生却总是能比其他学校的学生掌握得更好、更快。

他的学生学得快，在教学中并不是采用以往的那种“砍头、去尾、烧中段”的赶课时做法。讲得少是为了给学生腾出大量的时间与空间，是为了让学生更主动、更积极、更亲历其境地去学。正是由于有了学生的深层次的参与，才能取得过去我们以老师的教为主的方法不可能达到的高效。

新课程标准要求让学生的学习方式多采用自主学习、探究学习、合作学习。有的老师觉得教学课时紧很难在课内实现，而周伟锋老师的实践恰好从另一个角度说明了：只要敢于把时间、空间还给学生，这些要求都是可以实现的！

【具体做法】“练在讲之前，讲在关键处”的具体实施可以分成“练—校—改—讲—悟—刍”等6个环节进行。

1. 练

练，指的是学生独立面对数学问题进行思考、解答。在这一环节中，不但要发挥学生解题的主体作用，也要注意发挥教师在题目的优化组合中的主导作用。我们认为，理想的训练题组合应体现以下四个特点：

（1）基础训练与综合训练相结合。

只重视基础训练，就会割裂了知识间的联系，不利于学生提高分析问题、解决问题的能力，与素质教育背道而驰；只重视综合训练，会使学生片面追求解题的特殊技巧而忽视了教学中的通性通法，使数学能力成为毫无根基的“空中楼阁”。

（2）“数感”训练与“数理”训练相结合。

“数感”，从语文教学中的“语感”一词引申而来，指的是数学学习中的直觉和灵感；“数理”与“数感”相对，指的是数学学习中的理性思考。长期以来，数学教学的侧重点都是“数理”，数学思维的逻辑性非常

① 周伟锋：《练在讲之前，讲在关键处：有效提高数学课堂教学效率的途径》，载《中学数学研究》2006年第4期，第9—17页。

突出，“因为……所以……”成了学生数学思维的固定模式。而笔者认为，数学教学不应仅有“数理训练”，还应有适当的“数感”训练。因为“数感”训练有助于培养思维的敏捷性和灵活性，能大大提高学生对数学问题的整体把握。从现代脑科学的角度看，“数感”训练使右脑也参与到数学思维活动中去，促进左、右脑的平衡发展，可以达到“1+1>2”的效果。

学生的“数感”主要表现为对问题结论、解题思路、添加辅助元等的直觉感知上。学生的“数感”是可以通过训练培养出来的，“速度训练”是培养学生“数感”的常用而有效的方法。

（3）常规训练和应变训练相结合。

“创新是民族的灵魂。”面向21世纪的数学教育，必须把培养学生的创造性思维放在一个极为重要的位置上，因此，我们要树立这样一个观念：数学能力的高低，不仅体现在解决常规性题目上，更体现于独立解决一些新颖的、未给出解题模式的题目上。在日常教学中，我们可以运用一些应用性、探索性的题目为学生创设数学的问题情境，引发学生的思维，提高他们的应变能力。

（4）进度训练和反刍训练相结合。

“反刍”，是牛的一种生活习性，指的是牛把粗嚼后咽下去的食物返回到嘴里细细咀嚼后再咽下，这有利于牛对食物的消化、吸收。反刍训练指的是根据人类认知的遗忘规律，在教学过程中对过往所学知识的复习、巩固。数学是一门系统性很强的科学，知识链中的某一环节出现断裂都会严重影响后续内容的学习。因此，反刍巩固在学生的认知过程中是十分重要和必要的。

2. 校

校，指的是校对（不是讲评）。缺了校，练是徒劳无益的；缺了校，改与悟就更加无从入手，学生将很难提高。有的老师虽然知道校的重要性，但只采用事必躬亲的单一方式，把自己日日夜夜地绑在一沓沓的学生作业旁，不但影响了自己业务的提高，而且延误了学生及时反馈的时机，降低了解题教学的实效。笔者认为，校应是“自校、互校、师校”的有机统一，三者是相互依存，相得益彰的，在教学中应以自校为主。

（1）自校——寻根溯源。

教学实践证明，反馈越快，学生越关注题目解答过程的正误，对知识的掌握和能力的形成就越有效；反馈越慢，学生越是只关注分数的高低，而对解题本身越淡漠。因此，对于日常的解题训练，为使学生尽快找出自己出错的根源，自校是一种理想的选择。

（2）互校——加速反馈。

对于综合性较强的题目，往往关卡重重、步步设伏，学生一不小心就会出现这样或那样的错误。我们大可以让学生们互校，就让他们在互相督促、互相竞争的气氛下感受到解题的无穷乐趣吧。

（3）师校——规范解题。

当学生对解答习题感到不得要领时（例如平面几何和立体几何的入门之初），师校是必不可少的。这时的师校就如同盲人的那根拐杖，使学生的解题逐步由无序走向规范。

3. 改

改，指的是学生对做错的题目或方法不当的解题过程进行改正。学生的“改”和教师的“讲”的次序可以调整。是“先改后讲”还是“先讲后改”可以视具体的教学情况来定。一般而言，在学习时间较充裕的条件下，“先改后讲”让学生根据习题训练的反馈信息，对错误进行剖析、更正，加深了对知识的理解，充分发挥了学生的主体作用，教学效果会更显著。如果在学习时间不太充裕的情况下采用“先讲后改”，则要特别注意老师的评讲不能变成越俎代庖，要给学生以辩证思维的时间，以免造成学生对老师的依赖性。

“练在讲之前，讲在关键处”中的改应体现以下几个特点：

（1）时效性。

现代信息论，控制论告诉我们：信息反馈越快，信息的接收量就越大。及时改错，是一种良好的学习习惯，却未被学生普遍重视。只有及时改错，才能使学生及时纠正学习过程中的错误认识，并查漏补缺，确保学习的顺利完成。

（2）推敲式。

古人作诗，为用“推”字还是“敲”字而反复思量。而我们对数学中的疑难问题，也应当学习古人的这种治学态度，寻根问底直到完全弄明白为止。

（3）最优化。

数学解题的方法往往是多种多样的。我们应当要求学生不但要懂得解决某个题目的方法，更要学会解决该问题的最优化方法。这样才能举一反三，提高分析问题、解决问题的能力。

4. 讲

讲，指的是老师对学生的解题进行评讲。"讲"带动了"改"和"悟"，起到承上启下的作用。恰到好处的"讲"，会起到良好的导向作用，能诱发学生的"悟"。笔者认为，讲应是多种思维的优化组合，互为补充，应体现：

（1）逻辑思维和形象思维并重。

数和形是数学研究的两个主要方面，它们分别对应着逻辑思维和形象思维。著名数学家华罗庚认为："数缺形时难直观，形缺数时难入微。"可见，数和形是紧密联系的，不可分割的，逻辑思维和形象思维也是相辅相成的。在习题评讲过程中，要运用数形结合的思想，以形助数，以数论形，提高思维的速度和准确性。

（2）集中思维与发散思维并重。

集中思维的特点是思路集中，所有信息都朝着一个目标深入发展以形成新信息。发散思维的特点是思路广阔，寻求变异。解决数学问题既需要集中思维，也需要发散思维，因此，在习题评讲中，既要注意"通性通法"的运用，又要注意一题多变、一题多解、一法通用。

（3）理性思维和直觉思维并重。

任何数学知识的发现和数学问题的解决，都是理性思维和直觉思维的辩证结合的结果。因此，在习题评讲中，在注重理性思维的同时，还要重视直觉思维在解决问题中的指引方向和调整思路的作用。在思维过程借助非逻辑的经验、想象、猜测、构造的成分。

（4）认知与情感并重。

教学是在师生的相互沟通中进行的，因此数学教学离不开情感因素。数学习题评讲的教学目标应包括认知和情感两部分，特别要通过展现解题思维的全过程培养学生的学习兴趣和承受挫折、迎难而上的意志品质。

5. 悟

悟，包括渐悟和顿悟，是前四个步骤和谐发展的必然结果。实现悟的途径主要是解题后的反思回顾和发散想象，这是学生应当养成的学习习惯。就数学本身而言，解题是没有固定模式的。而对某类型的题目，的确又存在着一定的模式。笔者认为解题教学的最终目标是学生在掌握了多种题型的解题模式后，领悟出数学最本质的内涵，进而忘记模式，像庖丁解牛一样依规律而行，达到"大道自然、天人合一"的境界。

6. 刍

刍，是悟后的巩固。刍的方式主要有专题式反刍和渗透式反刍两种。

(1) 专题式反刍。

为了减少学生对知识的遗忘率，笔者在教学过程中喜欢不定期地把以往所学内容按章节进行专题训练，这样长期积累下来，学生到毕业班时知识网络一般都比较完整。

(2) 渗透式反刍。

数学知识的系统性，决定了数学习题教学不可能完全脱离以往所学的知识。所以，在习题教学中要适当选取一些综合性强，知识覆盖面广的题目进行训练，通过渗透式的复习达到巩固所学内容的目的。

综上所述，“练在讲之前，讲在关键处”是一个师生间多元互动的教学系统。在这个系统中，学生不是被老师牵着鼻子走，而是在老师的引导和帮助下，主动地学习，主动地反馈调控，并由此促进整体素质的全面提高。

做什么？如何做？做了啥？这是提高解题能力值得反复思考的几个问题：

(一) 做什么？——做有质量的题目，全面提升解题能力

经过多年的发展和积累，数学题目的数量已经多得数不清了。市面上经常可以见到各种题典、题库等，让人应接不暇。有一种错误的倾向：追求题目的“难、偏、怪”，认为如果这些题目都能做出来，还有什么题目不会做？显然，大量重复的题目也会扼杀学生的兴趣，妨碍他们的智力发展。我们知道，每个学生的时间总是有限的，而题目是无限的，怎样用有限的时间，去掌握解题的技能，提高解题的能力，“以不变应万变”，这才是确实可行之道。

那么，应该怎样选择题目？选择怎样的题目，才是有效的，才是有质量的呢？先来看看下面数学家陈省身先生提出的“什么是好的数学”。

【案例 2】　　什么是好的数学①

陈省身 1985 年在南开数学研究所成立时就提出：“让青年人知道有‘好的数学’（指有意义，有创新）和‘不好的数学’（指仅限于把他人工

① 引自华东师范大学网络学院网页 http://courseware.ecnudec.com/yjs/ysx/ysx02/sx023/sx02302/sx023020.htm.

作推演一番）之分，从年轻时就懂得欣赏‘好的数学’。”

1992 年，陈省身在庆祝中国自然科学基金会成立十周年的学术讨论会上再次详细论述这一问题。他说：

“一个数学家应当了解什么是好的数学，什么是不好的或不太好的数学。有些数学是有开创性的，有发展前景的，这就是好的数学。还有一些数学也蛮有意思，但渐渐地变成一种游戏了。

“让我举例来谈谈。大家也许知道有个拿破仑定理。据说这个定理和拿破仑有点关系，它是说，任何一个三角形，在其各边上各作等边三角形，然后将这三个三角形的重心联结起来，一定是一个等边三角形。各边上的等边三角形也可朝里面作，于是可得到两个解。这个数学就不是好的数学，因为它难以有进一步的发展。当然，如果你做事累了，坐在沙发上愿意想想这个问题，也蛮有意思，这好像一种游戏，可以解闷。

“那么什么是好的数学呢？比如解方程就是。搞数学都要解方程，一次方程容易解，二次方程就不同，$x^2-1=0$ 有实数解；而 $x^2+1=0$ 就没有实数解。后来就加进复数，讨论方程的复数解。大家知道的代数基本定理就是 n 次代数方程必有复数解。这一问题有很长的历史。当年有名的数学家欧拉（1707—1783 年）就考虑过这个问题，但一直没有证出来。后来还是高斯（1771—1855 年）证出来的，还发现复数和拓扑有关系，有了新的理解。因为复数减 1 的模等于 1 就表示复平面上的一个圆周，在这一圆周上就有很多花样。

“如果从解 $f(x)=0$ 到解 $f(x, y)=0$，那就进入到研究曲线，当然也可能没有解，一个实点也没有。于是花样就来了，假使你在 $f(x, y)=0$ 中把 x，y 都看成复数，则两个复数相当于四维空间。这就很麻烦，出现了复变函数论中的黎曼曲面。你要用黎曼曲面来表示这个函数，求解原来的方程 $f(x, y)=0$，那就要用很多的数学知识，其中最要紧的概念是亏格（Genusg）。你把 $f(x, y)=0$ 的解看成曲面之后，那么曲面有多少个圈、球面、环面等等的不同花样都和亏格有关。

“此外，你也可以有另外的花样，比如 $f(x, y)=0$ 的系数都假定为整数，你也可以讨论它的整数解，这就很难了。”

这段论说明确地指出了什么是好的数学，即那些有深远意义，可以不断深入影响许多学科的数学课题。像方程这样的数学思想，其价值是永恒的，不断发展的。所以说它是好的数学。

1995 年 11 月，陈省身在上海数学会的报告，再次论述了这一问题。

他引用18世纪的法国大数学家拉格朗日（Lagrange，公元1736—1813）的标准，认为好的数学问题应满足两个条件：①易懂，走在马路上向任何一个人都能讲清楚；②难攻，这种数学问题必须相当困难，但又不是无法攻克的。

回到我们的数学题目上，什么是有质量的题目呢？可以用一句话来说，就是“浅入深出”，即情境比较普通，大家都能理解，却能包涵很深刻的道理，能从做题中悟出很多数学的思想和方法，这些题目就是好题目。我们反对一味地追求难题、怪题、偏题。

对中学生而言，我们认为做题应该考虑以下几个方面：

（1）系统掌握教材上的例题和习题。

有不少学生对教材上的题目不屑一顾，认为太简单了，不值得去做，而学到后面的时候，发现前面很多东西还没弄懂，又回头“炒冷饭”，但最终很多时候吃的是“夹生饭”，中间总有些没熟的。所以，有必要从一开始，就要重视教材上的例题习题。

（2）认真做一做历年中考、高考试题。

历年的中考、高考试题，凝聚了众多命题专家的智慧，是比较全面反映中学数学教学要求的“指挥棒”。特别是近年来，中考、高考命题不断地深化改革，向能力立意方向转变，迈出了可喜的步伐。

以高考为例，2004年增加了更多省份自行命题后，每年的高考试题的数量急剧增加。试题中，常常出现一些创新的题目，对锻炼解题能力有帮助。

高考试题里，每年都有一定比例的题目是来源于教材的或者往年的试题。罗增儒先生对数学高考解题的研究得到一条重要的结论[①]：划归为课本的基本问题，划归为历年的高考题。下面以2006年广东高考试题为例加以说明。

① 罗增儒：《数学解题学引论》，陕西师范大学出版社1997年版，第347页。

【案例3】2006年广东高考试题中部分来源于教材及往年考题分析[①]

2006年广东高考题	试题来源
第4题	第一册（下）第108页的例3
第5题	教材的一些概念
第8题	第二册（上）第112页例3
第9题	第二册（上）第161页例3
第13题	第二册（下）B第104页例4
第14题	第三册习题2.2第74页，1

（注：教材是指2003年版人民教育出版社出版的全日制普通高级中学教科书。）

（3）动手探索，加强研究性、应用性问题的探究。

新课程改革后，更加提倡学习方式的变革，而学习方式的变革引来问题的改变，探索性、开放性、研究性、应用性等问题不断地出现。因而，要自觉提高这些方面的意识，在平时加强这些方面的锻炼。

（4）有余力者涉猎一些国内外数学竞赛题。

对部分学有余力的学生，不妨涉猎一些数学竞赛题，包括国内的，国际的竞赛题，这对进一步提升数学解题能力是必不可少的。竞赛题里面隐含了更多的数学技巧，更高的数学思维。而题目的来源，有些就是数学研究工作者的研究的过程中的某个相关子课题、子题目。

（二）如何做？——悟、思、练、想，思中找路

学生在平时经常会遇到这样的问题：听老师讲解时，好像某个解法很特别，某个思路很巧妙；或者在阅读某些资料书时，也会看到很多很精彩的解法。但我们纳闷的是：怎么样才能想到这些解法？为什么人家能想到，我没想到呢？书上或者很多老师的讲解中，只是说明了怎么解，往往缺少为什么要这样解？怎样才能想到这样解的？

事实上，解题的不少想法是顿悟得来的，很多的想法更离不开平常的思考的，更需要动笔练一练，遇到困难多想想，所以简称“悟、思、练、想”。思路，即在“思中找路”，这才是提高解题能力的出路。

---

① 广东省考试中心：《2006年广东高考年报》，广东高等教育出版社2006年版，第34页。

1．悟：从阅读题目中悟，从典型题目分析中悟

（1）读题悟意，是提高解题能力的敲门砖。

古语云“熟读唐书三百首，不会作诗也会吟”，“读书百遍，其义自见”。有些同学，拿到试题，马上动手，很多时候是“欲速而不达”。理解题目意思，是关键一步，也是训练提高解题能力的重要一环。

【例9】教授与大学生问题①：

以 P、S 分别记教授和大学生人数，试用含有 P 和 S 的方程表述命题：本校大学生人数6倍于教授的人数。

【分析】这是美国某大学对一年级学生的考查问题，150名受试学生中，有30%不能正确解答上述简单的问题，其中典型错误是：$6S=1P$，题目中关键词的顺序可能起一些迷惑作用。一些学生可能认为，6个大学生就有1个教授，用英文就写成6Student = 1Professor，即 $6S=1P$。

【例10】［1995年全国高考试题理科24题第（1）问］

要求“将平衡价格 x 表示为政府补贴 t 的函数”。

根据广东考卷的抽样数据显示，有40%的考生写成了 $t=f(x)$ 的形式，可能是把 x 看成自变量的习惯起了迷惑作用，但本质是没有理解题意。“好的开始是成功的一半”，可见，阅读、理解，是解题的第一步。

而理解题意，需要一定的语言功底。一个连题目意思都弄不懂的人，不可能有很高的数学解题能力。古往今来，凡在数学上有所成就的人，都具有优秀的文学功底。在信息日益发达的今天，如何查找信息及分析信息？从名目繁多的信息中搜取我们所需要的信息，为我们解决问题提供帮助，是一个很重要的能力。而一定的文学功底是提高获取信息能力的重要基础。特别是一些应用性题目，很多的学生做不出来，就是由于没有理解题目的意思。

（2）分析典型范例，是学会解题的一条重要途径。

科学哲学家库恩认为：“学生正是通过学习范例，通过习题等活动来掌握一门科学知识及其方法。没有范例，科学知识不能清楚地表达出来，也无法为人们所掌握；没有范例，人们也就无法按照该门科学的要求去解决任何问题。数学也不例外。”②

分析典型例题的解题过程，是学好数学、学会解题的一条有效途径。③ 通过对典型例题的剖析，不仅可以收到由此及彼、举一反三的效果，更重要的是可以

---

① 王林全：《2007新课标高考数学命题趋势与答题要领》，广东教育出版社2006年版，第44页。

② 罗增儒：《数学解题学引论》，陕西师范大学出版社1997年版，第347页。

③ 罗增儒：《学会学解题》，载《中学数学教学参考》2004年第10期。

达到明确概念、掌握方法、启迪思路、培养能力的目的。有助于培养学生的自学能力和良好的学习习惯。

其一：通过分析典型例题，有助于全面把握解题的思路和方法。

分析例题，我们主要是“学思路，用方法”。“聪明的读者和聪明的学生不会满足验证推理过程的每一步是正确的，他们还要知道进行各一步的动机和目的。”①

其实，很多同学有这样的困惑：为什么不少学习用功的同学总是停留在知识型的水平上，没能形成较强的解题能力？其根本原因就在于他们没有分析典型的例题，又没有分析自己的解题。解一道题忘一道题，或者在同一思维水平上重复做好几道题，这样并不能获得解题能力的自觉提高；一旦获解就立刻合上本子，产生感情上的满足，从而导致心理封闭，忽视解题后的再思考，更是错过了提高的最好机会，无异于“入宝山而空返”。

我们应该从方法步骤着眼，从解题思路入手，注意认真分析题意，弄清要求和条件，找出例题所涉及的知识点，以及要求解答的问题与已知条件的关系，抓住解题关键，形成正确的解题思路和方案，并适当列出解题格式、要点和注意事项，从解题思路、方法、层次和规范要求等方面受到启发。

其二：分析自己的解题，有助于吸取经验教训，避免在同一地方摔跤。

除了分析经典的例题之外，分析自己的典型解答，特别是自己的错误解答，也是提高解题能力的重要途径。吸取经验教训，才能避免在同一个地方摔跤。

泰戈尔哲理诗中有句名言：“当你把所有的错误都关在门外，真理也就被拒绝了。”自编一本“误解题集”是避免做题一错再错的好办法，以下做法供读者参考：

第一，先把做错的解答原封不动地抄下来，用红笔标出错的地方。

如果只是把错题在试卷上（或者作业本上，下同）标注，复习时随手翻看试卷，这种方法看上去节省时间，但是拿着一大沓试卷翻看错误，注意力会分散，复习的效果就会大打折扣。因此，把犯过的错误，做错的解答原封不动地抄下来，用红笔标出错的地方是很好的办法，一方面便于集中查阅自己犯过的错误，另一方面便于翻看。把在解题中所犯的典型错误集中记录到一个本子上，并标注相关的内容所在的课本的页码。看到曾经出现过的问题，随时翻看课本里面相应的内容，这样边记边看效果非常显著。记录在解题中所犯的典型错误可按类型分。另一种就是面对难度较大的题目自己所犯的错误，拿到题目一点思路都没有，不知道解题该从何下手，但是一看答案却恍然大悟。掌握了犯错的类型，就可以为防范错误做好准备。

---

① 波利亚：《怎样解题》，科学出版社1982年版，第50页。

第二，认真做一遍，把正确的解答写在自己所犯错误的下面。

改错订正时要留下思维的痕迹，抓住关键词，找准切入点，弄清思路是如何打通的，把正确的解题思路写在一旁。如果错误是由于审题不清造成的，就要找出这种诱使你审题不清的小陷阱，有所警惕之后就不容易掉进去了。

第三，用简明的语言归纳出错误的类型和失败的原因，总结规律。

对于每一个错误都要经过认认真真地分析，研究出错的原因，找出导致错误的症结，认清自己学习的薄弱环节，针对自己的弱点，回避从前的错误，强化正确的知识，并注意找规律。如对曲线题要搞清横轴、纵轴、始点、终点、极值点、拐点、交叉点等。如此，就能在潜移默化中培养一种良好的思维习惯，对真正掌握知识大有裨益，是复习备考、提高学习效率的有效途径。

2. 思：从思考中寻思路，从归纳演绎中得启发

（1）思路、思路，思中找路。

“世上本来没有路，走的人多了就成了路”。我们做题目，或者听老师分析，都很希望把解题的思路弄清楚。思路，只有亲自解题才能体会到，解题前进的每一步，不完全靠逻辑，更多的靠感觉，“简单自然”是判断的原则，当你感觉到越来越简单，你会感觉到路走对了；反之，你也许会发现机会渺茫。自己不动脑筋，等别人来告诉做法，即使人家说得很清楚，也很可能是一头雾水，不知思路是什么。反之，如果自己做过深入的思考，即使没有完成，经别人“一点”，可能会豁然开朗，顺利完成余下的部分。

思路、思路，思则有路。反复思考，不断探索，再三尝试，从不同的角度思考，探究问题的不同方面，抓住丝毫的可能性，“苍天不负有心人”，我们能在“山重水复疑无路”的情况下，找到“柳暗花明又一村”的感觉。

【例 11】①（2005 年全国高中联赛加试）

如图 2，在 $\triangle ABC$ 中，设 $AB>AC$，过 A 作 $\triangle ABC$ 的外接圆的切线 l，又以 A 为圆心，AC 为半径，作弧分别交线段 AB 于 D，交直线 l 于 E、F，

求证：直线 DE、DF 分别通过 $\triangle ABC$ 的内心与一个旁心。

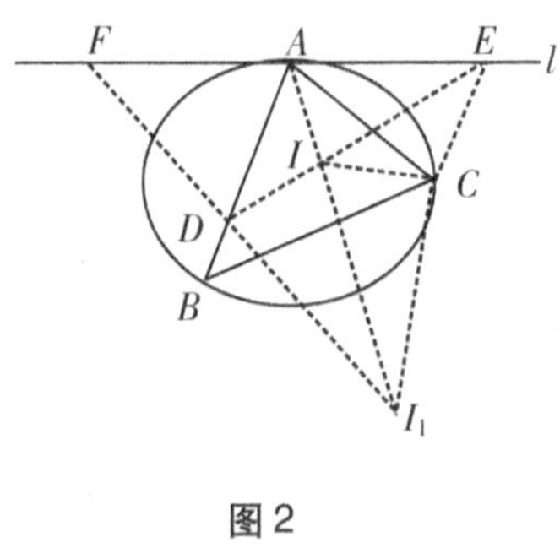

图 2

【分析】本题当然要清楚内（旁）心的定义。内心是两条内角平分线的交点。要证明两条内角平分线的交点在 DE 上，是难以措手的（没有直接的、可行的证法）。明智的办法是，将问题转换一下：设 I 是内角平分线与 DE

① 单墫：《解题研究》，上海教育出版社 2007 年版，第 51 页。

的交点，证明 I 在另一内角平分线上（从而 I 是内心，即证明了内心 I 在 DE 上）。

I 是哪一个内角的平分线与 DE 的交点呢？以 $\angle A$ 的平分线为宜，因为 A、B、C 三点中，B、C 地位平等（不宜用一个不用另一个），而 A 的性质比较多（题目中多处说到 A），因此应设 $\angle BAC$ 的平分线交 DE 于 I，再证明 IC 平分 $\angle ACB$。

在平面几何的证明中，辅助线往往是重要的。现在辅助线已经添好，计划也已初步确定：证明 IC 平分 $\angle ACB$。进一步应想：怎么证明 IC 平分 $\angle ACB$？

这当然要考虑 $\angle ACI$。如果 AI 是 $\angle DAC$ 的平分线，则 AI 是 $\angle DAC$ 的对称轴，也就是 $\triangle ADI$ 与 $\triangle ACI$ 关于 AI 对称（或者说 $\triangle ADI \cong \triangle ACI$），所以 $\angle ACI = \angle ADI$。

再利用已知条件 $AD = AE$ 与 l 为切线得

$$
\begin{aligned}
\angle ADI = \angle AED &= \frac{1}{2}(180^\circ - \angle DAE) \\
&= \frac{1}{2}(180^\circ - \angle BAC - \angle CAE) \\
&= \frac{1}{2}(180^\circ - \angle BAC - \angle ABC) = \frac{1}{2}\angle ACB
\end{aligned}
$$

所以，IC 平分 $\angle ACB$，I 为内心。

同理可证 DF 过旁心。

只要认真想想（当然也要注意利用已有条件），上面的解法并不难想到。

不过，想到一条路后，不要迫不及待地就走，最好再多想想，有没有其他的路，有没有更好的路。如果我们有选择的自由，当然应该选一条最好的路。

（2）归纳演绎，综合分析，多条腿走路。

证题时常用两种方法，一是综合法，由已知走向求证；二是分析法，由求证到已知。当然，有时两种方法结合起来用。从不同的思路出发，可以得到不同的解法。

【例 12】已知 $a^2+b^2=1$，$x^2+y^2=1$。求证：$ax+by\leqslant 1$。

【分析 1】运用分析法，从所需证明的不等式出发，运用已知的条件、定理和性质等，得出正确的结论。从而证明原结论正确。分析法的本质就是寻找原命题成立的充分条件。因此，证明过程必须步步可逆，并注意书写规范。

【证法 1】要证 $ax+by\leqslant 1$，

只需证 $1-(ax+by)\geqslant 0$，

即 $2-2(ax+by)\geqslant 0$，

因为 $a^2+b^2=1$，$x^2+y^2=1$。

所以只需证 $(a^2+b^2+x^2+y^2)-2(ax+by)\geqslant 0$，

即 $(a-x)^2+(b-y)^2\geqslant 0$ ………………（※）

因为不等式（※）恒成立，且步步可逆。所以原不等式成立。

【分析2】综合法［综合运用不等式的有关性质以及重要公式、定理（主要是平均值不等式）进行推理、运算，从而达到证明待证的不等式成立的方法］。

【证法2】$\because ax\leqslant\frac{a^2+x^2}{2}$，$by\leqslant\frac{b^2+y^2}{2}$

$\therefore ax+by\leqslant\frac{a^2+x^2}{2}+\frac{b^2+y^2}{2}=1$

即 $ax+by\leqslant 1$。

【分析3】比较法。本题只要证 $1-(ax+by)\geqslant 0$。为了同时利用两个已知条件，只需要观察到两式相加等于2，便不难解决。

【证法3】
$$\because 1-(ax+by)=\frac{1}{2}(1+1)-(ax+by)$$
$$=\frac{1}{2}(a^2+b^2+x^2+y^2)-(ax+by)$$
$$=\frac{1}{2}[(a^2-2ax+x^2)+(b^2-2by+y^2)]$$
$$=\frac{1}{2}[(a-x)^2+(b-y)^2]\geqslant 0,$$

所以 $ax+by\leq 1$。

【分析4】三角换元法。由于已知条件为两数平方和等于1的形式，符合同角三角函数中的平方关系条件，具有进行三角代换的可能，从而可以把原不等式中的代数运算关系转化为三角函数运算关系，给证明带来方便。

【证法4】$\because a^2+b^2=1$，$x^2+y^2=1$，

$\therefore$ 可设

$a=\sin\alpha$，$b=\cos\alpha$，$x=\sin\beta$，$y=\cos\beta$

$\therefore ax+by=\sin\alpha\sin\beta+\cos\alpha\cos\beta=\cos(\alpha-\beta)\leqslant 1$，

【分析5】数形结合法。由于条件 $x^2+y^2=1$ 可看作是以原点为圆心，半径为1的单位圆，而 $ax+by=\frac{ax+by}{\sqrt{a^2+b^2}}$。联系到点到直线距离公式，可得下面证法。

【证法5】因为直线 l：$ax+by=0$ 经过圆 $x^2+y^2=1$ 的圆心 O，所以圆上任意一点 $M(x,y)$ 到直线 $ax+by=0$ 的距离都小于或等于圆半径1，即 $d=\frac{|ax+by|}{\sqrt{a^2+b^2}}=|ax+by|\leqslant 1\Rightarrow ax+by\leqslant 1$。

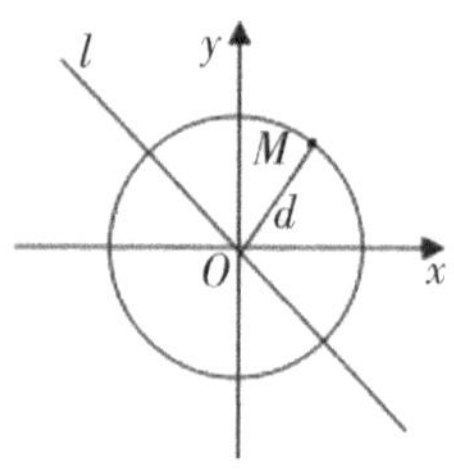

图3

【简评】五种证法都是具有代表性的基本方法，也都是应该掌握的重要方法。除了证法4、证法5的方法有适应条件的限制外，前三种证法都是好方法。可根据题目的需要进行选择。

3. 练：从简单开始做起，从不同角度思考问题

（1）从简单做起，寻找规律。

看似简单的东西做起来不简单，看似复杂的东西做起来不复杂。从简单做起，可以发现规律。有些时候，对一个问题，不知道从哪里入手，也看不出其中的一些规律，这个时候，我们不妨先退后进，即退到最简单的情形，从简单的做起，待看清楚了规律后，再往前推进。

从简单做起，有两层含义：

第一层，是指从简单的题目做起。简单的题目做好了，有助于树立解题的信心，也有助于理解基础知识和基本技能。在实际中却有不少同学，认为教材上的习题比较简单，而不愿意花工夫去做，这往往造成了"易题不愿意去做，难题做不来"，导致了数学解题能力的长期低下。

第二层，是指从简单的情况做起。有些题目包含的情况比较复杂，我们可以考虑题目的特殊情形，或者简单情形。从简单情况做起，一是可以熟悉题意，通过具体的实例，弄清楚题目的条件与结论。二是先解决简单的问题，可以增加解题的信心：既然简单的能做出来，再努力一点，复杂的也能做出来了。三是简单问题的解决，往往指出了一条通往解决一般问题的道路。

从简单情况做起，发现规律，提出猜想，然后加以证明，这是中学数学常用的方法，也是提高数学解题能力的一个重要途径。

【例 13】① 一个 8×8 的棋盘（即由 64 个单位方格组成的正方形）能否分成 32 个 1×2 的矩形（即一边是 1，另一边是 2 的矩形）并在每个矩形中连一条对角线，使得这 32 条对角线中的任两条都没有公共端点？

【分析】分成 32 个 1×2 的矩形很容易，但要连出的 32 条对角线都没有公共端点就不容易了。或许这是一件不可能的事情？

情况不清，决心难下。不如退到最简单的 2×2 的情况。这时很容易将棋盘分成两个 1×2 的矩形，并各连 1 条对角线，对角线没有公共端点，而且分法连法不止一种，如图 4（1）即是一种。

进一步，考虑 4×4 的棋盘，它可以由刚才的 2×2 的棋盘加一个边框而得到。［在图 4（1）的基础上］分法只有一种，连法也只有一种，即图 4（2）。

再加一个边框得到图 4（3）的 6×6 的棋盘。

更一般地，不仅 8×8 的棋盘，$2n\times2n$ 的棋盘也都可以用这种加框的方法，逐步进行。分成若干个 1×2 的矩形，并在每个矩形中各连一条对角线，使得这 $2n^2$ 条对角线中每两条都没有公共端点。

（2）变换问题，从不同角度找突破。

---

① 单墫：《解题研究》，上海教育出版社 2007 年版，第 40 页。

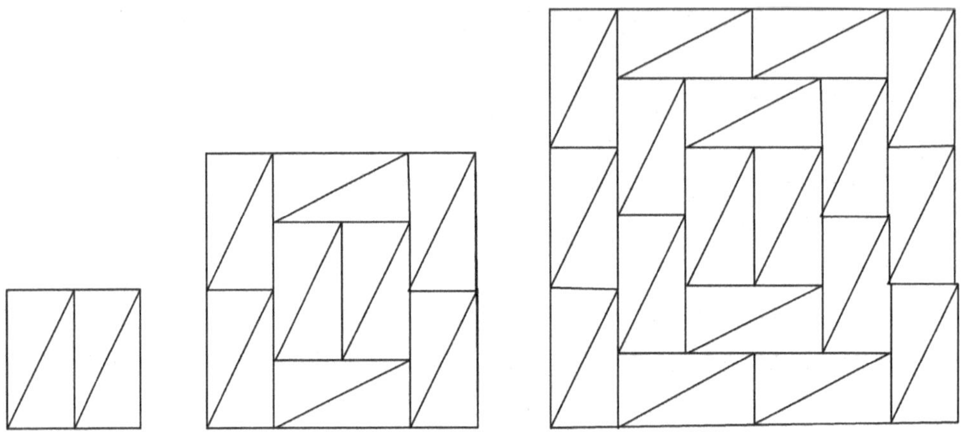

(1)　　　　(2)　　　　(3)

图 4

一个好念头的基础是过去的经验和已有的知识。但仅仅靠记忆是不足以产生好念头的，这需要重新收集一些有关的事实。解决数学问题，波利亚的建议是：先考虑是否知道一个与此有关的问题，如果与此有关的问题很多，就去寻找其共同的特点，如果成功地回想起来，那就比较幸运了，通过探索我们可以得到解答。如果没那么幸运，我们需要寻找其他的突破口，变化、改变或者修改该问题，用自己的语言叙述，用自己的方式表达。

①变换问题，化难为易。

很多同学面对情境生疏的、复杂的数学问题，就感到无从下手。缺乏变换问题意识。其实，我们在解题的时候，不仅要先观察具体特征，联想有关知识，而且要将其转化成我们比较熟悉的、简单的问题来解。恰当的转化，往往使问题很快得到解决。

【例 14】已知 $a+b+c=\frac{1}{a}+\frac{1}{b}+\frac{1}{c}=1$，求证 a、b、c 中至少有一个等于 1。

【分析】题目结论没有用数学式子表示，很难直接证明。首先将结论用数学式子表示，转化成我们熟悉的形式。a、b、c 中至少有一个为 1，也就是说 $a-1$、$b-1$、$c-1$ 中至少有一个为零，这样，问题就容易解决了。

【证明】$\because \frac{1}{a}+\frac{1}{b}+\frac{1}{c}=1$，$\therefore bc+ac+ab=abc$。

于是 $(a-1)(b-1)(c-1)=abc-(ab+ac+bc-1)+(a+b+c)=0$。

$\therefore a-1$、$b-1$、$c-1$ 中至少有一个为零，即 a、b、c 中至少有一个为 1。

述评：很多学生只在已知条件上下功夫，左变右变，还是不知如何证明三者中至少有一个为1，其原因是不能把要证的结论“翻译”成数学式子，把陌生问题变为熟悉问题。因此，多练习这种文字语言到符号语言的“翻译”，是提高转化能力的一种有效手段。

【例15】已知直线L的方程为$x=-\frac{p}{2}$，其中$p>0$；椭圆E的中心为O'（$2+\frac{p}{2}$，0），焦点在X轴上，长半轴为2，短半轴为1，它的一个顶点为A（$\frac{p}{2}$，0）。问p在什么范围内取值时，椭圆上有四个不同的点，它们中的每一点到点A的距离等于该点到直线L的距离。

【分析】从题目的要求及解析几何的知识可知，四个不同的点应在抛物线上，

$$y^2=2px \qquad (1)$$

又从已知条件可得椭圆E的方程为

$$\frac{\left[x-\left(2+\frac{p}{2}\right)\right]^2}{4}+y^2=1 \qquad (2)$$

因此，问题转化为当方程组（1）、（2）有四个不同的实数解时，求p的取值范围。将（2）代入（1）得：

$$x^2+(7p-4)x+\frac{p^2}{4}+2p=0 \qquad (3)$$

确定p的范围，实际上就是求（3）有两个不等正根的充要条件，转化解不等式组：

$$\begin{cases}(7p-4)^2-4\left(\frac{p^2}{4}+2p\right)>0\\ \frac{p^2}{4}+2p>0\\ 7p-4<0\end{cases}$$

在$p>0$的条件下，得$0<p<13$。

述评：本题在解题过程中，不断地把原问题划归为标准问题——解方程组、解不等式组及一元二次方程问题。

②不同角度看问题，激发多种解题思路。

“横看成岭侧成峰，远近高低各不同”，解题时要从整体看，从局部看，从不同角度看，发现问题不同的特点，挖掘其中的联系。

由于每个学生在观察时抓住问题的特点不同、运用的知识不同，因而，同一问题可能得到几种不同的解法，这就是“一题多解”。通过一题多解训练，可使学生认真观察、多方联想、恰当转化，提高数学思维的变通性。

【例16】已知复数z的模为2，求$|z-i|$的最大值。

【解法一】（代数法）设 $z=x+yi$（x、$y\in R$），

则 $x^2+y^2=4$，$|z-i|=\sqrt{x^2+(y-1)^2}=\sqrt{5-2y}$。

$\because$ $|y|\leqslant 2$，$\therefore$ 当 $y=-2$ 时，$|z-i|_{max}=3$。

【解法二】（三角法）设 $z=2$（$\cos\theta+i\sin\theta$），

则 $|z-i|=\sqrt{4\cos^2\theta+(2\sin\theta-1)^2}=\sqrt{5-4\sin\theta}$。

$\therefore$ 当 $\sin\theta=-1$ 时，$|z-i|_{max}=3$。

【解法三】（几何法）

$\because$ $|z|=2$，$\therefore$ 点 z 是圆 $x^2+y^2=4$ 上的点，

$|z-i|$表示动点 z 与复数 i 所对应的点之间的距离，

如图 5 所示，可知当 $z=-2i$ 时，$|z-i|_{max}=3$。

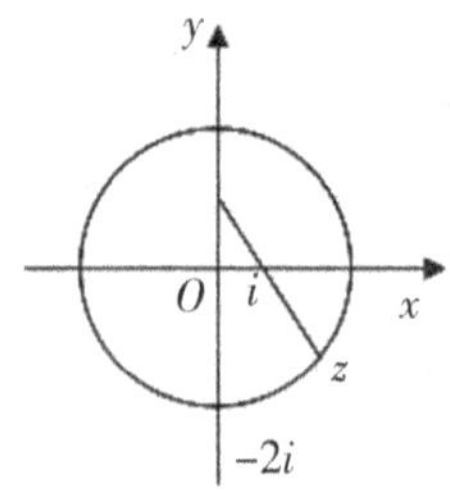

图 5

【解法四】（运用模的性质）

$\because$ $|z-i|\leqslant|z|+|-i|=2+1=3$，

而当 $z=-2i$ 时，$|z-i|=3$。$\therefore$ $|z-i|_{max}=3$。

【解法五】（运用模的性质）

$\because$ $|z-i|^2=(z-i)\overline{(z-i)}=z\bar{z}+(z-\bar{z})i+1$

$=5+2I(z)$，（$I(z)$ 表 z 的虚部）。

又$\because$ $|I(z)|\leqslant 2$，$\therefore$ $|z-i|^2_{max}=9$，$\therefore$ $|z-i|_{max}=3$。

【例 17】由圆 $x^2+y^2=9$ 外一点 P（5，12）引圆的割线交圆于 A、B 两点，求弦 AB 的中点 M 的轨迹方程。

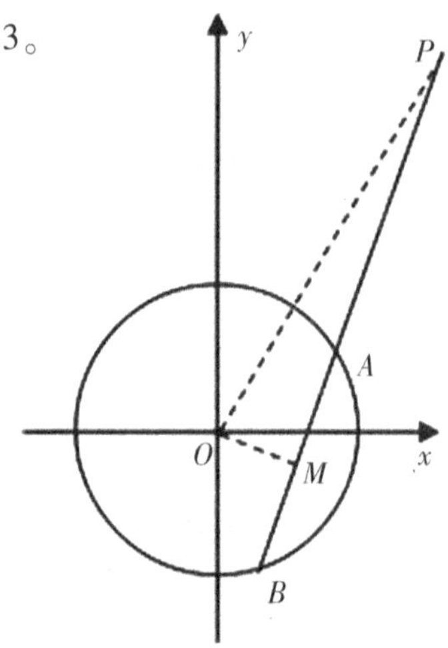

图 6

【分析 1】（直接法）根据题设条件列出几何等式，运用解析几何基本公式把题设条件转化为用代数等式表示，从而求出曲线方程。这里考虑在圆中有关弦中点的一些性质，圆心和弦中点的连线垂直于弦，可得下面解法。

【解法 1】如图 6，设弦 AB 的中点 M 的坐标为 M（x，y），连接 OP、OM，

则 $OM\perp AB$，在$\triangle OMP$ 中，由两点间的距离公式和勾股定理有

$x^2+y^2+(x-5)^2+(y-12)^2=169$。

整理，得 $x^2+y^2-5x-12y=0$。其中 $-3\leqslant x\leqslant 3$。

（请注意，所求的轨迹受到限制，其实是介于两切点间的一段弧。先求两切点，用两切点横坐标限制 x 的范围。）

【分析 2】（定义法）根据题设条件，判断并确定轨迹的曲线类型，运用待定

系数法求出曲线方程。

【解法2】因为 M 是 AB 的中点，

所以 $OM\perp AB$，所以点 M 的轨迹是以 $|OP|$ 为直径的圆，圆心为 $\left(\frac{5}{2},6\right)$，半径为 $\frac{|OP|}{2}=\frac{13}{2}$，

$\therefore$ 该圆的方程为 $\left(x-\frac{5}{2}\right)^2+(y-6)^2=\left(\frac{13}{2}\right)^2$，

化简，得 $x^2+y^2-5x-12y=0$。其中 $-3\leqslant x\leqslant 3$。

【分析3】（交轨法）将问题转化为求两直线的交点轨迹问题。因为动点 M 可看作直线 OM 与割线 PM 的交点，而由于它们的垂直关系，从而获得解法。

【解法3】设过 P 点的割线的斜率为 k，

则过 P 点的割线方程为：$y-12=k(x-5)$。

$\because OM\perp AB$ 且过原点，

$\therefore OM$ 的方程为 $y=-\frac{1}{k}x$。

这两条直线的交点就是 M 点的轨迹。

两方程相乘消去 k，化简，得：$x^2+y^2-5x-12y=0$。其中 $-3\leqslant x\leqslant 3$。

【分析4】（参数法）将动点坐标表示成某一中间变量（参数）的函数，再设法消去参数。由于动点 M 随直线的斜率变化而发生变化，所以动点 M 的坐标是直线斜率的函数，从而可得如下解法。

【解法4】设过 P 点的割线方程为：$y-12=k(x-5)$

它与圆 $x^2+y^2=9$ 的两个交点为 A、B，AB 的中点为 M。

$$解方程组\begin{cases}y=k(x-5)+12\\x^2+y^2=9\end{cases}$$

利用韦达定理和中点坐标公式，可求得 M 点的轨迹方程为

$$x^2+y^2-5x-12y=0。其中 -3\leqslant x\leqslant 3。$$

【分析5】（代点法）根据曲线和方程的对应关系：点在曲线上则点的坐标满足方程。设而不求，代点运算。从整体的角度看待问题。这里由于中点 M 的坐标 (x,y) 与两交点 $A(x_1,y_1)$、$B(x_2,y_2)$ 通过中点公式联系起来，又点 P、M、A、B 构成4点共线的和谐关系，根据它们的斜率相等，可求得轨迹方程。

【解法5】设 $M(x,y)$，$A(x_1,y_1)$，$B(x_2,y_2)$，则 $x_1+x_2=2x$，$y_1+y_2=2y$。

$\because x_1^2+y_1^2=9$，$x_2^2+y_2^2=9$。

两式相减，整理，得 $(x_2-x_1)(x_2+x_1)-(y_2-y_1)(y_1+y_2)=0$。

所以$\frac{y_2-y_1}{x_2-x_1}=-\frac{x_1+x_2}{y_1+y_2}=-\frac{x}{y}$，即为$AB$的斜率，

而AB对斜率又可表示为$\frac{12-y}{5-x}$，$\therefore\frac{12-y}{5-x}=-\frac{x}{y}$，

化简并整理，得$x^2+y^2-5x-12y=0$。其中$-3\leqslant x\leqslant 3$。

述评：上述五种解法都是求轨迹问题的基本方法。其中解法1、解法2、解法3局限于曲线是圆的条件，而解法4、解法5适用于一般的过定点P且与二次曲线C交于A、B两点，求AB中点M的轨迹问题，具有普遍意义，值得重视。对于解法5通常利用$k_{PM}=k_{AB}$可较简捷地求出轨迹方程，比解法4计算量要小，要简捷得多。

一切解题的策略的基本出发点在于“变换”，从不同的角度看问题，也是为了更好地实现问题的“变换”。把面临的问题转化为一道或几道易于解答的新题，以通过对新题的考察，发现原题的解题思路，最终达到解决原题的目的。

4. 想：从实践中想方法，从困难中找解题策略

在解题实践中不免会遇到困难，而困难并不可怕，可怕的是不去寻找应对的策略。遇到困难，多想办法！“这个问题我们以前见过吗?”“有没有见过类似的问题?”“对这种问题，我们以前是采用什么样的方法?”“从哪里入手?”“解题的关键点在哪?”化归、变换、类比等都是很好的想法。

常用的解题策略有：熟悉化、简单化、直观化、特殊化、一般化、整体化、间接化、类比、分解和再组合等，恰当的策略有助于我们打开解题的思路。

这里再简要概述罗增儒先生在《数学解题学引论》① 中所提供的十种策略，希望对读者有所裨益。

(1) 模式识别。

该模式体现的是思维定势正迁移的积极作用。体现了化归的思想模式，陌生的转化为熟悉的，复杂的分解为简单的；同时，它也是类比、联想等思维活动得以开展的基础，并与直觉相联系。

(2) 映射化归。

如果说模式识别是把一个新问题化归为一个熟悉或者简单的问题的话，那么，映射则是把一个新问题转化为一个等价的会解的问题，前者是直接的化归，后者是间接的化归。

(3) 差异分析。

通过分析条件与结论之间的差异、并不断减少目标差来求解新题的策略。

(4) 分合并用。

① 罗增儒：《数学解题学引论》，陕西师范大学出版社1997年版，第342页。

分与合是一种辩证关系，在解题中以分求合，以合制分，分合并用体现了转化统一、相反相成的辩证思想。（中学立体几何中，求三棱锥体积公式是这一策略的具体应用）。

（5）进退互化。

向前推进是人们认识事物的自然趋势，数学知识的发展和命题序列的形成无一不是一个前进的过程。但是，这种趋势和进程又是不平坦的，有时要以退求进，有时要先进后退，恰当运用进退的互化正是辩证思想的一条重要策略。

（6）正反相辅。

事物的发展往往是互为因果的，具有双向性和可逆性的特征。“顺难则逆，直难则曲，正难则反”，如果正向思维受阻就用反向思维，顺向推导有困难时就逆向推导，直接证明有困难时就间接证明，正探求问题的可能性有困难时就探究不可能性，等式证明从左到右不顺利时就从右到左。分析法、逆推法、反证法、同一法、举反例、常量与变量的换位、公式定理的逆用等都体现了逆向思考。

（7）动静转换。

动和静是事物状态表现的两个侧面，它们相比较而存在，依情况而转化，动中有静，静中有动。在数学解题中，可用动的观点来处理静的数量和形态，将常数看成是变数的取值，将静止状态看成运动过程的瞬间，表现为以动求静。反过来也可以，用一个字母代替无限的、变动的取值，用一条方程表示动点的轨迹，用一个函数表达式反映客观事物的相依关系，用一些不等式描述变量无穷变化的趋势等，都是用静的方法处理动的事物，表现为以静制动。变换法、局部法、调整法、递推法、初等变换、轨迹相交、定值探究及不变量等，都体现了动静转换的策略。

（8）数形结合。

数和形是初等数学研究得最多的对象，数形结合是一种极富有数学特点的信息转换，数学上总是用数的抽象性来说明形象的事实，同时又用图形的性质来说明数的事实，数形结合是一个重要的数学思想和一柄双刃的解题利剑。

（9）有效增设。

对所面临的问题，在不改变题意的前提下，增加一点条件使得问题更加容易解，叫作有效增设。注意，增设的条件，既不改变原题，也要与原题有关。

（10）以美启真。

出于数学美的考虑而导致解题思路的设计与发现，叫作以美启真。这种解题策略将数学的简单美、对称美、和谐美、奇异美与问题的条件或者结论相结合，再凭借知识经验与审美直觉，从而确定解题的总体思路或解题入手方向。于是，美的启示就在解题过程中起到了宏观指导和决策的作用。从而，体现了、也形成了数学中的美学方法，它是数学解题中的一个重要策略。

（三）做了啥？——及时总结是提高解题能力至关重要的一环

答案出来了，并不意味解题过程的结束。除了深刻理解题意并知道自己的解法为什么是正确的或者是错误的，还应考虑能否用不同的方式去解决。当一个解法比较复杂的时候，应考虑是否存在更加简洁明了的解法。即使已经得到一个漂亮的解法，也应考虑是否还有别的解法。然后，对不同的解法加以比较——哪个更本质？哪个更简单？哪个更完美？

题不是做得越多越好，归纳总结，是解题最后一步，也是提高解题能力的关键一步。

1. 总结是解题过程的反思，是理解问题实质的升华

很多同学解了好多题，而解题能力却未见提高，缺乏总结反思是其中很重要的一个原因。

通过总结，反思解题过程、逻辑结构、信息流程，"从对解题过程的分析中概括出在解题中需要的知识基础"①，弄清楚题解中用到了哪些知识、哪些方法，这些知识和方法又是怎样组成一个和谐的逻辑结构。这是一个通过"已知"学"未知"，通过分析"怎样解题"而领悟"怎样学会解题"的思维过程。

同时，总结也是理解问题实质的一种升华。当最终的结果冗长而复杂时，我们自然揣测是否存在着某个更清楚而且少迂回的解：你能用不同的方式导出这一结果吗？你能一下子看出它吗？即使我们成功地找出一个令人满意的解，我们可能仍然对找出另外一个令人满意的解感兴趣。就像我们期望通过两种不同的知觉去感觉到一个物体一样。② 总结，也是提高我们识别能力、判断能力、鉴赏能力和调节解题策略能力的重要途径。

2. 总结是解题方法的提炼，是领悟数学思维的深化

看完一道例题的解答，或者自己解完一道题目之后，要及时反思，这道题目里面蕴涵了什么样的数学思想、数学方法？为什么要这样解？目的是什么？

【例 18】［人教版高中数学教材（第一册·下）第 39 页例 5］③

求证：$\cos\alpha+\sqrt{3}\sin\alpha=2\sin\left(\frac{\pi}{6}+\alpha\right)$。

【分析】如果仅仅就这道题而言，则从右边证到左边更简捷。而教材为什么从左边证到右边，是否多此一举？其实，这隐含了"三角函数"这章中一个重

---

① 罗增儒：《学会学解题（再续）》，载《中学数学教学参考》2004 年第 11 期，第 17—20 页。

② 波利亚：《怎样解题》，科学出版社 1982 年版，第 61 页。

③ 彭上观、林辉：《利用新教材空白栏，学会作批注》，载《中学数学杂志（高中）》2005 年第 1 期，第 7—8 页。

要的思想：把两个三角函数的代数和转化为一个三角函数的问题，这是处理三角函数问题常见的方法，也为后面学习函数 $y=A\sin(\omega x+\varphi)$ 的图象及相关内容奠定基础。另外，若要化简 $\cos\alpha+\sqrt{3}\sin\alpha$ 为一个三角函数，又怎样知道要提取一个“2”呢？更常见的，如对 $a\sin\alpha+b\cos\alpha$ 能否化为一个三角函数？等等。经常这样想想，领悟其中隐含的思想方法，对提高解题能力是很有帮助的。

另外，解题后，我们应当横向、纵向分析比较。从相似中找不同点，从相异中找联系，不能想当然地认为是这样或者是那样。“类似可得”“显然易见”这样的思路，在解题中要慎用。

3. 总结是拓展思维的良方，任何问题争取往前走一步

真理和谬误往往只差一步。很多时候，学生们做完一个题目后，就会满足于已经得到的解答，而没有作进一步的探究和思考，丧失了提升解题能力的好机会。其实，对于一个数学问题，如果我们争取往前走一步，比如说可以从题目的形式和解决的方法做一些探讨，那么将会得到新的结果与新的解法。

【例 19】［2003 年人教版高中数学教材第二册（上）第 31 页，B 组第 2 题］①

（1）“已知 $x_1\cdot x_2\cdot x_3\cdot\cdots\cdot x_n=1$，求证：$(1+x_1)(1+x_2)\cdots(1+x_2)\geqslant 2^n$。”

原题用平均值不等式立即可证。

可有以下推广：

（2）（从形式上推广）已知 $x_1x_2x_3\cdots x_n=a^n$ $(a>0)$，且 x_1、x_2、x_3、$\cdots$、x_n 均为正数，则 $(1+x_1)(1+x_2)(1+x_3)\cdots(1+x_n)\geqslant(a+1)^n$。当且仅当 $x_1=x_2=x_3=\cdots=x_n=a$ 时等号成立。

（3）（从方法上推广）试用数学归纳法证明以上两题。

这种含条件的数学归纳法的问题，高考中会出现，如：

（4）（2005 年全国高考 Ⅰ）

（Ⅰ）设函数 $f(x)=x\log_2x+(1-x)\log_2(1-x)$ $(0<x<1)$，求 $f(x)$ 的最小值；

（Ⅱ）设正数 p_1，p_2，p_3，$\cdots$，p_{2^n} 满足 $p_1+p_2+p_3+\cdots+p_{2^n}=1$，证明

$p_1\log_2p_1+p_2\log_2p_2+p_3\log_2p_3+\cdots+p_{2^n}\log_2p_{2^n}\geqslant -n$。

作为用数学归纳法证明含条件式的问题，再提供一题：

（5）若 $a_i>0$ $(i=1,2,\cdots n)$，且 $a_1+a_2+a_3+\cdots+a_n=1$，用数学归纳法证明：${a_1}^2+{a_2}^2+{a_3}^2+\cdots+{a_n}^2\geqslant$ $(n\geqslant 2,\ n\in N)$。

---

① 罗碎海：《查缺补漏、重点加强、优化思维》，http://www.zjcxedu.net/jyky/Documents/xkjx/gzsx/4/2006-02-27-150104140.doc

【例 20】[2003 年人教版高中数学教材第二册（上）P123，第 6 题][①]

（1）过抛物线焦点的一条直线与它交于两点 P、Q，通过点 P 和抛物线顶点的直线交准线于点 M，求证：直线 MQ 平行于抛物线的对称轴。

翻译成数学语言就是：

（2）过抛物线 C：$y^2=2px$ 焦点 $F\left(\frac{p}{2},0\right)$的一条直线与抛物线交于两点 P、Q，通过点 P 和抛物线顶点 O 的直线交准线 l：$x=-\frac{p}{2}$于点 M，求证：直线轴 $MQ /\!/ OX$ 轴。

它的逆命题作为 2001 年全国高考题，它在椭圆中的推广为 2001 年广东高考题。

该题及其等价形式如下有 3 个。以下一个就为 2001 年全国高考题：

（3）抛物线 $y^2=2px$（$P>0$）的焦点为 F，经过点 F 的直线交抛物线交于 A、B 两点，点 C 在抛物线的准线上，且 $BC /\!/ X$ 轴，证明直线 AC 经过原点 O。

大家知道，一种圆锥曲线有某种性质，别的曲线往往也具有此性质。上面的抛物线的性质能否推广到椭圆与双曲线中呢？首先要注意上题中的元素的多重性质：点 O 既是抛物线的顶点也是线段 FE 的中点？若将原抛物线换为椭圆，就有两种情况：

只要我们按要求做下去，可知直线 AC 经过线段 EF 的中点。到此可得双曲线中的命题：

（4）已知双曲线$\frac{x^2}{a^2}-\frac{y^2}{b^2}=1$ 的右准线 l 与 x 轴相交于点 E，过双曲线右焦点 F 的直线与双曲线相交于 A、B 两点，点 C 在右准线 l 上，且 $BC /\!/ x$ 轴，则直线 AC 经过线段 EF 的中点。

一个特殊例子为：

（5）（2001 年广东高考题）已知椭圆$\frac{x^2}{2}+y^2=1$ 的右准线 l 与 x 轴相交于点 E，过椭圆右焦点 F 的直线与椭圆相交于 A、B 两点，点 C 在右准线 l 上，且 $BC /\!/ x$ 轴。求证直线 AC 经过线段 EF 的中点。

可见，我们平时所见的考题，很多都是课本的习题、例题演变出来的。我们如果能对数学问题，往前走一步，做适当的延伸，拓展，理解不同问题之间的联系与区别，对提高解题能力是大有裨益的。

---

① 罗碎海：《查缺补漏、重点加强、优化思维》，http://www.zjcxedu.net/jyky/Documents/xkjx/gzsx/4/2006-02-27-150104140.doc

4. 提倡作业“三部曲”，让总结成为学习的自觉行动①

“就题论题，缺少对题目深入的研究”，是学生学习数学感到困难的常见原因之一。不明白自己的问题出在哪里，不清楚如何改进自己的数学学习，因而即使学习很努力，学习效果却不理想。这是由于缺乏对数学学习的有效反思、监控引起的。

对这个问题，笔者在华南师范大学附中教学实践时了解到，该校数学科组对学生的作业实行“三步曲”的要求：即第一步，先写解题的思路，以及有哪些可能的解决途径；第二步，选择自己擅长的一种解法详细书写出来；第三步，解题后的归纳总结：包括解该题（该类型题）用到什么方法，把题目的条件、结论变化一下又会如何，如何一题多变、一图多画、一法多用、一题多思，有没有其他的发现、体会、感想，是否存在一些疑难问题，等等。

笔者曾经在高一的学生中作过调查，结果显示，83.5%的学生在刚开始时不习惯“三步要求”的做法，因为学校以前只要求做第二步（即写出详细解答）就行了。从对学生的相关测试的情况来看，能自觉对自己的数学学习做出反思的学生，其学习效果均比较理想。部分数学学习困难的学生，逐步尝到了在解题前、后对自己的想法进行反思的甜头。但是，也有近15%的学生不但没有按照三步要求来做，而且解题过程太简略，或者表达颠三倒四、逻辑混乱。例如，“已知a^2，b^2，c^2成等差数列（公差不为0）求证：$\frac{1}{b+c}$，$\frac{1}{c+a}$，$\frac{1}{a+b}$也成等差数列”（人民教育出版社2003年版·高一教材第136页的复习参考题7）。本来应该由“$2b^2=a^2+c^2\Rightarrow\frac{2}{c+a}=\frac{1}{b+c}+\frac{1}{a+b}$”，但是，有33.4%的学生表达时却写成了“$\frac{2}{c+a}=\frac{1}{b+c}+\frac{1}{a+b}\Rightarrow 2b^2=a^2+c^2$”，将条件与结论的逻辑关系弄反了。

让学生经常对自己的数学学习进行反思。比如在作业、测试中发现的问题，先让学生自己纠正，找出错误的原因，然后老师再作讲解。这是提高解题能力的一个有效的途径。

四、重视非智力因素，持续提高解题能力

宋代诗人陆游说过：“汝果欲学诗，功夫在诗外。”波利亚指出，“认为解题纯粹是一种智能活动是错误的，决心与情绪所起的作用很重要”。他强调：“教学生解题是意志的教育，当学生求解那些对他来说并不太容易的题目时，他学会

---

① 彭上观、林辉：《高一学生数学学习困难的认知要素探》，载《数学教育（香港）》2005年第12卷第1期，第81—86页。

了败而不馁，学会了赞赏微小的进展，学会了等待主要的念头，学会了当主要念头出现后全力以赴。如果学生在学校里没有机会尝尽为求解而奋斗的喜怒哀乐，那么学校的数学教育就在最重要的地方失败了。”

亚里士多德说过：“教育的根是苦的，但其果实是甜的。”同样，数学解题的过程是艰苦的，而将题目解出来之后的快乐是巨大的。如果一个人，从来没有尝试过从解数学题中得到的愉悦感和成就感的话，他不可能将数学学好。

可见，数学解题不仅仅是智力因素在起作用，非智力因素的影响也是极其重要的。

（一）有兴趣

兴趣是最好的老师。数学学得好的学生，原本对数学就感兴趣的，要让他们保持，还要不断发展这种兴趣。当然，兴趣也是可以不断培养的。精明的老师，善于利用各种因素，调动学生的兴趣。以数学的内在魅力打动学生，吸引学生，只有这种魅力才是持久的、可持续的。就像小孩子玩电子游戏，他对某个游戏入迷的时候，可以“废寝忘食”“乐此不疲”，沉浸在游戏的快乐中。同理，学生对数学感兴趣的话，他将会从常规的基本题，到极富挑战性的竞赛题，层层攻破，有一种“欲穷千里目，更上一层楼”的感觉。

（二）有信心

要相信自己的能耐，“只要给我足够的时间，我一定能做得出来”。正所谓“红军不怕远征难，万水千山只等闲”，发挥“不怕任何困难，不怕任何敌人，革命理想大于天”的长征精神，没有什么困难是克服不了的。随着解答出来的题目越多，信心就会越强；信心越强，就越愿意去解题，逐步进入良好循环的轨道。

（三）有耐心

有些学生，难题做不了，容易题不愿意做，所以解题能力得不到应有的提高。“解题需要专心致志，反过来，解题也有助于培养做事专心致志的习惯。多做数学题，就不会粗心浮气，焦躁不安，这也是解题的一个功效”①。解数学题要沉得住气，在解题过程中，困难和挫折是在所难免的，要有“胜不骄，败不馁”的精神，遇到困难，多想办法。世上从来就没有救世主，自己的问题自己办。

由于每个人的人格特点的差异，人生观、价值观不同，对待学习的态度不一

---

① 单墫：《解题研究》，上海教育出版社2007年版，第6页。

样。我们的教育和教学工作好比在不同层次的梯田上种植价值不同、用途各异的果树，要使每个学生都有希望经过努力摘取到与自己的能力相当的学习“果实”。那么在教学中就要因材施教，使他们各尽其能，各得其所。实践证明，非智力因素可以促进学生对知识技能的学习和掌握，良好的智力因素必须与良好的非智力因素相匹配才能有所成。

学数学的目的就是为了解题吗[①]

——兼与单墫先生的商榷

我国著名数学教育家单墫先生在其近作《解题研究》（上海教育出版社，2007 年版）中，将其多年来对数学解题的经验与总结奉送给我们。这是一本扎根于我国本土的数学解题研究的大作，让我们受益匪浅。从中，我们可以领略到大师的风范，相信每个喜爱数学的朋友都可以得到不同的启迪。

但对该书中的一个观点，笔者认为值得商榷。现班门弄斧，将这个观点提出来，谈谈自己的一点看法，供批评指正。

一、质疑：学数学的目的，不是别的，就是为了学会解题吗

单先生在《解题研究》的首页中，开宗明义的指出[②]：“学数学的目的，不是别的，就是为了学会解题。”据了解，这种看法在中小学师生中占有不小的比例。据一份调查显示[③]：69% 的学生认为学习数学的目标是会做题，在每次考试中拿到一个好分数。而观念问题往往是第一位的，将决定着我们的行动。因此，有必要对此观念作一澄清。

毋庸置疑，解题在数学学习中有极其重要的作用。解题活动在数学学习中随时可见：教材中每节都有例题、习题；课外辅导书中有汗牛充栋的习题；中考、高考也离不开解题。但我们必须清楚地认识到：解题是学习数学的重要途径，但绝不是学习数学的目的。否则是误入歧途。正如单先生所言，“数学的习题，不仅用来巩固所学的知识，而且可以培养你的能力，发展你的智慧。只有通过解题，你才能更多地、更好地掌握数学的内容、意义和方法”。但我们绝对不可以因此就认为：学数学的目的，就是为了解题！

---

① 本文原载于《数学通讯》2010 年第 1 期，第 10—12 页。

② 单墫：《解题研究》，上海教育出版社 2007 年版，第 1 页。

③ 赵大藏：《高一学生数学课余学习的调查与指导》，载《数学教学研究》2008 年第 2 期，第 32 页。

二、现象：从一些现象看我们的数学教育缺失了些什么

在探讨学数学的目的之前，我们先来看看当前数学教育中的一些现象，以便我们对学数学的目的有更好的认识。

（一）为何没有中国人的猜想？——只会做“学答”，缺乏好奇心

如果没有正确认识学数学的目的，一味地只知道做题，将会迷失了方向，所谓的“淹死在题海里”就是这个意思。有专家嘲笑说，我们的学生只是做“学答”。而不是做“学问”。甚至有不少学生认为老师提的问题都有解答，缺乏质疑精神、批判精神和好奇心。曾经有这么一个问题：“谁能猜出船长的年纪①。”这是一件真实而又引人深思的事。一位法国教育心理学专家在上海给孩子们出了一道题目：一艘船上有86头牛，34只羊，问这艘船的船长年纪有多大？结果90%的学生给出的答案是：86－34＝52（岁）。只有10%的学生认为此题荒谬，无法解答。法国专家感叹：中国学生很听老师的话，因为同一道题在法国小学做试验时，超过90%的同学提出了异议，甚至嘲笑老师的“糊涂”。

爱因斯坦曾一针见血地告诫我们：“提出一个问题往往比解决一个问题更重要，因为解决问题也许仅是一个数学上或实验上的技能而已。”而提出新的问题、新的可能性，从新的角度去看旧的问题，都需要有创造性的想象力，而且标志着科学的真正进步。人教A版新课标教材也提出一个理念“看过问题三百个，不会解题也会问”②，将问题摆在比解题更突出的位置上。

诚然，我们做学问离不开前人的基础。要看得远，有赖于站在巨人的肩膀上。但我们不能永远都是跟着人家屁股跑，那将难以做出一流的成果。我们善于解决别人提供的问题，而鲜有中国人自己的猜想就是个例证。

（二）为何学生对数学既爱又恨？——掐头去尾烧中段，缺少与实际的联系

教育部师范司的一项调查表明③（表1），数学成为学生最喜欢的和最不喜欢的科目。为什么学生对数学既爱又恨呢？笔者认为，学习者难以看到数学活动的目的性是重要原因之一，总是认为学了数学没啥用处。在数学教育中，将数学与

---

① 佚名：《谁能猜出船长的年纪》，载《中学理科》2005年第4期，第30页。

② 彭上观：《看过问题三百个，不会解题也会问》，载《数学通报》2005年第6期，第16—18页。

③ 教育部基础教育司：《坚定不移实施素质教育，全面推进高中课程改革》，http://ahjks. cersp. com/px/516/2. ppt, 2006.

应用割裂开来的现象比较严重。在个别传统数学教材有意无意地突出数学的抽象性，使数学世界与现实世界有较大的距离。数学活动的目的性不易为学生所了解。例如①，要求初一的学生寻找几个满足条件“$a^2+b^2=c^2$”的一类数组时，学生往往只是单纯地把数组3、4、5等找出，想不到这些数组与直角三角形有关，更想不到它们的实用价值。在这一解题过程中，学生参与数学活动的目的性自然是不够明确的。在一些调查中也发现，学生很难回答“数学有何用”这一问题。不了解数学的作用而对数学学习失去学习兴趣，为应付考试而采取死记硬背的方法来学习数学，由此而导致学生学不懂，成绩差的案例屡见不鲜。甚至因为数学难学，在一定程度上充当了学生辍学“撒手锏”的作用。

表1　学生对学科课程的具体感受

最喜欢的	外语、数学、体育、信息技术
最不喜欢的	政治、物理、数学、外语
压力很大的	数学、物理、外语、化学
实用性最差的	政治、历史、美术、数学
内容偏多的	数学、物理、政治、历史
内容太难的	物理、数学、化学、外语

值得关注的是，随着高中数学新课程标准的颁布实施，数学教育界已经意识到我国的数学教育（包括大学数学教育）在很长一段时间里对于数学与实际的联系未能给予充分的重视的问题。而20世纪下半叶以来，数学应用的巨大发展是数学发展的显著特征之一。当今知识经济时代，数学正在从幕后走向台前，数学和计算机技术的结合使得数学能够在许多方面直接为社会创造价值，同时，也为数学发展开拓了广阔的前景。高中新课标中提倡大力加强在数学应用和联系实际方面，力求使学生体验数学在解决实际问题中的作用、数学与日常生活及其他学科的联系，感受数学的实用价值，促进学生逐步形成和发展数学应用意识，提高实践能力。

（三）为何学习内容只对考试有用？——家长疑虑：学习对工作生活作用甚微

过分的应试倾向，使得我们的教育限于某种困境。甚至社会上曾有这样的言

① 苏式冬：《教学改革探索录》，广东教育出版社2007年版，第195页。

论[①]："我的孩子也不是不用功的人，从上学开始，他几乎没有多少休息的时间，特别是进入高中后，孩子几乎没有一天休息过。我们觉得供孩子读书很苦，而孩子觉得更苦，但考不上大学，这么多年的辛劳岂不是白费了吗?！邻居家的孩子高考失败后便开始工作，他说所学的知识对他的生活和工作没有任何可用之处。其实，如果孩子在学校里学习的知识对他本人的生活和工作没有价值，我们也就不再要求孩子一定上大学了。但是，现在学习的知识只是对考大学有用，对孩子的生活和工作没用，所以，如果孩子考不上大学我们一家的努力都前功尽弃了，孩子也变成了一个'废人'，我们心不甘呐。"也曾有企业人事经理表示："这几年做企业人事工作，我感触最深的是应聘的人才似乎'满腹经纶'，但却一无是处。他们只会做题，应付考试，或者复述书本上的东西，一旦遇到实际问题就不知道如何解决了；换言之，他们既没有'活学'，更不会'活用'，知识对他们来说实际上是一种负担。"

虽然上述言论未免偏激了一点，但确实应当值得我们深思。它从一个侧面反映了我们当前的教育，包括数学教育在内，过分重视应试的一些恶果：有些时候没有让学生真正掌握到学科精髓，以及其中蕴涵的思想方法，只是学会了做题。

三、反思：解题是学习数学的一种是重要手段，但绝对不是目的

（一）数学院士的视角：学数学的目的既不是解题也不是定义定理

早在2003年，中科院院士李大潜先生就指出[②]："学数学的目的，既不是解题，也不是定义定理。"如果将数学教学仅仅看成是一般数学知识的传授（特别是那种照本宣科式的传授），那么即使包罗了再多的定理和公式，可能仍免不了沦为一堆僵死的教条，难以发挥作用；而掌握了数学的思想方法和精神实质，就可以由不多的几个公式演绎出千变万化的生动结论，显示出无穷无尽的威力。

无数的实践证明，许多在实际工作中成功地应用了数学，并取得相当突出成绩的数学毕业生都有这样的体会：在工作中真正需要用到的具体数学分支学科，具体的数学定理、公式和结论，其实并不很多，学校里学过的一大堆数学知识很多都似乎没有派上什么用处。但所受的数学训练，所领会的数学思想和精神，却无时无刻不在发挥着积极的作用，成为取得成功的最重要的因素。因此，如果仅仅将数学作为知识来学习，甚至只是把学数学看成了学解题，而忽略了数学思想

① 钟启泉、崔允漷：《新课程的理念与创新（师范生读本）》，高等教育出版社2003年版，第44页。

② 李大潜：《学数学目的不在定理和公式》，《光明日报》2003年6月4日。

对学生的熏陶及学生数学素质的提高，就失去了开设数学课程的意义。

（二）课程标准的视角：数学教学的基本目标是促进学生的发展

既然学数学的目的，既不是解题，也不是定义定理，哪是什么？《高中数学课程标准课标解读》将数学教育的目的界定为[①]：“数学的价值是多方面的，数学教育应努力全面体现数学的价值，使学生掌握数学的基础知识、基本技能，体会数学的基本思想；使学生表达清晰，思考有条理；使学生具有实事求是的态度和锲而不舍的精神；使学生学会用数学的思考方式解决问题、认识世界。”用一句话来说，就是学会用数学的方式来思考问题、解决问题。

（三）教育本质的视角：数学教育的本质是学完后的遗留物

教育家斯金纳（B. F. Skinner）曾说：“如果我们将学过的东西忘得一干二净时，最后剩下来的东西就是教育的本质了。”所谓“剩下来的东西”，就数学教育而言，北京大学附中特级教师张思明老师做了很好的阐释[②]：“作为数学教师，我觉得好的教学成果并不一定是课堂上直接教给学生的知识、公式、定理、算法本身，而常常体现在学生经过遗忘后所剩的那些东西上。”在这些“沉淀物”中更多的将是：怎样提出问题、怎样发现问题、怎样做学问、怎样面对困难和挑战、怎样利用信息、怎样寻求帮助……我不企盼每个学生都成为数学家，但若能通过我的教学使学生们有一种在生活、工作、学习中应用数学去思考的观念和习惯，通过我教他们在课内外创设的“微科研”环境，使他们得以培养一种勤奋求实、不断创新进取的精神，他们自身和我们的国家将受益无穷。

数学教育本质上是一种素质教育，使学生不仅知道许多重要的数学概念、方法和结论，而且领会到数学的精神实质和思想方法，这应该是数学教育努力追求的目标，也是衡量数学教学的成效与优劣的最根本的依据。

总而言之，学数学离不开解题，但解题不是学数学的目的。数学教育不能仅仅限于老师讲题、学生做题，而要创造一种环境，使学生身临其境地介入数学的发现或创造过程（仿真的也好），鼓励并推动学生解决一些理论或实际的问题。这些问题没有现成的答案，没有固定的方法，没有指定的参考书，没有规定的数学工具，甚至也没有成型的数学问题。主要靠学生独立思考、反复钻研并相互切磋，去形成相应的数学问题，进而分析问题的特点，寻求解决问题的方法，得到

---

① 严士健等：《高中数学课程标准（实验）解读》，江苏教育出版社2004年版，第302页。

② 教育部师范教育司组编：《张思明与数学课题学习》，北京师范大学出版社2006年版，第1页。

有关的结论，并判断结论的对错与优劣。让学生亲口尝一尝梨子的滋味吧，让学生亲身去体验一下数学创造的过程吧，否则，培养学生的创新精神，仍不免是一句空话！

本文作者：彭上观，吴丕进（广东吴川市振文中学）。

类似可得吗[①]

在平时的教学实践，或者在阅读有关的数学文献时，“类似可得”经常出现在某些问题的推理和证明中。但是，有些问题虽然“类似”，却未必“可得”[②]。如果我们只是看到问题表面的“类似”，就马上断定可以得到“类似”的结果，不免会犯错误。而且，对类似的问题，如果总是使用“类似可得”一带而过，缺乏对问题进行深入的探究，会引起思维的惰性，不利于学生数学思维能力的发展。

因而在数学教学中，对“类似可得”的问题，我们应当辩证地看，对某些“类似”的问题，经常反问一下真的“可得”吗？本文从“可得”与“不可得”两个方面对“类似”这个问题予以分析。

一、类似，未必可得——透过现象看本质

表面类似的东西，并不意味着其本质的一致，正如一位哲人说的那样“形式的差异，往往蕴涵着精神实质的一致，而表面的相似，倒可能掩蔽着内在不可调和的矛盾”。在数学的问题解决过程中，又何尝不是这样？有些问题从条件到结论都极其类似，这往往使我们误用同样的方法而使问题的解答出错[③]。

例1：在四边形 $ABCD$ 中，已知$\overrightarrow{AB}=\boldsymbol{a}$，$\overrightarrow{BC}=\boldsymbol{b}$，$\overrightarrow{CD}=\boldsymbol{c}$，$\overrightarrow{DA}=\boldsymbol{d}$，且 $\boldsymbol{a}\cdot\boldsymbol{b}=\boldsymbol{b}\cdot\boldsymbol{c}=\boldsymbol{c}\cdot\boldsymbol{d}=\boldsymbol{d}\cdot\boldsymbol{a}$，判断四边形 $ABCD$ 的形状。

该题出现在不少参考资料中。笔者也曾将该题作为一次平时测验中的一个试题。在阅卷中发现了以下两种不同的解法：

解法一：$\because \boldsymbol{a}+\boldsymbol{b}+\boldsymbol{c}+\boldsymbol{d}=\boldsymbol{0}$

$\therefore \boldsymbol{a}+\boldsymbol{b}=-(\boldsymbol{c}+\boldsymbol{d})$

$\therefore (\boldsymbol{a}+\boldsymbol{b})^2=(\boldsymbol{c}+\boldsymbol{d})^2$

即 $\boldsymbol{a}^2+2\boldsymbol{a}\cdot\boldsymbol{b}+\boldsymbol{b}^2=\boldsymbol{c}^2+2\boldsymbol{c}\cdot\boldsymbol{d}+\boldsymbol{d}^2$

而 $\boldsymbol{a}\cdot\boldsymbol{b}=\boldsymbol{c}\cdot\boldsymbol{d}$

---

① 本文原载于《数学教学》2004 年第 10 期，第 25—26、31 页。

② 冯寅：《在相似的数学命题中感觉潜在的差异》，载《数学教学》2003 年第 8 期，第 13—15 页。

③ 徐永忠：《剖析错因反思教学》，载《数学通报》2003 年第 10 期，第 23—24 页。

$\therefore a^2+b^2=c^2+d^2$①

同理可得

$a^2+d^2=b^2+c^2$②

①②两式相减得 $b^2=d^2$ 从而 $a^2=c^2$

故 $|b|=|d|$，$|a|=|c|$

类似可得 $|a|=|b|$，$|c|=|d|$

$\therefore$ 该四边形为菱形。

解法二：$\because a+b+c+d=0$　……（同解法一）

故　$|b|=|d|$，$|a|=|c|$

$\therefore$ 四边形 $ABCD$ 是平行四边形

$\therefore \overrightarrow{CD}=-\overrightarrow{AB}$，即 $c=-a$

由 $a\cdot b=b\cdot c$ 得 $a\cdot b=b\cdot(-a)=-a\cdot b$

即 $a\cdot b=0$

$\therefore \overrightarrow{AB}\perp\overrightarrow{CD}$

$\therefore$ 四边形 $ABCD$ 是矩形。

两种解法看起来都没什么问题。但结果却迥然不同：一个是菱形，一个是矩形，是其中一个错了？还是这个四边形既是菱形又是矩形（那么能证明该四边形为正方形）？仔细分析，可以发现解法一是错误的，问题就出在“类似可得 $|a|=|b|$，$|c|=|d|$”这一步。表面看来“$a\cdot b=b\cdot c=c\cdot d=d\cdot a$”的结构是对称的，由已知可得 $|b|=|d|$，$|a|=|c|$，但不能类似可得 $|a|=|b|$，$|c|=|d|$。

究其原因，主要是思维定式造成的。由于不少同学对以下这种情形比较熟悉：“在 $\triangle ABC$ 中，设 $\overrightarrow{BC}=a$，$\overrightarrow{CA}=b$，$\overrightarrow{AB}=c$，若 $a\cdot b=b\cdot c=c\cdot a$ 成立，判断 $\triangle ABC$ 的形状”（该三角形为正三角形）。不少同学认为在三角形中有 $a\cdot b=b\cdot c=c\cdot a$ 成立，能推出三边相等；类似的在四边形中有 $a\cdot b=b\cdot c=c\cdot d=d\cdot a$ 成立，也能推出四边相等，实际上并非如此。对类似的东西，我们要透过现象看清其本质。在平面内 $a\cdot b=b\cdot c=c\cdot a$ 成立，蕴涵了 a、b、c 这三个向量任意两个的数量积相等，但 $a\cdot b=b\cdot c=c\cdot d=d\cdot a$ 成立，并不说明 a、b、c、d 这四个向量的任意两个的数量积相等。我们再看回解法一，要想“类似可得 $|a|=|b|$，$|c|=|d|$”这个结论，要求“$a\cdot c=b\cdot d$”成立才得到 $a^2+c^2=b^2+d^2$，$a^2+d^2=b^2+c^2$，从而有 $|a|=|b|$，$|c|=|d|$。但题目条件并没有“$a\cdot c=b\cdot d$”，这正是解法一的错误所在。

二、类似可得——借助类比有利于学生的猜想、探究

数学教学中，经常会碰到一些问题，它们是很类似的。善于抓住类似的东西

进行深入的思考、比较，有时会得到意想不到的收获。同时类比有助于学生的猜想、探究能力的培养。高中数学课程标准明确指出：“归纳、类比是合情推理常用的方法。在解决问题的过程中，合情推理具有猜测和发现结论、探索和提供思路的作用，有助于创新意识的培养。”对类似的问题，在教学中教师可多方引导学生，敢于猜想，善于猜想，甚至可提出质疑。

例2：以下题目选自高中新教材第二册（上）①

①已知 a，b 是正数，且 $a\neq b$，求证 $a^3+b^3>a^2b+ab^2$。（第12页例3）

②已知 a，b 是正数，且 $a\neq b$，求证 $a^6+b^6>a^4b^2+a^2b^4$。（第16页习题3）

③已知 a，b 是不相等的两个正数，求证 $(a+b)(a^3+b^3)>(a^2+b^2)^2$。（第16页习题6）

通过以上题组的观察与思考，有不少学生提出如下的猜想：“已知 a，b，m，n 是正数，且 $a\neq b$，$m<n$，那么 $a^n+b^n>a^mb^{n-m}+a^{n-m}b^m$。”这是“类似可得”的结果，而且还可以引导学生自己给出证明。另外，许多数学规律、定理也是从“类似”得来的。比如，等差数列通项公式 $a_n=a_1+(n-1)d$ 的推导，就是由 $a_2=a_1+d$，$a_3=a_2+d$，$a_4=a_3+d$，……，类似可得 $a_n=a_1+(n-1)d$。当然，这种方法是不完全归纳的方法，其结果有时未必正确，可启发学生思考应该如何证明（以后用数学归纳法来证明）。

又如例1，有位同学由 $\boldsymbol{a}\cdot\boldsymbol{b}=\boldsymbol{b}\cdot\boldsymbol{c}=\boldsymbol{c}\cdot\boldsymbol{a}$ 得到△*ABC* 相邻两边所成的夹角相等，类似地想到，能否由 $\boldsymbol{a}\cdot\boldsymbol{b}=\boldsymbol{b}\cdot\boldsymbol{c}=\boldsymbol{c}\cdot\boldsymbol{d}=\boldsymbol{d}\cdot\boldsymbol{a}$ 得到四边形 *ABCD* 相邻两边的夹角也相等呢？从而给出以下非常巧妙的解法：

例*1* 的解法三：

设 $\boldsymbol{a}\cdot\boldsymbol{b}=\boldsymbol{b}\cdot\boldsymbol{c}=\boldsymbol{c}\cdot\boldsymbol{d}=\boldsymbol{d}\cdot\boldsymbol{a}=\boldsymbol{k}$，$\boldsymbol{a}$ 与 $\boldsymbol{b}$、$\boldsymbol{b}$ 与 $\boldsymbol{c}$、$\boldsymbol{c}$ 与 $\boldsymbol{d}$、$\boldsymbol{d}$ 与 $\boldsymbol{a}$ 的夹角分别为 $\boldsymbol{\theta}_1$，$\boldsymbol{\theta}_2$，$\boldsymbol{\theta}_3$，$\boldsymbol{\theta}_4$，下证 $k=0$。否则 $k>0$ 或 $k<0$，

①若 $k>0$，则 $\boldsymbol{\theta}_1$，$\boldsymbol{\theta}_2$，$\boldsymbol{\theta}_3$，$\boldsymbol{\theta}_4$ 均为锐角，$\therefore \boldsymbol{\theta}_1+\boldsymbol{\theta}_2+\boldsymbol{\theta}_3+\boldsymbol{\theta}_4<360°$，这与四边形外角和 $=360°$ 相矛盾；

①若 $k<0$，则 $\boldsymbol{\theta}_1$，$\boldsymbol{\theta}_2$，$\boldsymbol{\theta}_3$，$\boldsymbol{\theta}_4$ 均为钝角，$\therefore \boldsymbol{\theta}_1+\boldsymbol{\theta}_2+\boldsymbol{\theta}_3+\boldsymbol{\theta}_4>360°$，这也与四边形外角和 $=360°$ 相矛盾，故 $k=0$。

又∵ $\boldsymbol{a}$、$\boldsymbol{b}$、$\boldsymbol{c}$、$\boldsymbol{d}$ 均为非零向量，且 $\boldsymbol{a}\cdot\boldsymbol{b}=\boldsymbol{b}\cdot\boldsymbol{c}=\boldsymbol{c}\cdot\boldsymbol{d}=\boldsymbol{d}\cdot\boldsymbol{a}$

$\therefore \boldsymbol{\theta}_1=\boldsymbol{\theta}_2=\boldsymbol{\theta}_3=\boldsymbol{\theta}_4=90°$，因而四边形 *ABCD* 为矩形。

---

① 人民教育出版社中学数学室：《全日制普通高级中学教科书（试验修订本·必修）·数学（第二册·上）》，人民教育出版社2003年版。

三、类似是否可得——需用“演绎推理”来验证或举反例说明

数学发展的历史表明，合情推理和演绎推理在数学的发展中起了重要的作用。合情推理和演绎推理联系紧密、相辅相成。合情推理具有猜测和发现结论，探索和提供思路的作用①。而数学结论的正确性必须通过演绎推理（或逻辑证明）来完成。关于猜想，一个著名的例子是费马素数：$F_n=2^{2^n}+1$，其中 $n=0$，1，2，……。当年费马由 F_0、F_1、F_2、F_3、F_4都是素数，大胆猜想每个 F_n都是素数。但欧拉在1732年算出 $F_5=641\times6700417$，从而否定了“每个 F_n都是素数”的猜想。后来人们借助计算机，算出了更多的 F_n不是素数。可见，即使数学家做出的猜想有时也会犯错误的，但我们不能因此而否定猜想的作用。

在数学教学中，对类似的问题，尽量鼓励学生去猜想，去探索，敢于下一些新的结论（即使这些结论有时不一定正确）。新课程倡导研究性学习、探究学习，其目的就在于鼓励学生在学习过程中，养成积极探索的习惯。当然，这些由“类似”得来的东西是否“可得”，还值得作深入的思考。若仅仅局限于“类似可得”，没有对问题作出本质的分析，就会剥夺了学生独立思考、自由发挥的机会。其实，我们可以从以下两个方面来思考：如果结论是“可得”的，那么能否再前进一步，用演绎推理的方法给出证明？若“不可得”，能否举出反例，说明其不成立？

总之，对“类似”的问题，既要敢于猜想，也要对猜想作出反思。从类似中找到联系与区别，抓住问题的本质，从而找到解决问题的正确方法。

本文作者：彭上观，毕福明（华南师范大学附中）。

① 唐瑞芬：《数学教学理论选讲》，华东师范大学出版社2001年版。

高一学生数学学习困难的认知要素探析[①]

高一，是学生从初中到高中转变的一个关键期。在这期间，由于数学学科的特殊性，以及部分学生由于数学学习的方法、习惯、认知结构等方面的原因，在数学学习中，出现了不少困难。如何帮助数学学习困难的学生在转型期渡过难关，是值得关注的问题。本文结合笔者的教学实践，在与学生的访谈、多次测试、调查的基础上，从学生认知的角度，分析高一学生数学学习困难的成因，以期对数学学习困难的转化策略的选择提供一定的借鉴。

一、高一数学学习困难成因的认知要素分析

高一学生数学学习困难的成因是多方面的，从学生认知的角度来看，主要有以下几个方面：

（一）对数学问题理解肤浅、机械记忆

对数学学习困难的学生而言，一方面，他们面对数学问题不能深入领会其含义，而只能反复阅读文字符号进行记忆，这导致记忆不牢固，同时，也不能综合运用所学的数学知识；另一方面，他们感知材料时，孤立地看待各个数学元素，每个数学元素只是停留在具体的数字信息（如数据等）的知觉上，难从具体内容中摆脱或抽象出来，因而没有从真正意义上把握数学的概括性知识[②]。例如，对函数概念的理解，数学学习困难的学生停留在初中的一次、二次函数或者正、反比例函数的水平上，不能从具体的函数中抽象出函数的概念，如对符号“$y=f(x)$”的理解局限于具体的“x，y”，因而在解决诸如“若函数 $f(x)$ 的定义域为 $[2, 3]$，求函数 $f(2x-1)$ 的定义域”等问题时，就会将中 $f(x)$ 的 x 与 $f(2x-1)$ 中的 x 混为一谈。在一次测试中，有36.2%的学生把这两个函数中的 x 看作同一个，得到错误答案“$[3, 5]$”。

（二）数学知识储备不足

现代教育心理学家奥苏贝尔（David P. Ausubel）认为“学习者认知结构中具

① 本文原载于《数学教育（香港）》2005年第21卷第12期，第81—86页。

② 鲁献蓉：《数学学习困难学生的认知特点》，载《数学教育学报》1999年第4期，第55—58页。

备适当的观念”是有意义学习的条件之一①。而学生认知水平与相关的知识储备量是密切相关的。数学学习困难的学生，由于数学知识储备不足，从数学学习的角度看，若数学认知结构缺少与新知识相关的知识，则影响其后有关知识学习上的记忆能力、理解能力和思维能力，导致机械学习；反过来，机械学习又使得其学习的东西不够牢固；从数学教学的角度看，由于学生缺乏相应的知识储备，数学教学的效果“事倍功半”。例如，在高一数学学习中，解一元二次不等式是一个基本的内容，但数学学习困难者连一元二次方程的根都不会求（缺乏常见的代数变形、因式分解方法，求根公式记错等），因而在相应的问题解决中会遇到不少麻烦。又如：解不等式“$\frac{1}{x}<1$”。在调查中发现，有 43.3% 的学生解得“$x>1$”，这是由于对不等式的性质理解不到位，误认为“不等式两边同乘以一个数还是成立的”造成的。

（三）数学知识的组织程度低，缺少灵活的产生式

头脑中存在的知识并不意味着它得到有效的应用。事实上，足够的知识储备仅仅是问题解决的必要条件。数学学习困难者有时能记住或回忆起某个内容，但不能将之应用到有关的问题解决中，这说明他们的数学知识是零散的，数学知识之间没有建立起本质的联系，或建立的联系不够完善。可以设想：如果一座图书馆里面的书不经过编码、条理化，我们要找一本书是何等的困难！

另一方面，由于数学知识组织零乱，数学学习困难者头脑中缺乏与具体知识相对应的稳定的产生式（所谓产生式是指学习者在学习过程中，头脑里逐步积累了一系列以“如果……那么……”的形式表示的规则）。现代数学教育心理学认为：要顺利解决复杂的数学问题，问题解决者的认知结构中还应具备逆向产生式（以“要……就要……”的形式表示的规则）和变形产生式（即正向、逆向产生式的综合运用），而数学学习困难者在这方面显得严重不足。例如：对指数、对数的运算性质“$a^x \cdot a^y = a^{x+y}$，$\log_a MN = \log_a M + \log_a N$”，绝大部分学生都能理解，但在解决相关问题时却不会用。调查表明，“化简$\lg^2 5 + \lg 2 \cdot \lg 50 + 2^{1+\log_2 3}$”，竟然有 83.3% 的学生不能算得正确结果，这说明记住公式不等于会运用。

（四）数学知识表征不完善

表征是现代认识心理学的概念，它指的是知识或信息以什么样的形式储存于

---

① 何小亚：《数学学与教的心理学》，华南理工大学出版社 2003 年版，第 83 页。

大脑中。美国认知心理学家西蒙（H. Simon）① 认为："表征是问题解决的一个中心环节。它说明问题在头脑里是如何呈现，如何表现出来。"数学学习困难的学生，头脑中的数学知识往往是堆积的、罗列的，缺乏组织程度高的知识结构，因而难以完善地将问题表现出来，从而成为其解决数学问题的一大障碍。一般说来，表征问题有内部表征与外部表征两种形式。内部表征，是指在头脑中考虑问题，它依赖于问题解决者的知识和经验，也受注意、感知、记忆等心理过程的制约；而外部表征，即把问题用图形、表格、模型等外部形式表示出来。根据笔者长期与学生访谈的结果表明，数学学习困难者之所以在问题解决中遇到或这或那的困难，在很大程度上是由于他们不会将相关问题表征出来。例如，在一次测试中，对问题"已知甲：$3^{-|x|}-\frac{1}{3}>0$，乙：$0.1^{\lg x^2}>1$，则甲是乙的什么条件？A、充分不必要，B、必要不充分，C、充分且必要，D、既不充分也不必要"，结果如下：选B、C、D所占的比例分别为20.7%、31.0%、22.4%，而回答正确的只占25.9%。究其原因，最主要是没理解好指数、对数的含义，不会将它们表征成同底的指、对数式，或者对1，0的变换（如$1=0.1^0$，$0=\lg 1$）无所适从。

（五）反思监控能力弱

数学学习困难的学生，在数学学习、问题解决中，往往不明白自己的问题出在哪里，不清楚如何改进自己的数学学习，因而即使学习很努力，学习效果却不理想。这是由于缺乏对数学学习的有效反思、监控引起的。"就题论题，缺少对题目深入的研究"，是高一学生数学学习困难的常见毛病之一。针对这个问题，笔者在教学实践中，对学生的作业实行"三步要求"的做法，即：第一步，先写解题的思路，以及有哪些可能的解决途径；第二步，选择自己擅长的一种解法详细书写出来；第三步，解题后的归纳总结，包括解该题（该类型题）用到的方法？条件、结论变化一下后会如何，其他的发现、体会、感想、一些疑难问题，等等。

调查表明，83.5%的学生在刚开始时不习惯"三步要求"的做法，因为初中以前都只需要做第二步（即写出详细解答）就行了。从最近几次测试的情况来看，能自觉对自己的数学学习作出反思的学生，其学习效果均比较理想。部分数学学习困难的学生，逐步尝到了在解题前、后对自己的想法进行反思的甜头。但是，也有近15%的学生不但没有按照三步要求来做，而且解题过程太简略，或者表达颠三倒四，逻辑混乱。如，"已知a^2，b^2，c^2成等差数列（公差不为0）

---

① ［美］H. Simon：《人类的认知：思维的信息加工理论》，科学出版社1986年版，第116页。

求证：$\frac{1}{b+c}$，$\frac{1}{c+a}$，$\frac{1}{a+b}$也成等差数列”（人教版2003版·高一教材第136页复习参考题7）。本来应该由“$2b^2=a^2+c^2\Rightarrow 2\frac{1}{c+a}=\frac{1}{b+c}+\frac{1}{a+b}$”，但是，有33.4%的学生表达时却写成了“$2\frac{1}{c+a}=\frac{1}{b+c}+\frac{1}{a+b}\Rightarrow 2b^2=a^2+c^2$”，将条件与结论的充分性、必要性弄反了。

二、转化数学学习困难的几点做法

基于以上的认识，笔者在教学中采取了如下的一些措施，对转化数学学习困难收到了一定的效果：

（一）激发学习兴趣，树立数学学习信心

俗话说，兴趣是最好的老师。而数学学习兴趣的低落是学生感觉到学习困难的重要原因，因此激发学生的数学学习兴趣是很重要的。在教学实践中，可以通过有意识地揭示数学知识的来源和应用，激发学习兴趣；其次，要善于激疑，引发学生的认知冲突、创设愤悱状态，引起其学习的需要；再次，善于鼓励和帮助“数困生”，让他们尝试到成功的甜头。有兴趣、有信心，是学生数学认知发展的一个先决条件。

（二）注意创设问题情景，让学生了解知识的来龙去脉

恰当的情景，让学生了解知识的来龙去脉，有助于学生加深对相关问题的认识。对新的概念、定理，尽可能从具体实例出发，展现数学知识的发生、发展过程，让学生经历数学发现和创造的过程。也可从正、反两方面例子让学生加深对相关知识的理解，避免机械记忆。

（三）及时了解学生的知识缺陷，采取针对性的补救措施

教师可以通过提问、作业、测验、个别访谈、调查等方式去了解学生是否具备了相关的观念。例如在讲解一元二次不等式的解法等内容时，了解学生对代数变形、因式分解、方程的解法等内容是否理解与掌握，教师对学生的这些情况了解之后，就可以通过“小步子”“蚂蚁搬家”的方式将难点分散、突破。在突破难点的教学过程中，教师注意启发学生暴露思维过程，让学生有思考的余地。从而对新的知识进行加工、理解和储存，使知识结构和学生的认知结构达到有效的整合。这样，建构缺少的观念，明晰模糊的观念，强化已有的观念，让学生的数学认知结构逐步完善。

（四）在教学中关注不同知识之间的联系

既注意数学不同内容之间的联系，也不忽视数学与其它学科之间的联系。如采用章节的知识结构图，对所学的数学知识进行归纳总结；或者对某些类似的内容进行辨析、对比，让学生弄清异同，发现联系。同时，也经常引导学生从实际生活中，从物理、化学等邻近学科思考它们与数学的联系。这样有助于学生建构良好的知识结构网络，从而在问题的解决中应用自如。

（五）重视认知在数学学习中的作用

让学生经常对自己的数学学习进行反思。例如在作业、测试中发现的问题，先让学生自己纠正，找出错误的原因，然后老师再作讲解。又如，本文所提的作业“三步要求”，让学生在作业详细解答前、后可思考如下一些问题：如何一题多解，寻找最优解法；问题解答后，对解题过程和结果进行反思，可否对问题进行引申和推广；如何一题多变、一图多画、一法多用、一题多思；等等。另外，对“数困生”也应当适当地加强学法指导，引导“数困生”根据自己的特点，寻找、设计适合自己的学习方法，培养终身学习的潜能。

正如美国现代教育心理学家沃而福克（Anita E. Woolfolk）所指出的“认知因素是在能力和努力之外影响学业的另一因素”①。对高一学生而言，处于初中到高中的转型期，学生学习心理的个性差异，学生数学认知结构与数学知识结构的差距，都会成为学生学习数学的障碍。因而，在教学实践中，如何找准不同的学生在数学学习中的具体困难，并有针对性的采取相应的教学策略，是有待我们数学教育工作者继续探讨的课题。

［致谢］本文撰写过程中得到王林全老师和罗碎海老师的悉心指导，在此深表谢意！

本文作者：彭上观，林辉（广东佛山市南海中学）。

---

① 转引自袁贤琼：《关于认知风格与数学解题的调查研究》，载《数学通报》2001 年第 1 期，第 8 页。详细内容请参阅（美）Anita E. Woolfolk . Educational Psychology［M］. Allyn and Bacon，1992.

下编　教材研究

教材是实现课程目标、实施教学的重要资源。教材又是学生获取知识的主要来源和教师教学的主要依据。教材的编写和使用历来受到人们的重视。从某种意义上来说，课程改革最终通过教师“教什么”和“如何教”，以及学生“学什么”和“如何学”来实现的。

纵观中外教育改革，无不把课程教材改革放在突出的位置。因而，研究教材的编写与使用，既具有完善教育教学改革的理论意义，也具有很强的现实意义和实践价值。

本编收录的是笔者在探索数学教育教材编写和使用过程中的收获与体会，有文本的比较研究，有案例的分析，也有调查研究，从不同的视角，对教材的编写与使用提出思考和建议。

高中数学新课标实验教材使用情况的调查分析①

一、问题的提出

普通高中数学课程标准实验教材从2004年9月起在广东、山东、宁夏、海南等四个省区铺开使用。新课标编写的教材，在实验区的使用情况如何？在反映新课标的要求上做得怎样？实验区师生有何反映？带着这些问题，笔者在广东若干地方和学校进行了较广泛的调查；了解师生对新教材的看法，为新课标、新教材的完善，为高中数学课程改革的深入发展提供一点借鉴。本文根据对教师进行的问卷调查予以分析。

二、调查的实施

调查的工具：从高中新教材对新课标理念的贯彻及新教材编写特点出发，设置了19个问题，其中5个为开放性问题，其余14个为选择题。问题的范围包括问题设置、习题设置、数学知识的形成过程、数学的应用、数学文化、信息技术的应用、学生的变化等几个方面。

调查的实施：利用广州市高中数学新教材教师培训暨教学研讨活动（2004年12月17日）的机会，对广州市160多名高一数学教师进行了调查，另外在2004年11月至12月，对东莞（东莞中学等）、深圳（深圳中学、外国语学校、红岭中学等）、吴川（一中、二中、三中等）等地的高一数学老师进行了问卷调查，并对部分教师进行了访谈。调查涉及的对象既有重点中学的又有普通中学的，既有城市中学的又有农村中学的；从地区来看，既有经济发达的珠三角地区，又有相对落后的粤西地区。涉及的教材有：人教A版②、北师大版③、江苏

---

① 本文原载于《数学教育学报》2005年第14卷第4期，第41—43页。

② 刘绍学：《普通高中课程标准实验教科书·数学1（必修）（A版）》，人民教育出版社2004年版。

③ 严士健等：《普通高中课程标准实验教科书·数学1（必修）》，北京师范大学出版社2004年版。

版[①]三个版本，涉及的内容主要为必修模块的《数学 1》。

数据的处理：本次调查共发出问卷 225 份，收回问卷 214 份，有效问卷 206 份，回收率 95.1%，有效率 96.2%。对数据采用 SPSS11.0 软件进行统计分析。

三、调查的结果与分析

根据问卷调查以及对教师的访谈，得到以下几个方面的结果。

（一）关于教材的问题设置

“问题是数学的心脏。”美国数学家哈尔莫斯（P. R. Halmos）的上述名言已为广大师生所知晓。强调“问题性”是新课标和新教材的一个重大变化。问题由思考所产生，又是更深入思考的开始，“有问题”也是创造的起点。调查结果表明，在回答“你认为新教材（《数学 1》）在问题设置方面能否引起学生的广泛参与？”时，27.6% 的人认为“大部分能”，64.7% 的人认为“有些问题能”，7.8% 的人认为“大部分不能”。而对新教材所提供的问题，是否符合学生的实际及学生的认知水平呢？83.3% 的人认为“很符合”或“基本符合”，16.7% 的人表示“不符合”。可见，大部分教师认可新教材在问题设置上的做法，认为新教材所提的问题能引起学生参与，且基本符合学生认知水平。

（二）关于课后的习题设置

跟以往教材相比，新教材的习题设置在题量、题型、难度等方面有不少改进。关于新教材的题量方面：61.2% 的教师认为新教材的题量适中，17.2% 认为太多了，17.3% 认为太少了。关于题型方面：56.1% 的人认为题型丰富、多样，16.7% 的人认为题型单一，27.2% 的人认为跟老教材差不多。访谈中了解到，不少教师认为“习题的开放性还不够”“如果能在每一小节留下若干研究性问题让学生探讨，对培养学生合作意识、开拓思维更有好处”。

师生反映意见较强烈的是习题的难度问题。51.1% 的教师认为习题“太难了”，40.2% 的教师认为难度“适中”，8.7% 的认为“太容易了”。访谈中不少教师认为，“新教材的习题对中等或中等偏下的学校的学生来说，难度比较大”。教材习题的难度问题主要表现在：①习题的难度比例题的难度大，导致学生普遍感到“上课时听懂但不会做习题”。②习题中有些涉及没有学过的内容，教师很难把握是否需要补充教这些内容。③虽然各版新教材都将习题分层，如 A 组、

① 单墫：《普通高中课程标准实验教科书·数学 1（必修）》，江苏教育出版社 2004 年版。

B组（或有C组），但习题的难易分布不当。有时A组已经出现难题，而有时B组或C组的题却很简单。④习题难度无法适应多层次学生的需要，教师与学生选择的余地不够大。可见，新教材的习题难度有待调整。

（三）关于数学知识的形成过程以及数学知识的应用方面

高中新课标明确指出，“高中数学课程应提供基本内容的实际背景，反映数学的应用价值”①。数学新教材在体现数学概念、法则、结论的发生发展过程方面，23.2%的教师认为做得很好，36.3%认为做得较好，22.6%认为做得一般，12.5%认为做得差，5.4%认为做得较差。可见大部分（80%以上）教师对新教材重视知识的发生、发展过程是认可的。广州部分教师表示，“跟旧教材相比，新教材用学生生活中的例子引出所要学习的内容，让学生了解知识的来源，学生感觉更可亲、可信”。

新教材通过以下途径展示数学与现实生活的联系：一是通过具体实例引入概念、呈现命题；二是重视数学知识在现实生活、生产中的应用。对新教材中用来引入的例子，教师的看法是：34.5%的人认为“足够多了，切合学生的实际”，46.9%的人认为“改编一下即可”，7.1%的人认为“根本不合用，须按教学的需要重新编拟例子”。教师们反映，新教材的问题侧重于大城市的实际，而能贴近农村、特别是偏远山区实际的例子不多。用一位老师的话说，“显然，新教材是给大城市的学生使用的（有点过激，但是也有不少老师有这种说法）”。

另外，在回答“你认为高中新教材（《数学1》）对数学应用方面的重视程度如何?”78.8%的人认为比较重视，15.9%的人认为一般重视，2.7%的人认为重视不够，2.7%的人认为偏离实际。教师们普遍认为，新教材对数学的应用比以前重视了许多，但难度大了一些，主要表现在：①让学生感兴趣的应用题不多。编者很想靠近实际生活，但学生毕竟在高一年级，缺少相关的背景知识，即“编者的重视与学生的重视存在相当的一段距离”。②大部分应用题或者数学建模题需要用到计算机或者计算器才能完成。这本来是一件好事，无奈不少地区的技术设施跟不上，在实施过程中不好操作。不少老师提出了他们的困惑：“部分与信息技术联系紧密的内容该如何处理?如函数与方程，需用计算器，学生没有，老师也没有，怎么办?”另外，老师们建议：根据时代的发展，提供一些新颖的应用题；教材的应用问题应考虑到学生的水平是参差不齐的，即应反映不同背景学生的经验。

---

① 教育部：《普通高中数学课程标准（实验）》，人民教育出版社2003年版。

（四）关于数学文化方面

高中数学新课标将数学看成“人类文化的重要组成部分”，并指出“数学课程应帮助学生了解数学在人类文明发展中的作用，逐步形成正确的数学观”①。调查结果显示：“你认为高中新教材（《数学1》）在体现数学文化方面做得如何?”80.2%的教师认为“很好”或“较好”。另外在回答开放问题“与传统教材相比，你觉得高中数学新教材最大的变化在哪里”时，有35.0%的教师认为新教材“重视体现人文精神”“在介绍数学文化、人物、历史方面花了更多功夫”，这是高中数学新教材的一大变化。

实际上，新教材采用了多种形式渗透数学的文化价值。以《数学1》为例，北师大版单独列了5个阅读材料供同学们在课外学习，在附录2中提供了“信息检索网址导引”，方便师生查找资料；人教A版安排了4个“阅读与思考”，为同学们提供素材。同时在边框空白处对课文相关的背景知识进行介绍，如恩格尔系数（第18页）、烟花设计的最佳效果（第36页）、胃酸中氢离子浓度（第84页）等；江苏版除了“阅读”栏目外，还在正文的内容中渗透相关的人物、事件等，特别是在习题中设置了“阅读题”、“写作题”，为学生领会数学的文化价值提供了平台，如“用集合的语言介绍你自己”（第17页）、“通过调查，了解数学模型在生产、生活中的应用”（第89页）等。这样学生通过自己的思考、体会，从中得到数学文化的熏陶。

（五）关于信息技术的应用方面

“注重信息技术与数学课程的整合”是高中新课标提倡的理念。究竟教师在使用数学新教材时，信息技术的使用情况如何？调查结果显示，22.6%的教师表示“上课时经常使用”（其中14.8%表示“效果很好”，7.8%表示“效果不好”），“偶尔使用”的占52.2%，“从来不用”的占5.2%，而“想用，但没有相关设备，或者相关操作不熟练”也占了20.0%。访谈中，教师们表示“设计课件的工作量太大了，特别是数学课，用信息技术备课所花的时间是传统备课的3～4倍”。可见，如何让教师方便、有效地实现信息技术与数学内容的整合，还有待进一步的摸索。

在使用的软件或者工具中，用得最普遍的是PowerPoint和几何画板，教师在教学中有使用过上述软件的分别占85.2%和83.9%。访谈中了解到，大部分教师希望提供与教材配套的课件资源。在这方面，人教版做得相对好一些，人教网

---

① 吕林海：《关于数学新课程中教材编写的理论透视与建议》，载《数学通报》2004年第11期，第6—9页。

(http://www.pep.com.cn) 提供了与教材配套的课件。但从调查来看，这些课件的利用率也不高。在回答“网上（如人教网等）提供了一些教材配套的课件材料，你的使用情况是（　　）?”时，“全部都用过”的占1.7%，“知道有这么一回事，但没有用过”的占27.8%，“偶尔用一下”的占47.0%，“根本不知道这回事”的占23.5%，可见，教师使用信息技术的能力有较大的提升空间。

（六）关于学生数学学习变化方面

“丰富学生的学习方式、改进学生的学习方法是高中数学课程追求的基本理念”，数学学习不应局限于记忆、模仿和接受。独立思考、自主探索、动手实践、合作交流、阅读自学等都是数学学习的重要方式[①]。那么，“在新教材的使用中，学生的哪些方面发生了变化呢?”调查结果如下（按变化程度最大的为序）：课堂气氛活跃（28.1%）、自主学习能力提高（25.5%）、合作精神增强（18.9%）、敢于发表不同的意见（15.7%）、学习兴趣提高（11.6%）等。可见，新教材给学生的数学学习带来了一些可喜的变化。访谈中有教师反映，“学生自主学习的欲望比较强，但限于教学时间，有时候没办法给学生充分考虑的时间”；也有部分教师认为新教材“使得不同层次的学生学习差异更大了，即两极分化严重”；另外，有教师提出“新教材的编写，应当让原来对数学不感兴趣的学生也对数学感兴趣”。这确实是值得我们深入探讨的一个问题。

（七）关于教材的满意程度

编写高中数学新教材，编者们花了很多时间和心血，新教材是集体辛勤劳动的结晶。那么，广大教师对新教材的有何看法?“就《数学1》而言，你对数学新教材的满意程度如何?”调查结果如下：

满意程度	很满意	比较满意	一般满意	不满意	很不满意
占比/%	0	23.9	61.1	13.1	1.9

从上表可以看出，没有选择“很满意”的，而对教材不满意和很不满意两类共占15.0%。如果采用5级量表的赋值方法给新教材打分，用5分表示“很满意”，依次递减，1分表示“很不满意”。结果显示，教师对新教材满意程度得分为3.01分，即大部分教师对教材是“一般满意”，仅仅处于“及格”水平。可见，数学新教材还有待各方共同努力，使之得以逐步改进、完善。

---

① 周仕荣、唐振松：《新课程理念下初中生数学学习情况的调查与分析》，载《数学教育学报》2003年第12卷第4期，第24—26页。

四、问题讨论与建议

被调查的教师以认真的态度，对新教材提出了不少意见和建议。

（一）加强与新教材相关资源的建设

不少老师反映很难找到与新教材配套的资源（如配套练习，与教材同步的课件等），教材的某些习题难度与例题差异过大，“学完例题，很多学生不会做习题”①，这在某种程度上打击了学生学习数学的积极性。因而加强开发与新教材配套的资源势在必行。建议组织专家（或部分学校）共同开发、组建教学资源库，如“课件库”等，供教师们下载，实现教学资源共享，减轻教师“什么东西都要自己做”的麻烦。这样，他们可以腾出更多的时间在教学和科研上。

（二）多举办新课程研习及示范课，加强对教学的指导

访谈发现，不少教师对数学教学内容的难度把握不准。如“有些教学内容，教材只是给出了结论，没有推导或推证的过程，我们要不要讲?”“课堂教学中是严格按照教材的内容进行，还是做一些补充? 若要补充，补充哪些知识?”“新教材的习题设置大部分保留了旧教材的痕迹，有些用到旧教材的公式，这些习题是否反映新课标的精神?”等等。

可见，教师们希望对教材相关内容的要求、难度等更明确一些，希望能得到具体的教学指导。诸如经常举办新课程的教研活动，组织优秀教师上一些示范课供其他教师观摩学习，请教材的编者对新教材的编写意图以及教学中如何贯彻新课标的理念，等等。因而，教材编者和教研人员要想教师所想，积极组织教研活动，适应教师们的教学需要。

（三）适当调整课程内容的进度，以缓解内容多与课时紧的矛盾

教材内容多与课时少的矛盾是教师反映最为强烈的问题。按新课标规定每周 4 个课时，实际上大部分学校都开了 5 个课时，有的甚至开 6 个课时，但仍然感觉到不易教完教材的内容。调查表明，80% 以上的教师认为不能在规定的时间内完成教学要求。他们表示，即使能在规定时间内完成，学生掌握得也不好。有老师说：“初中和大学的内容都往高中压，高中能吃得消吗?”跟以往相比，现在一个学期学两本必修，高一年级就要学 4 本必修，教师普遍认为课程内容一下子

---

① 宋晓平:《西北地区新数学课程实验跟踪调查研究》，载《数学教育学报》2003 年第 12 卷第 3 期，第 55—59 页。

增加太多了，学生负担太重，对基础知识的理解却如“蜻蜓点水”，学得不深入，掌握不牢固。

考虑到学生刚刚升上高一，课程科目多，难度比初中大。建议第一学期开设的必修课少一些。比如说，第一学期改为只开设《数学1》，而另外4个必修放到高一下学期和高二上学期。这样使得学生有充足的时间来适应高中的数学学习，同时对所学的内容有理解、消化的时间。

五、结语

教材是实施新课程的重要资源。而新教材的建设是一项长期的系统工程。新教材怎样才能落实新理念？如何才能有效地完成课程标准规定的教学内容？在教学中应该如何引导学生？……这些都需要我们在实践中不断的探索。总之，在教学过程中，既要充分利用教材的积极因素，又要及时发现新教材的问题，指出其中的不足，为数学新教材的进一步完善出谋献策，为新一轮数学课程改革做出贡献。

［致谢］在本文写作过程中，得到恩师王林全教授的悉心指导；在调查中得到许世红（广州市教育局教研室）、罗华（华南师大附中）、周伟锋（广州四中）、李伟群（广州四中）、刘护灵（广州五中）、庞进发（东莞中学）、汪正良（深圳红岭中学）、袁智斌（深圳外国语学校）、林秋红（吴川一中）、廖婉雁（广雅中学）、钟华（广东旅游职业学校）、岳卫涛（惠州一中）等老师的大力帮助，以及相关学校师生的积极配合，在此一并致谢！

本文系教育部教育科学“十五”规划重点课题《数学课程论的理论与实践》（编号DHB010652）的阶段性研究成果。

本文作者：彭上观。

高一数学新教材使用情况的调查研究①

2004 年 9 月，普通高中数学课程标准实验教材开始在广东、山东、宁夏、海南等四个省区进行实验。这些教材，能否反映课程标准的精神？使用效果如何？带着这些问题，笔者在广东若干城市和学校，对 2500 多名学生进行了调查，力求反映学生的看法，为新课标、新教材的完善提供一点借鉴。本文主要根据对学生进行的问卷调查予以分析。

一、调查的基本情况

（一）问卷的设计

从高一新教材对新课标理念的贯彻及新教材的编写特点出发，设置了 20 个问题，其中 4 个为开放性问题，其余 16 个为选择题。主要包括学生对新教材的看法（数学知识的形成过程、数学的应用、数学文化、习题设置等）、信息技术的使用、学习方式、情感态度的变化、学习的负担、对教材的满意程度等方面。

（二）调查的实施

2004 年 11 月初至 12 月底，对广州（华南师大附中、广州四中、广州五中等）、东莞（东莞中学等）、深圳（深圳中学、外国语学校、红岭中学等）等地的高一学生进行了问卷调查，并组织部分学生进行了访谈。调查涉及的对象既有重点中学的又有普通中学的，涉及的教材有人教 A 版、北师大版、江苏版三种版本，涉及的内容主要为必修模块的《数学 1》。

（三）数据的处理

本次调查共发出问卷 2510 份，收回问卷 2261 份，有效问卷 2146 份，回收率 90.1%，有效率 94.9%。对收集的数据采用 SPSS11.0 软件进行统计分析。

二、调查的主要结果与分析

综合问卷调查以及对学生的访谈，得到以下几个方面的结果：

① 本文原载于《中学数学教学参考》2005 年第 7 期，第 27—30 页。

（一）学生对新教材总体上表示满意

新教材是教材编者们集体辛勤劳作的结果。教材编写是否符合学生的实际，学生是最有发言权的。就《数学1》而言，学生对新教材的评价如下：

满意程度	很满意	比较满意	一般满意	不满意	很不满意
占比/%	0.6	24.5	53.1	16.9	4.9

从上表可以看出，有近80%的学生表示满意，有21.8%的学生表示“不满意”或者“很不满意”。可见，虽然新教材总体上是得到学生的认可，但还有待各方共同努力，使之在实践中不断的修订完善。

（二）学生对新教材的具体看法

1. 学生认为教材重视数学知识的背景、来源

高中数学新课标要求“高中数学课程应提供基本内容的实际背景，反映数学的应用价值”①。调查发现，18.1%的学生认为新教材在讲解相关知识的背景、来源方面做得“很好”，63.4%的学生认为“一般”，9.6%的学生认为“差”，8.9%的学生认为“较差”。可见，大部分学生认为教材重视数学知识的背景、来源。另据部分学生反映，教材在某些公式的推导，某些内容的讲解方面过于简略。不同的学生其需求是不一样的，例如，一些虽然课程标准中不要求学生掌握的内容，部分学生还想深究，教材有必要为这部分学生提供选择的素材。

2. 学生对数学知识的应用“既爱又恨”

数学应用的巨大发展是20世纪下半叶以来数学发展的显著特征之一。高中数学课程标准也明确指出，高中数学在数学应用和联系实际方面需要大力加强。调查结果显示，“新教材在理论联系实际（如生产、生活实际等）方面”，18.1%的学生认为做得“很好”，63.4%的学生认为“一般”，9.6%的学生认为“差”，8.9%的学生认为“较差”，可见大部分学生对新教材在联系实际方面表示认同。

在与学生访谈时发现，不少学生对数学不感兴趣的原因之一是“学了这些东西不知道有什么用”或者说“不知道如何运用所学的数学知识”，这也是长期以来数学教育“掐头去尾烧中段”的弊端②。调查结果也印证了这一点：81.3%的

---

① 教育部：《普通高中数学课程标准（实验）》，人民教育出版社2003年版，第2—5，107—120页。

② 王林全等：《高中数学新课程实验与探索（上册）》，高等教育出版社2004年版，第2—12页。

学生表示在新教材中最感兴趣的栏目是“数学建模（数学应用）”，原因是能联系到实际生活，能从中感受到学习数学的乐趣；同时，有 76.5% 的学生表示“数学建模（函数的应用）”部分学习起来比较困难，主要表现在：①阅读理解能力差，不明白所提供的问题情境。②不会建立数学模型，即难以将实际问题数学化。可见，大部分学生对数学建模（数学应用）的态度是“既爱又恨”。学生普遍希望自己所学的知识能与生活知识结合，教材所选的例子应是大部分学生所熟悉的，贴近学生的生活背景的；老师讲课能联系生活的实际。

3. 习题题量适中，难度及与教材的配套等方面有待改善

习题是数学教材的一个有机组成部分。新教材在习题设置方面作了不少改进，学生的看法是：关于题量方面，69.7% 的学生认为“数量适中”，14.1% 的学生认为“太多了”，16.3% 的学生认为“太少了”；关于习题难度方面，56.8% 的学生认为“难度适中”，19.5% 的学生认为“太难了”，7.9% 的学生认为“太容易了”，14.8% 的学生认为“B 组或 C 组的题太难了”。

调查发现，许多学生不适应教材中习题的难度，主要表现在：①习题与例题不配套，总体而言，例题容易，习题难，学完例题，有不少学生表示不会做课后的习题；②教材某些知识内容没有相应的习题来巩固，而部分习题又用到一些没有学过的知识；③层次性不够，A 组的题目有些比 B、C 组的还要难；④部分题目的解答需要运用信息技术（如计算机、计算器等），但缺乏相关的设备。

可见，习题的难度还有待调整；基础题、中等题、难题的编排次序还有待探讨[①]；习题的选编既要贴近实际，又不要让数据太烦琐，照顾没有计算机（器）的学生；习题应该从多方面设置，让题目不仅与现在的知识有联系，还与过去或将来的知识有联系；可以考虑在教材附录中增加习题的参考答案与提示，特别是对一些较难的题目应提供某些提示，方便学生自我校对，及时反馈。

4. 大部分学生喜欢“阅读材料”，认为它对数学学习有帮助

数学已成为人类文化的重要组成部分。高中数学课程标准提倡在数学课程中体现数学的文化价值，帮助学生了解数学在人类文明发展中的作用，逐步形成正确的数学观。不同版本的新教材通过不同的方式渗透数学的文化价值，“阅读材料”是一个普遍采用的形式。对新教材中的阅读材料，24.4% 的学生表示经常阅读，66.9% 的学生偶尔阅读，8.7% 的学生从来不阅读。可见，90% 以上的学生都会偶尔或经常看“阅读材料”。当问及喜欢“阅读材料”的原因时，在被调查的学生中，认为“阅读材料有趣”“对数学学习有启发”“有助于加深对课本知识的理解”“拓宽知识面”分别占了 45.1%、34.2%、40.7%、68.9%。除了定

---

① 陈昌平：《有关中小学数学课程教材改革与建设的一些思考》，载《数学教学》2003 年第 6 期，第 1—6 页。

理、例题、习题外，在数学教材中适当穿插一些阅读材料，往往能引起学生更大的学习兴趣。当然，在什么地方，穿插什么样的材料还有待我们进一步的思考。

（三）学生学习数学的方式有待进一步丰富

丰富学生的学习方式、改进学生的学习方法是这次数学课程改革的一个基本理念。除了接受、记忆、模仿、练习等形式外，高中数学课程还倡导自主探索、动手实践、合作交流、阅读自学等学习数学的方式。调查发现，在高一数学学习中，学生最感兴趣的学习方式依次为（按最感兴趣的学习方式从大到小排列）：听老师讲解（23.3%）、自主学习教材（17.9%）、网上学习（17.1%）、做习题（16.5%）、搞社会调查（12.2%）、合作交流（11.9%）、写小论文（1.1%）。可见，“听老师讲解”仍然是高中学生愿意接受的一种主要的数学学习方式，同时，我们注意到学生要求自主学习的愿望也是非常强烈的。通过自主学习、合作交流、社会调查等方式，学生能主动地参与到数学的学习活动中，师生、生生互动，从中经历知识的形成过程，体会数学的思想与方法。

为了给学生形成积极主动、多样的学习方式进一步创造有利条件，高中数学新教材分别设立了“数学探究”“数学建模”“实习作业”等学习活动，让学生从中体验数学发现和创造的历程。从调查结果来看，对新教材中安排的“探究活动（或实习作业）”，21.5%的学生表示“很感兴趣，自己积极主动去完成”，60.1%的学生表示“老师要求才做，完成老师布置的任务”，12.0%的学生表示“懒得理，反正考试又不会考它”，其余部分学生表示“有时间才做”“选择感兴趣的部分问题来做”“从来没有做”，等等。做过“探究活动（实习作业）”的学生认为，探究活动对自己的数学学习很有帮助，如加深对数学的理解，有助于体验数学研究的过程，有助于发挥自己的想象力，有助于自己提出和发现一些问题，等等。而当问及少做或不做“探究活动（实习作业）”的学生时，他们表示主要原因是没有时间去做，自己长期以来动手能力差，探究活动的结论太明显（即没多少东西可探究的），老师对探究活动不够重视等。可见，要想真正让学生融入探究活动中去，还有待相关的各方的共同努力。

（四）提高学生的数学学习兴趣仍然是数学教材改革的重要问题

跟以往的教学大纲相比，高中数学课程标准的一个变化是：知识与技能，过程与方法，情感、态度与价值观三大目标并重。“兴趣是最好的老师”，通过对“数学新教材的学习，学生的数学学习兴趣如何？”的调查表明，有50.8%的学生“一直以来都感兴趣”，18.4%的学生“一直以来都不感兴趣”，8.6%的学生“以前不感兴趣，现在感兴趣”，22.1%的学生“以前感兴趣，现在不感兴趣”。可见，新教材在提高学生学习数学的兴趣方面所起的作用并不明显。虽然教材编者已经努力从学生的实际出发，创设各种情境来吸引学生，但离学生的期望还有一段距离。对数学新教材的总体感觉而言，只有 6.3% 的学生“很感兴趣”，34.2% 的学生“兴趣不大”，10.1% 的学生认为数学教材比较“枯燥无味”，18.6% 的学生认为数学教材趣味性“一般”。建议新教材选取的例子能更贴近学生实际生活，增加趣味性等。

据学生反映，学习难度大、学习负担过重是影响学生数学学习兴趣的另一个重要原因。就数学科而言，上了高一后，一个学期得学两本书，涵盖了高中阶段的几个难点问题（函数、立体几何、解析几何等），“内容多，学时少”，学生普遍感到学习起来比较吃力。在回答“你觉得现在高中数学学习的负担如何?”时，19.9% 的学生表示“非常重”，50.2% 的学生表示“比较重”，25.8% 的学生表示“一般”，4.1% 的学生表示“没什么负担”。可见，超过 70% 的学生感到数学学业负担重。因而在新教材改革时，应该充分考虑学生的接受能力，适当调整教学内容，留给学生思考、消化的时间。

（五）学生对信息技术工具的使用有待加强

信息技术的广泛应用正在对数学课程内容、数学教学、数学学习等方面产生深刻影响①。新课标和新教材都提倡尽可能使用科学计算器、计算机及软件，以及各种数学教育技术平台。希望学生能借助信息技术学习有关数学内容，探索、研究一些有意义、有价值的数学问题。调查表明，77.4% 的学生认为信息技术在数学学习中“有用”或者“很有用”，特别是在解决一些烦琐计算，数形结合的问题，或者在探索某些开放性、挑战性问题时，可以大大减少研究中的工作量，结果更精确、直观。

而从目前的情况来看，使用得最多的是科学计算器，经常使用的和偶尔使用的分别占了 45.5% 和 41.6%；其次是几何画板，经常使用的和偶尔使用的分别占了 16.1% 和 31.4%；而其他的信息技术工具或软件的使用率都不高，例如图形计算器有 88.3% 的学生“从来没用过”，Excel 有 65.8% 的学生“从来没用过”。主要原因是没有相关的设备或者不熟悉相关的操作，或者遇到某个数学问题时不知道用哪种工具来解决。在经济相对发达的珠江三角洲尚且如此，农村、山区的情况估计更不容乐观。可见，要实现信息技术与数学课程的整合，还有很长的路要走。

---

① 张雄：《中国数学教育改革的趋势》，载《中学数学教学参考》2004 年第 3 期，第 1—3 页。

三、思考与建议

高中数学教材的改革是基础教育改革中一项艰巨的任务，也是一项庞杂的系统工程[①]。根据调查发现的问题，笔者对高中数学教材的建设提出几点思考与建议。

（一）调整部分教学内容，力求教材更具体、更富操作性

“内容多，课时少”是学生反映最强烈的问题。调查发现，83.5%的学生认为老师讲课速度快，学习跟不上，没有时间理解和消化所学习的内容。一位学生风趣地说“听老师讲课，好比老师开着汽车在前面跑，我们走路在后面追，一个字——苦!”。因而有必要适当调整部分教学内容，如在高一第一学期开设的数学课程不宜过多，可以考虑只开一个模块，让学生对高中的数学学习有一个适应的过程，以实现初高中的平稳过渡。

同时，对现有的部分内容，该充实的还是要充实，让教材内容更具体，学生学习起来更方便。例如，关于信息技术的应用，学生普遍要求教材能对具体操作步骤更细致些，老师不仅对有关软件作演示，还应教会学生操作的方法，正所谓“授之以鱼不如授之以渔”。又如，某些公式、定理的证明、推导，虽然课程标准中不要求学生掌握，但教材中还是可以以某种恰当的形式给出（如小字的形式，以某个问题启发学生思考，介绍某些参考书或某些网站让学生自己去查阅等）。学生对某知识了解其来龙去脉，理解、记忆会更深刻，从而对数学学习产生更大的兴趣。

（二）加强教材配套资源的开发与建设

“找参考资料难，找一本能与新教材真正配套的参考资料更难!”[②]，由于新教材是第一次使用，市面上的资料与新教材配套不够。调查发现，有不少学生反映，“教师有《教师教学参考用书》，为什么不给我们也配一本《学生学习参考用书》”。值得指出的是，作为教材自身配的习题，题目难易程度与教材配套也不尽合理，层次性不够分明，所用知识超越学生的现有水平等。因而，建议教材编者在编写教材时，对有关的习题要做一下，从学生的角度感知习题的难易程

---

① 吕林海：《关于数学新课程中教材编写的理论透视与建议》，载《数学通报》2004年第11期，第6—9页。

② 孔凡哲、马云鹏：《论数学课程实施中的数学课程资源》，载《数学教育学报》2004年第2期，第23—25页。

度。这样使得习题的选编、难易顺序的编排更科学合理。同时也可开发与教材相配套的资源，以更好地促进学生的数学学习。

另一方面，可利用网络的优势和学生喜欢网络的特点，充分开发网络资源，除了在教材的相应地方提醒学生在某某网站查找资料外，还可以组织专家建设与教材配套的网站。让学生既可以很方便地找到自己所需要的材料，又可以通过网站的平台与同学、老师、行家进行网上交流，从而更好地达到信息技术与数学课程整合。

（三）教学设备应跟上课程改革的步伐

为适应时代发展的需要，新教材不同程度地注意了信息技术与数学课程内容的整合，每个版本的教材都设有应用信息技术相关的栏目。部分例题（如函数的应用、数学建模）、习题需要借助计算机（器）来解决。而有些内容也必须用计算器或计算机来解，如用二分法求方程的近似解。从前面调查的结果看，学生使用信息技术情况离课程标准的要求还有比较大的差距。部分学校设备不足，也有部分学校没有充分利用好学校的现有资源，如电脑室，多媒体课室等。建议学校的教学设备应跟上课程改革步伐，想办法让学生有机会接触、使用数学中常用的信息技术工具，以利于对数学内容深入理解。

总而言之，数学教材的改革并非一朝一夕的事情。在教材的实验过程中遇到一些困难和问题是难免的，这需要数学教育工作者共同努力去解决①。教师在使用教材的过程中，也需要注意教学方法的改进和教学手段的革新。大家都来关心与支持新教材的建设，为提高我国新世纪学生的数学素养贡献力量。

［致谢］在本文写作过程中，得到恩师王林全教授的悉心指导；在调查中得到华南师大附中罗华、广州四中周伟锋和李伟群、广州五中刘护灵、东莞中学庞进发、深圳红岭中学汪正良、深圳外国语学校袁智斌、广雅中学廖婉雁、广东旅游职业学校钟华、惠州一中岳卫涛等老师的大力帮助，以及调查学校相关师生的积极配合，在此对他们表示衷心的感谢！

本文作者：彭上观。

① 郑毓信：《教材编写与理论研究的密切结合》，载《数学教育学报》2004年第4期，第98—99页。

高一数学新教材几个值得商榷的问题[①]

人教版的《全日制普通高级中学教科书·数学》，从最初的试验本到试验修订本，现在已变为正式版本，在全国范围内使用。在使用过程中，笔者发现第一册（下）（以下简称“新教材”）[②] 有几个值得商榷的地方，现提出来与各位同仁共同探讨。

一、关于三角恒等变形的等价性问题

一般说来，在三角的恒等变形中我们都强调其变形的等价性，但新教材中有两个地方考虑得不够全面：

（1）新教材第43页例2：求证$\dfrac{1+\sin4\theta-\cos4\theta}{2\tan\theta}=\dfrac{1+\sin4\theta+\cos4\theta}{1-\tan^2\theta}$ ……… ①

教材中给出的证明为：“原式等价于

$1+\sin4\theta-\cos4\theta=\dfrac{2\tan\theta}{1-\tan^2\theta}(1+\sin4\theta+\cos4\theta)$ ……………………………… ②

即 $1+\sin4\theta-\cos4\theta=\tan2\theta(1+\sin4\theta+\cos4\theta)$

……”

容易发现，①与②这两个式子并不等价，为什么说它们不等价呢？我们先看新教材中的一个约定：“以后说到其他已证或待证的三角恒等式时，除特别注明的情况外，也都假定是在使两边都有意义的情况下的恒等式。”（新教材第24页倒数第二段）而且，一般情况下，我们都是这样做的。因而依据这个约定：①中要求$\tan\theta\neq0$，且$1-\tan^2\theta\neq0$，而②中只是要求$1-\tan^2\theta\neq0$，这明显是不等价的。

所以建议在②式后边加上一个注释（$\tan\theta\neq0$），这样才使得①与②是等价的。

（2）新教材第41页的习题10：“已知$a\sin(\theta+\alpha)=b\sin(\theta+\beta)$，求证

---

① 本文原载《中学数学》2004年第11期，第6—7页。

② 人民教育出版社中学数学室：《全日制普通高级中学教科书（必修）·数学（第一册·下）》，人民教育出版社2003年版。

$\tan\vartheta=\dfrac{b\sin\beta-a\sin\alpha}{a\cos\alpha-b\cos\beta}$。”①

该命题不一定成立。如反例：设 $a=b=1$，$\theta=\dfrac{\pi}{4}$，$\alpha=\pi$，$\beta=3\pi$，则题设为 $\sin\left(\dfrac{\pi}{4}+\pi\right)=\sin\left(\dfrac{\pi}{4}+3\pi\right)$，而 $a\cos\alpha-b\sin\beta=0$，所以结论不成立。问题出在哪里？我们不妨看《教师教学用书》② 第34页提供的解答：“将已知等式两边分别按正弦的和角公式展开，得 $a\sin\theta\cdot\cos\alpha+a\cos\theta\cdot\sin\alpha=b\sin\theta\cdot\cos\beta+b\cos\theta\cdot\sin\beta$”，移项整理得 $\sin\theta(a\cos\alpha-b\cos\beta)=\cos\theta(b\sin\beta-a\sin\alpha)$， ……… ①

所以 $\dfrac{\sin\theta}{\cos\theta}=\dfrac{b\sin\beta-a\sin\alpha}{a\cos\alpha-b\cos\beta}$， ……………………………… ②

即 $\tan\theta=\dfrac{b\sin\beta-a\sin\alpha}{a\cos\alpha-b\cos\beta}$。”

从上可以看出，问题出在①到②的变形中，按新教材的约定，①中的参数没有什么限制，而②却要求 $\cos\theta$、$a\cos\alpha-b\cos\beta$ 均不为0，故①到②的变形不等价。

所以，为了使本题表述更严谨些，建议将本题的条件强化为“$\theta\neq k\pi+\dfrac{\pi}{2}$ $(k\in Z)$ 且 $a\cos\alpha\neq b\cos\beta$”。

二、关于“已知三角函数值求角”中角的写法

为了减轻学生的负担，新教材淡化了“反三角函数”的概念，只要求学生会根据三角函数值求出相应的角，并会使用符号“arcsinx，arccosx，arctanx”表示。从教材上看，角可以用“度数”（角度数或弧度数）或“反三角符号”两种方式来表示，而且《教师教学用书》第26页明确指出，“学生要学会这两种表示方式，但解题时用哪一种都可以，不必互相转化”。

但在新教材相关的习题中指导语却令人费解：如第78页习题3（3），题目为“求适合下列关系式的 x 的集合。如果 x 不是特殊角，再用反正弦、反余弦、反正切的符号把所求集合表示出来。…（3）$\sin x=\dfrac{12}{13}$，$x\in[0,2\pi]$，（精确到 0.01π）。”《教师教学用书》第41页提供的答案为“$\{0.37\pi, 0.63\pi\}$，

① 罗中寿：《对高中新教材中一道习题的完善建议》，载《数学通讯》2003年第6期，第44页。

② 人民教育出版社中学数学室：《全日制普通高级中学（必修）·数学第一册（下）教师教学用书。，人民教育出版社2003年版。

$\left\{\arcsin\frac{12}{13},\ \pi-\arcsin\frac{12}{13}\right\}$”。从这可以看出：编者的意图是让学生先算出 x 精确到 0.01π 的值，再用反正弦表示。从学生上交的作业来看，能按编者意图解答的人极少。原因何在？由于第（3）小题中的 x 不是特殊角，但按题目的意思，究竟是“用反正弦表示”？还是“精确到 0.01π”？还是两种都要？这使学生捉摸不定。同样的问题存在于下列题目中：本题的第（4）小题、第 78 页习题 4（2）、第 77 页练习 3（3）（4）。

所以，如果为了让学生初学时掌握这两种表示方式，可将指导语写得明确些：“先求出 x 精确到 0.01π 的值，再用反三角符号表示出来”。当然，到以后就不一定要这样要求了，只需用某一种表达即可。值得指出的是，新教材在第 91 页复习参考题 34 中，叙述得就比较明确“对于第（2）（4）（5）小题，先将结果写成精确到 0.01π，然后用“arc”符号表示结果”。

三、关于用计算器（机）计算的精确度与有效数字问题

现代信息技术的广泛应用正在对数学课程内容、数学教学、数学学习等方面产生深刻的影响。新大纲、新课标都支持和鼓励学生运用现代信息技术学习数学。新教材在“解斜三角形”部分最大的一个变化是：所选取的问题都需要用计算器（计算机）来协助完成。这就涉及到了数据的取舍问题，如保留几个有效数字？精确度如何？而新教材在某些地方不是很明确，如新教材第 136 页练习 1。在某些地方保留的数据跟实际算出来的结果不符合，如新教材的 137 页习题 1，“由余弦定理得 $BC=\sqrt{AB^2+AC^2-2AB\cdot AC\cdot\cos125^\circ}=\sqrt{2500^2+2350^2-2\times2500\times2350\cos125^\circ}$”。计算器显示的结果是 4302.56，如果精确到个位，应是“4303”，而教参提供的答案是“4300”，这结果有点出入。对计算的精确度与有效数字，建议最好能在每题中的要求说明清楚，或者在教材中作一个总的约定。

四、平面向量与空间向量的问题

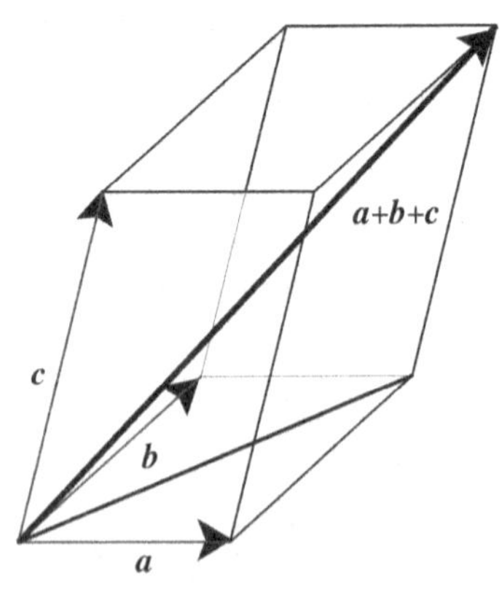

高中阶段学习的向量主要包括两种：平面向量与空间向量。而平面向量与空间向量是有区别的，新教材有时没注意到这个问题。

例如新教材第 150 页复习参考题 B 组第 2 题：“已知向量 $\boldsymbol{a}$、$\boldsymbol{b}$、$\boldsymbol{c}$ 两两所成的角相等，并且 $|\boldsymbol{a}|=1$，$|\boldsymbol{b}|=2$，$|\boldsymbol{c}|=3$，求向量 $\boldsymbol{a}+\boldsymbol{b}+$

$\boldsymbol{c}$ 的长度及与三已知向量的夹角”，如果限定三个向量都在同一平面内的话，只有两种可能：三个向量所成的角要么是 120 °，要么是 0 °。但在空间中却有无数种可能，如图所示，设向量 $\boldsymbol{a}$、$\boldsymbol{b}$ 所成的角为 $\boldsymbol{\theta}$，另作一向量 $\boldsymbol{c}$，使得 $\boldsymbol{c}$ 与 $\boldsymbol{a}$、$\boldsymbol{b}$ 所成的角均为 $\boldsymbol{\theta}$ 即可，则 $\boldsymbol{a}+\boldsymbol{b}+\boldsymbol{c}$ 是以 $\boldsymbol{a}$，$\boldsymbol{b}$，$\boldsymbol{c}$ 为邻边的平行六面体的体对角线，符合题设条件的角度 $\boldsymbol{\theta}$ 有无数多个。

所以，为了避免出现歧义，可将题目已知条件改为“在同一平面内的三个向量 $\boldsymbol{a}$、$\boldsymbol{b}$、$\boldsymbol{c}$ 两两所成的角相等……”，这样就不会出现在空间中情形的误解了。

以上意见，只是个人的见解，是否恰当，敬请批评指正。

本文作者：彭上观，罗碎海（华南师范大学附中）。

看过问题三百个　不会解题也会问[①]

——从新增栏目看人教 A 版高中数学新教材问题设置的特色

当代美国著名数学家哈尔莫斯（P. R. Halmos）曾说：“问题是数学的心脏。”爱因斯坦也指出：“提出问题比解决问题更重要。”而任何科学的发现无不都是从问题开始的。在新课标理念下，各种版本的高中数学新教材相继出版，这些教材都在不同程度上重视对教材“问题性”的设置，注意培养学生的问题意识和创新精神。为了更清楚地理解新教材的特色，笔者对《普通高中课程标准实验教科书·数学1》（人民教育出版社 2004 年 A 版，以下简称“新教材”）与《全日制普通高级中学教科书·数学（第一册·上）》（人民教育出版社 2003 年版，以下简称“旧教材”）进行了比较，发现新教材在问题设置方面变化较大，问题意识贯穿在整个教材的始终，正如新教材在《主编寄语》中所言“看过问题三百个，不会解题也会问”。

一、新教材新增栏目的设置

从新教材来看，新增栏目大体上可以分成两大类：一类是穿插在正文中的“观察”“思考”“探究”等，其目的是促进学生的学习更主动、更生动、更富探索性。二是教材中的一些拓展性栏目，如“观察与猜想”“阅读与思考”“探究与发现”“信息技术应用”等，供有兴趣的学生自主选择其中的一些内容进行探究。

本文以《数学 1》为例，从新教材新增栏目中的第一类（即“观察”“思考”“探究”，包括旁注的“问号型问题”）出发，探究新教材问题设置的特色。

二、从新增栏目看问题设置的特色

据统计，在新教材中，“观察”出现 3 次，“思考”出现 21 次，“探究”出现 13 次，“问号型问题”出现 11 次。是这些小栏目（主要以问题的形式出现），有效的调节了数学学习的气氛，改变传统数学教材的面目，为新教材增色不少。

---

① 本文原载于《数学通报》2005 年第 6 期，第 16—18 页。

（一）通过问题，让学生经历知识的形成过程，促进学生的自主探索

新课标在课程目标中明确指出，要让学生“理解基本的数学概念、数学结论的本质，了解概念、结论等产生的背景、应用，体会其中所蕴含的数学思想和方法，以及它们在后续学习中的作用。通过不同形式的自主学习、探究活动，体验数学发现和创造的历程。”① 新栏目，以问题的形式，引导学生经历知识的发生、发展过程，让学生可以从中发现问题、提出问题，从而体会到数学的发现和创造的乐趣②。新教材通过实际例子归纳概念的方法，使得学生感觉到概念的引入是自然的。

例如，集合的概念。新教材通过 8 个例子，然后分析前面的第（1）（2）个，接着在“思考”（第 2 页）中提出：“上面的例（3）到例（8）也都能组成集合吗？它们的元素分别是什么？归纳总结这些例子，你能说出它们的共同特征吗？”通过这些问题的引导，水到渠成地引出集合的概念。

另外，函数（第 18 页思考）、对数（第 72 页思考）、幂函数（第 90 页思考）、指数函数（第 64 页探究）、最小值（第 35 页思考）等概念都是通过实际例子，提出相关的问题，引导学生归纳出相应的概念。一方面，让学生经历了概念形成的过程，同时这也有利于培养学生合情推理能力。而旧教材一般都是先给出定义，然后再举相应的一些例子予以说明。

（二）通过问题，让学生体会相关内容的联系，加深对数学的认识与理解

新教材是按照新课标各个模块的相应要求编写而成的。然而，数学的不同内容之间是相互联系的，我们不能因为高中数学新课程分成若干模块而忽视不同内容的联系③。新教材充分注意到了这一点。在教材中，经常将不同的数学内容通过适当的途径沟通起来，便于学生加深对数学联系的认识，主要表现在：

其一，从相似中找联系。“实数是度量大小的绝好工具，实数系是一切具有运算的体系的标兵，任何具有运算的体系中的内容，方法和思想，都能在与实数系的类比中得到启发”，正是基于这样的认识，新教材中关于子集（第 6 页思考：“实数有相等、大小关系，如 $5=5$，$5<7$，$5>3$，等等。类比实数之间的关系，

---

① 严士键等：《普通高中数学课程标准解读》，江苏教育出版社 2004 年版。

② 张奠宙：《关于数学的学术形态和教育形态——谈：“火热的思考”与“冰冷的美丽”》，载《数学教育学报》2002 年第 2 期，第 1—4 页。

③ 陈昌平：《数学教育比较与研究》，华东师范大学出版社 2001 年版。

你会想到集合之间的什么关系”)，就是通过适当的问题，引导学生将集合的问题与实数的相关内容进行类比，从实数的等与不等的关系得到子集的有关知识。类似的，并集（第9页思考）、交集（第10页思考）等概念也是通过问题，引导学生体会相似内容之间的联系，从而自然而然的引出概念。

其二，从差异中找联系。事物的发展变化是既有联系又有差异的，如能寻找到其中的差异，将会对其中的联系有更进一步的认识。如函数的三种表示方法（解析法、图象法、列表法）就是一个有机联系的整体，对一种函数关系而言，究竟用哪种方法表示更加适合？这需要比较作出鉴别。新教材通过“思考：(1)比较三种表示法，它们各自的特点是什么？所有的函数都能用解析法表示吗？(2）举出几个函数，分别用三种方法表示。”（第23页)，把机会交给学生，让学生自己去探索、去体会，这与“硬塞给学生”的做法相比，其效果是不言而喻的。

（三）通过问题，促使学生产生解决问题的策略，领悟数学的思想方法

一方面，我们强调学生学习的数学知识要经历其形成的过程，使得学生能看到一般概念的实际背景，弄清知识的来龙去脉；另一方面，也要求能将所学到的东西运用到实际中去，同时能领悟到具体情景中所蕴含的数学思想方法。正所谓“从实际中来，到实际中去”。在学生思维的“最近发展区”内，通过恰时恰点的问题，让学生在问题解决的过程中，提高自己的数学思维能力。如“集合”概念的理解，新教材在给出定义及其性质后，马上让学生“思考”（新教材第3页)：“判断以下元素的全体是否组成集合，并说明理由：(1）大于3小于11的偶数；（2）我国的小河流。”这样，从正反两方面对集合的定义加以巩固。又如，在函数的“奇偶性”一节中，通过观察、分析、比较几个具体的函数及其图象后，得到了奇函数和偶函数的概念，紧接着给出“思考”（新教材第41页)，让学生判断函数的奇偶性、根据奇偶性来画完整函数的图象。这样既可以巩固奇偶性的定义，又能运用它来解决一些问题，从而对问题有更深的体会。

（四）通过问题，引导学生对问题进行“变式”与“引申”，培养发散思维

事物的属性往往都是有多方面的，数学对象也不例外。要想更清楚的认识相关的事物，需要我们从多个角度对其进行观察与探讨。新教材是通过“思考”“探究”等栏目，逐步引导学生对问题进行“变式”与“引申”的。如第8页的问号型问题中给出“你还能得到哪些结论?”，第23页“函数图象既可以是连续的曲线，也可以是直线、折线、离散的点，等等，那么判断一个图形是不是函数

图象的依据是什么?”，通过恰当的问题，引导学生深入的思考，培养学生发散思维能力。

又如指数函数的应用（新教材第68页“探究”）：(1) 如果人口平均增长率提高1个百分点，利用计算器分别计算20年，33年后我国人口数。(2) 如果年均增长率保持在2%，利用计算器计算2020—2100年，每隔5年相应的人口数。(3) 你看到我国人口数的增长呈现什么趋势? (4) 你是如何看待我国的计划生育政策的?

上述“探究”问题，是在新教材第67页例8（我国人口增长问题）之后给出的，一方面是对例题的多层次的思考，让学生更好地理解 $y=N(1+p)^x$ 这个非常有用的函数模型，另一方面，学生从我国人口的变化趋势中认识到我国实行计划生育政策的必要性。

（五）通过问题，让学生结合身边的例子，体现数学的文化价值

把数学的学术形态转化为学生易于接受的教育形态，是数学教育一个努力的方向。新教材在揭示数学概念、法则、结论的过程中，尽可能通过典型的例子来引入和说明，同时，也不忘给学生发挥的机会，“让学生自己举例”。例如，新教材第6页思考：“自己举出几个集合的例子，并分别用自然语言、列举法和描述法表示出来。”通过举生活中的例子，举身边的例子，使学生感觉到数学就在自己的身边，数学并非是高深莫测的，在生活中就有数学的应用。另外，也注意让学生比较由数学模型计算得到的结果与实际存在的问题的差异，并对其作出评价。如第122页边空的“问号型”问题：“你对由模型得出的结果与实际存在的情况有何看法?”引导学生结合实际，发表自己的看法，渗透了数学的文化价值，体现了数学的人文精神。

综上所述，与旧教材相比，新教材更加重视对问题的设置的，自始至终都洋溢着问题的气息。“问能解惑，问能知新”。新教材借助“思考”“探究”“观察”等栏目，提出对学生数学思维有启发的问题①。“看过问题三百个”，让学生经历观察、实验、猜想、推理、交流、反思等理性思维的过程，培养学生学会提问、善于提问的习惯。用自己的问题和别人的问题带动自己的数学学习，从而达到“不会解题也会问”的境界。

本文作者：彭上观。

---

① 章建跃：《普通高中数学课程标准教材的研究与编写》，载《数学通报》2004年第6期，第3—8页。

学会利用新教材的空白栏做批注①

与以往的教材相比，高中数学新教材在内容设置、栏目编排、版式设计等方面都有较大的变化。其中，在教材每页的一侧留下一栏空白更是新教材的一大特色。那么，教材这样做的目的是什么？对高中数学教学有何帮助？笔者认为，善于读书是学好数学的一种重要方法，正如华罗庚先生所说的“书要由厚到薄，再由薄到厚”，要实现这个过程，学会做批注是个有效的途径。而新教材在每页留下一栏空白，为学生做批注提供了很好的机会。目前新教材空白栏的利用情况如何？在数学教学中，如何才能让学生有效的做批注？

一、从调查看新教材空白栏的利用情况

笔者于2004年6月对284名使用过高中新教材的学生（分别来自一所重点中学和一所普通中学）做了一次调查。结果显示，18%的学生能在新教材的关键处勾画一下，15%的学生能在教材的空白栏写下一些注记或体会，10%的学生利用自己的笔记本记下一些东西，57%的学生在教材上没有作任何标记。可见，新教材的空白栏还没有引起师生们足够的重视。其实，利用新教材的空白栏写一些批注，其作用是颇大的。

二、批注的作用

利用教材的空白栏做批注，记下自己对相关内容的理解与体会，是阅读教材后的归纳、挖掘和整理。其作用至少有二：其一，有助于加深对教材内容的记忆和理解；其二，为日后复习提供备忘录。而将批注直接写在教材的空白处，比起另找一个本子来记更方便。实践证明，善于读书者，往往是边读边思边做批注。每读一遍，书中就会增加许多新的批注，新的批注表明读者又有新的体会和见解。复习时，通过新旧批注的对比，还可以纠正原来一些片面的或错误的认识，从而对问题的本质有了更进一步的理解，做批注不愧为读书笔记的一种好方式。

---

① 本文原载《中学数学杂志》2005年第1期，第7—8页。

三、批注的做法

不少高中生学数学，死记硬背、生搬硬套，缺乏对问题的深入理解。这很大程度上是由于不善于读书引起的。他们把数学书看成是一些概念、公式的集合，而对概念、公式的来龙去脉，内涵与外延，以及其中蕴涵的数学思想方法没有领会好。所以在数学教学中，我们有必要对学生进行学法指导[①]，学会利用新教材的空白栏做批注。以下结合高中数学新教材（第一册・下）[②]（以下简称“新教材”）具体谈谈可从哪些方面着手。

（一）关于数学概念的批注

高中数学概念多，内涵丰富。因而阅读教材时，仔细领会其含义，并在教材的空白栏做上批注就很有必要。例如，对“向量的加法”（新教材第 99 页）这个定义，可做如下批注：①两个向量的和还是一个向量；②两向量 $\boldsymbol{a}$、$\boldsymbol{b}$ 不共线时，$\boldsymbol{a}+\boldsymbol{b}$ 的方向与 $\boldsymbol{a}$、$\boldsymbol{b}$ 的方向都不相同，且 $|\boldsymbol{a}+\boldsymbol{b}|<|\boldsymbol{a}|+|\boldsymbol{b}|$；③两向量 $\boldsymbol{a}$、$\boldsymbol{b}$ 同向时，$\boldsymbol{a}+\boldsymbol{b}$ 的方向与 $\boldsymbol{a}$（或 $\boldsymbol{b}$）的方向相同，且 $|\boldsymbol{a}+\boldsymbol{b}|=|\boldsymbol{a}|+|\boldsymbol{b}|$；④两向量 $\boldsymbol{a}$、$\boldsymbol{b}$ 反向且 $|\boldsymbol{a}|<|\boldsymbol{b}|$ 时，$\boldsymbol{a}+\boldsymbol{b}$ 的方向与 $\boldsymbol{b}$ 的方向相同且 $|\boldsymbol{a}+\boldsymbol{b}|=|\boldsymbol{b}|-|\boldsymbol{a}|$；⑤向量的加法除了三角形法则外，也有平行四边形法则，且各有优缺点。

（二）关于数学公式的批注

每个数学公式，都是某个数学规律的浓缩，而且每个公式都有其特定的适用范围（这是高中生往往容易忽视的问题），阅读教材时应当做好批注。例如：两角和的正切公式 $\tan(\alpha+\beta)=\dfrac{\tan\alpha+\tan\beta}{1-\tan\alpha\tan\beta}$，这个公式是在假设 $\cos(\alpha+\beta)\neq 0$，$\cos\alpha\neq 0$，$\cos\beta\neq 0$ 的前提下推导出来的，因而其适用范围受到限制。我们可在教材旁边做上批注：①公式成立的条件为 $\alpha+\beta$、α、β 均不等于 $k\pi+\dfrac{\pi}{2}$（$k\in Z$）；②特殊情况可具体处理，如当 α、β 均为 $\dfrac{\pi}{2}$ 时，$\tan(\alpha+\beta)=\tan\pi=0$，不能使用上述公式。

---

① 郑君文、张恩华：《数学学习论》，广西教育出版社 2003 年版。

② 人民教育出版社中学数学室：《全日制普通高级中学教科书（必修）・数学（第一册・下）》，人民教育出版社 2003 年版。

（三）关于数学规律的批注

新教材对数学规律的文字叙述中，有不少隐含的内容，在读书时要尽量挖掘，做好批注。例如，“平面向量的基本定理”（新教材第108页）是进一步研究平面向量的基础，对该定理可做如下批注：①平面内任一向量可沿着不共线的方向分解为两个向量的和，且该分解是唯一的；②平面内任意两个不共线的向量都可以作为该平面的一组基底；③e_1、e_2是非零向量；④e_1、e_2不能是平行向量；⑤若$\lambda_1 e_1+\lambda_2 e_2=\lambda_3 e_1+\lambda_4 e_2$，则必有$\lambda_1=\lambda_3$，$\lambda_2=\lambda_4$成立；⑥若$\lambda_1 e_1=\lambda_2 e_2$，则必有$\lambda_1=\lambda_2=0$。

（四）关于关键词句的批注

在数学教材的文字叙述中，有不少词句起关键作用。若没有理解清楚其深刻含义，对相关的数学概念及规律容易产生模糊的认识，以致在问题解决中出现错误[①]。因而有必要对关键词句做些批注。例如，周期函数的定义（新教材第51页）：“一般地，对于函数$f(x)$，如果存在一个非零常数T，使得当x取定义域的每一个值时，都有$f(x+T)=f(x)$，那么函数$f(x)$就叫作周期函数。非零常数T叫作这个函数的周期”，关键词如着重号所示。阅读教材时，如果能深入理解关键词句，对如下问题就不会出错：等式$\sin(30°+120°)=\sin 30°$是否成立？能否说120°是函数$y=\sin x$，$x\in R$的一个周期？又如：“正弦函数在每一个闭区间$\left[-\frac{\pi}{2}+2k\pi,\ \frac{\pi}{2}+2k\pi\right]$，$(k\in Z)$上是增函数”中“每一个”就是一个关键词，因为每一个区间上是增函数，不意味着在它们的并上也是增函数。

（五）关于教材中图表的批注

“数”与“形”是数学研究的两类主要对象。在数学教材中有大量的图表，对数学学习的作用是很大的，但往往被学生所忽视，而在碰到相应问题时就无所适从。所以在读书时，对图表要认真研究，从中找出一些规律性的东西，悟出一些结论，并做好批注，那么在相关的问题解决中就能得心应手。例如，在§4.9函数$y=A\sin(\omega x+\varphi)$的图象（新教材第60页）中，图表特别多，通过观察、归纳，可以对下列问题做批注：五个关键点的取法；图象平移、伸缩变换的规律；对函数$y=A\sin(\omega x+\varphi)$的图象，“先平移后伸缩”与“先伸缩后平移”的异同；等等。

---

① 曹才翰、章建跃：《数学教育心理学》，北京师范大学出版社1999年版。

（六）关于叙述性内容的概括性批注

新教材中有不少叙述性的内容，对这些内容阅读后要归纳、总结，在空白栏作好提纲挈领的批注。这样既方便相关内容的记忆与理解，又能以最快的速度抓住教材的关键与要害。例如：三角函数的诱导公式，教材给出五组诱导公式后，在第 31 页对这五组公式给出了如下叙述："$\alpha+k\cdot 360°(k\in Z)$，$-\alpha$，$180°\pm\alpha$，$360°-\alpha$ 的三角函数值，等于 α 的同名函数值，前面加上一个把 α 看成锐角时原函数值的符号。"我们可以在旁边做批注"函数名不变，符号看象限"。学到后面的关于 $90°\pm\alpha$，$270°\pm\alpha$ 的诱导公式，还可以将它们统一为"奇变偶不变，符号看象限"（即 90°的奇数倍时，函数名改变，90°的偶数倍时，函数名不变）。

（七）关于例题、习题解法的批注

教材中的例题、习题都是经过精挑细选的，有一定的代表性。而教材中例题的解法却又很简洁。其思维过程怎样？有没有其他的解法？引申一下又会怎样？这些问题都值得在阅读教材时深入思考，做好批注。例如，已知 A（1，2），B（2，3），C（-2，5），求证$\triangle ABC$ 是直角三角形（新教材第 122 页例 2）。教材的解答是：先写出$\overrightarrow{AB}$、$\overrightarrow{AC}$，由$\overrightarrow{AB}\cdot\overrightarrow{AC}=0$ 得证。那么，这个解法怎样想到的？这类题目该如何解？经过思考，可做如下批注：①写出三条边对应的向量，如$\overrightarrow{AB}$、$\overrightarrow{AC}$、$\overrightarrow{BC}$，作两两的数量积，看看哪个为 0；②在坐标系上画出 A，B，C 的位置，先判断哪两条边可能垂直，再证；③算出三边的长度，用勾股定理证明；④若改为判断$\triangle ABC$ 的形状，又该如何解？此外，对教材的习题，也可做类似的考虑，做好批注。

（八）关于数学思想方法的批注

为了提高数学学习的效率，学习数学时，不能停留在"就题论题"的水平上，特别对高中生而言，应当对教材中问题所隐含的数学思想、方法进行挖掘，在空白处做上批注。例如：求证 $\cos\alpha+\sqrt{3}\sin\alpha=2\sin\left\{\frac{\pi}{6}+\alpha\right.$（新教材第 39 页例 5），如果仅仅就这道题而言，则从右边证到左边更简捷。而教材为什么从左边证到右边，是否多此一举？其实，这隐含了三角函数这章中一个重要的思想：化为一个三角函数的问题，这是处理三角函数问题常见的方法，也为后面学习函数 $y=A\sin(\omega x+\varphi)$ 的图象的相关内容奠定基础。另外，若要化简 $\cos\alpha+\sqrt{3}\sin\alpha$ 为一个三角函数，又怎样知道要提取一个"2"呢？更一般地，对 $a\sin\alpha+b\cos\alpha$ 能否化为一个三角函数？等等。这些问题都值得在教材空白栏做一些批注。

“学而不思则罔，思而不学则殆”，读书时，眼到、心到、手到才能把书读懂、读精、读活。边读边思边写，充分利用新教材的空白栏，学会做批注。当然，刚开始时，教师可以作一些示范，在什么地方，对哪些问题做批注做具体的指导。这样持之以恒，相信大部分的学生都能学会如何读数学书，如何做批注。从“学会”到“会学”，培养良好的读书习惯，将受益无穷。

本文作者：彭上观，林辉（广东佛山市南海中学）。

高中新教材是如何渗透数学文化的[①]

——以人教版、苏教版、北师大版《数学1》为例

高中数学新课标明确指出："数学是人类文明的火车头。"数学已经融入人类的文化发展进程，成为人类文化的重要组成部分[②]。而数学教育，首先是教育，育人是根本，数学知识只不过是一种载体而已。数学教育不仅应帮助学生学习和掌握数学知识和技能，还应有助学生了解数学的价值。数学课程应该反映数学的历史、应用和发展趋势，反映数学在人类社会进步、人类文明发展中的作用，反映社会发展对数学发展的促进作用。新课标强调数学文化的重要作用，要求尽可能将其与高中数学课程内容有机结合。

通过各种形式渗透数学文化，目的是让学生逐步了解数学的思想方法、数学的理性精神，欣赏数学的美学价值，体会数学家的创新精神，以及数学文明的深刻内涵[③]。可见，数学文化的渗透有利于学生情感态度的培养正在实验的高中数学新教材在不同程度上重视了数学文化的渗透，下面以人民教育出版社（A版）、江苏教育出版社、北京师范大学出版社三种版本教材（下称"人教A版"、"苏教版"、"北师大版"）为例，谈谈高中数学新教材是如何渗透数学文化的。

一、通过设立专题阅读，让学生的视野得到开拓

新教材重视选取与教材内容密切相关的材料，拓宽学生的视野。例如人教A版设立了四个"思考与阅读"：集合中元素的个数（第14页）、函数概念的发展历程（第31页）、对数的发明（第79页）、中外历史上的方程求解（第107页）。北师大版设立了5个"阅读材料"：康托与集合论（第17页）、生活中的映射（第39页）、函数概念的发展（第58页）、历史上数学计算方面的三大发明（第121页）、函数与中学数学（第149页）。苏教版有3个"阅读"：有限集与无限集（第14页）、指数幂的扩充（第47页）、对数与纳皮尔（第62页）。

相比而言，人教A版与苏教版重视阅读与学生的思考并举，而北师大版只是

---

① 本文原载于《数学教学研究》2008年第2期，第17—18、27页。

② 严士健等：《普通高中数学课程标准（实验）解读》，江苏教育出版社2004年版。

③ 王林全等：《高中数学新课程实验与探索（上、下册）》，高等教育出版社2004年版。

将材料摆出来，缺少对学生的引导。如人教 A 版在《集合中元素的个数》中提出："你能设计一种比较这两个集合中元素个数多少的方法吗?""对于无限集，我们无法数出集合中元素的个数，但可以比较这两个集合中元素个数的多少。你能设计一种比较这两种集合中元素个数多少的方法吗?（第 16 页）"在《函数概念的发展历程》中提出："你能以函数概念的发展为背景，谈谈从初中到高中学习函数概念的体会吗?（第 31 页）"提出问题让学生思考的同时，让学生自己谈体会、感想[①]。又如，苏教版在《有限集与无限集》中提出"对于两个集合，你能判断哪一个集合的元素更多吗?（第 14 页）""从下面的一一对应中，你能得到什么结论?（第 15 页）"；等等。

再如，关于"对数"名称的来源，很多人都知道对数与指数有关："对数为使某数等于一给定数而必须取的乘幂的幂指数。"但为什么叫"对数"，其含意是什么?这就较少人知道了。笔者在华南师大附中实践期间，曾有学生问及"对数"一词是如何来的。笔者当时也无法为其解疑。后来发现，苏教版教材第 62 页"阅读"解答了这个疑问，"在纳皮尔著作发表 40 年后，对数传入我国，logarthm 一词被译成比例数，后又逐步演变成对数，意指'对（照）表中的数'"。

二、通过正文内容的渗透，让学生了解相关内容的来龙去脉

新教材中经常会涉及一些数学公式、数学符号，一些著名的数学家等有关的内容，学生们对这些内容的来源往往很感兴趣新教材在涉及这方面内容时，穿插在正文中予以介绍。

在《数学 1》中，涉及相关的数学家时做简要的介绍，如苏教版对康托尔（第 5 页）、纳皮尔（第 63 页）、开普勒（第 87 页）等，北师大版对康托（第 17 页）做了介绍，并附上人物头像。而人教 A 版没有这方面的材料。

人教 A 版对某些数学符号的来源作了阐释。例如，对函数符号"f"，学生对其往往比较陌生，人教 A 版对函数符号 $y=f(x)$ 是由德国数学家莱布尼兹在 18 世纪引入的（第 18 页）做了介绍，对"log"是拉丁文 logarithm（对数）的缩写（第 72 页）做了说明，等等。

但有些重要的符号，新教材中缺少必要的介绍。例如欧拉常数 e（无理数，e = 2.71828…）的来源，笔者考察了所有新教材，发现没有一本教材对其做介绍，而不少学生对其比较感兴趣。又如用 Venn 图表示集合是常用的方法，而对

① 彭上观、刘护灵：《三个版本高中数学新教材概念引入的比较》，载《数学教学研究》2005 年第 11 期，第 10—12 页。

Venn 的介绍，只有苏教版提了一下（第 6 页），人教 A 版、北师大版均无任何说明。笔者认为，虽然是否了解数学家 Venn 对学习集合的内容影响不大，但了解一点常识总是有好处的，至少教材中要为有这方面需要的学生提供方便。

三、通过例题的学习，让学生体会数学的文化价值

例题是数学教材的重要组成部分，例题教学是课堂教学的不可缺少的环节。一般认为，数学例题教学应达到知识功能与教育功能。“知识功能”指的是通过例题教学使学生获得系统的数学基础知识，形成必要的技能；“教育功能”指的是对学生文化素质的培养，当然也包含了培养学生的思维品质。新教材通过例题，不失时机地向学生渗透数学的文化价值。

例如，人教 A 版第 121 页例 4，通过马尔萨斯（T. R. Malthus）的人口增长模型以及我国实际人口数据对比，让学生体会到“如果不实行计划生育，而是让人口自然增长，今天我国将面临难以承受的人口压力”。在例题学习的过程中，同时让学生得到国情的教育。又如，苏教版第 54 页的例 6，让学生建立模型，预测我国国内生产总值的变化结果。让学生体会到数学在实际生活中的应用，激发学生学习的兴趣。

因此，对待例题，我们要充分发挥其典型性和示范性，充分发挥例题的功能，使其真正达到既落实双基，又培养能力的效果。

四、通过习题的思考，让学生在“做”中加深对数学的价值认识

学生通过做习题，对习题的思考、探索过程，实际上是一个“做数学”（doing mathematics）的过程。它强调学生学习数学是一个经验、理解和反思的过程，强调以学生为主体的学习活动对学生理解数学的重要性，强调激发学生主动学习的重要性[①]。在“做”中体会到数学的文化价值，比起单纯的说教更有效。学生的体会也更深刻一些。

例如北师大版第 120 页第 1 题“收集有关‘指数爆炸’这种说法的实际问题，谈谈你对它的认识”。第 120 页第 2 题“收集有关直线上升、指数爆炸、对数增长等不同函数类型的实际问题，谈谈这三种函数类型增长的含义”。第 128 页习题 2，叙述的是著名的科学家富兰克林留下的财产大致只有 1000 英镑，却留

① 彭上观、邓康日：《高中数学不同版本新教材习题的比较研究》，载《中学数学杂志》2006 年第 9 期，第 20—24 页。

下了一份分配几百万英镑财产的遗嘱！让学生分析遗嘱，然后思考富兰克林的设想是否有道理，为什么？

人教 A 版第 123 页第 1 题：（让学生用马尔萨斯人口模型计算世界人口的增长，与实际增长相比较）你对同样的模型得出两个结果有何看法？第 127 页第 7 题，分析游客做出登山的决定是否冒险；等等。

苏教版通过阅读题让学生在做题的过程中体会数学的文化价值，值得一提的是，苏教版中增设了“阅读题”“写作题”等颇有新意如数学家向渔民解释集合的含义（第 10 页第 6 题），纽扣对应问题（第 44 页第 14 题），物理中声强级概念的理解（第 64 页第 9 题），等等。

五、通过章末小结，引导学生结合实际思考数学的文化价值

在章末小结引导学生方面，人教 A 版这方面的材料多一些。人教 A 版经常以问题的形式让学生自己谈体会，谈认识，从中渗透数学文化。例如“通过本章学习，你对函数概念有什么新的认识和体会吗？（第 49 页）”“你是如何看待我国的计划生育政策的？[第 68 页探究（4）]”“你认为在这个过程中学到了什么？（第 93 页）”“你能回忆一下我们讨论指数函数的概念及其性质的过程吗？从中你能体会到研究一个函数所用的思想方法吗？类似地，你能回忆一下对数函数的讨论过程吗？你认为指数函数、对数函数的性质有哪些作用？（第 93 页）”；等等。这为学生情感态度的培养提供了机会，北师大版、苏教版在这方面相对比较少。

另外，我们从新课标的课程设置可以看到，为了加强对数学文化的渗透，高中数学课程标准中还设置“数学史选讲”（选修系列 3），让学生通过对数学史料的系统认识，加深对数学文化的理解①。

总而言之，虽然新课标没有对“数学文化”设置专门的课时，但在新教材中我们可以看出，新教材更注重将数学文化有机地整合在不同的内容中②，通过不同的途径，让学生在学习、探索、交流的过程中潜移默化地得到熏陶。

本文作者：彭上观，邓康日（广东佛山市南海和顺高中）。

---

① 章勤琼、张维忠：《高中数学新教材中的数学文化》，载《中学数学教学参考》2006 年第 21 期，第 1—3 页。

② 叶永峰：《把数学文化渗透到数学教育中》，载《数学教学通讯》2006 年第 4 期，第 35—37 页。

课程标准视角下高中教材的新变化[①]

——以高一数学《函数》一章为例

教材的变化，是课程改革的一个缩影。当前，02 年版高中数学教学大纲正在实施、03 年版高中数学课程标准（实验）已经颁布、相关的新教材正在实验与推广……一系列的变革必将对数学课程产生深刻的影响。这就要求教师紧紧抓住时代的脉搏，用先进的教育理念来指导我们的教学。

本文以高一数学《函数》一章为例，对《全日制普通高级中学教科书（必修）·数学》[②]（2003 年版，以下简称“新教材”）与《全日制普通高级中学教科书（试验修订版·必修）·数学》[③]（2000 年版，以下简称“旧教材”）进行比较研究，发现新教材有几个值得注意的变化。

总的来说，新教材在保持旧教材总体内容框架结构不变的基础上，进行了微调，主要是渗透新大纲、新课标的理念，更新了一些更具有时代特色、贴近学生实际的内容，改变个别内容的呈现方式，等等。如：删除了有关一一映射等专题的部分内容，将函数的奇偶性移到第四章《三角函数》中，对函数与映射的呈现顺序作了调整，增加了不少与实际应用有关的问题，等等。具体来说表现在以下几个方面。

一、注重问题情景的设置，激发学生学习数学的兴趣

新教材一个很大的变化是注重问题情景的设置。《函数》一章中，一开始就采用设置问题情景的形式，提出“既然我们已经学习了不少函数，为什么还要学习函数呢?”吸引学生的注意力。紧接着提出两个问题“问题 1：$y=1$（$x\in R$）是函数吗？问题 2：$y=x$ 与 $y=\frac{x^2}{x}$是同一个函数吗?”给学生思考，让学生发现利用初中所学的函数概念（仅从运动变化的观点）难以解释这些问题，自然而然

① 本文原载于《数学通报》2004 年第 9 期，封二、第 1 页。

② 人民教育出版社中学数学室：《全日制普通高级中学教科书（必修）·数学（第一册·上）》，人民教育出版社 2003 年版。

③ 人民教育出版社中学数学室：《全日制普通高级中学教科书（试验修订版·必修）·数学（第一册·上）》，人民教育出版社 2000 年版。

引出应从新的角度来考虑。在中学里，函数的引入一般有两种方法：一种是先学习映射，再学习函数；另一种是通过具体实例，体会数集与数集之间的一种特殊的对应关系，即函数。传统教材采用前一种方法，从一般到特殊；而新教材采用了后一种方法，从特殊到一般，这也是新课标所推荐的一种做法。

二、重视学生的学习过程，关注学生的自主学习

高中数学课程标准在课程的基本理念中明确指出：评价“既要关注学生学习数学的结果，也要关注学生学习数学的过程；既要关注学生学习数学的水平，也要关注他们在数学活动中情感态度的变化”。[①] 新教材也充分注意了这一点。

首先，体现在编排体系上。新教材将旧教材中的“注”改成了“旁注”的形式。拿《函数》一章来说，将“注”改为“旁注”就达 7 处，另有 3 处将“注”改成正文的形式，同时将注释的部分内容做了修改。这样，淡化了指令式的说教，不再强调学生“应该怎样，不该怎样”，而是让学生在原有知识和经验的基础上去体会、领悟、建构自己的知识体系，符合现代认知心理规律。如对“常见的函数的定义域的规律如何?”，旧教材（第 55 页）是以“注”的形式将规律总结好给学生，而新教材（第 48 页）以“旁注”的形式，让学生“想一想”，引导学生结合例 1，思考、讨论，自己归纳总结。这体现了建构主义的思想，让学生在已有知识、经验的基础上，经历思考与探索的过程，从而使学生学到的东西更加深刻。

其次，注意知识的来龙去脉。如指数函数的定义域是 R，旧教材没有说明理由，新教材（第 70 页）做了具体说明。又如新教材（第 54 页例 2）中“信函邮资”问题，先要求写出函数的解析式，再画图像，而不是像旧教材（第 56 页例 5）先给出解析式只要求学生画图像。另外，对机械套用公式的部分内容予以删减，如旧教材（第 91 页）的“想一想：如果 5 年期利率为 2.88%，那么 5 年后本利和是多少?”该问题只需按例 2 套公式即可解决，新教材已将其删掉。

三、突出数学应用的意识，贴近学生的实际

长期以来，数学教育与生产、生活实际及其他学科的联系，得不到足够的重视。近年来已有所改善。新大纲、新课标都强调：“高中数学在数学应用与联系实际方面要大力加强”[②]。而“发展学生的数学应用意识”是新课标的一个基本

---

① 教育部：《普通高中数学课程标准（实验）》，人民教育出版社 2003 年版。

② 教育部：《全日制普通高级中学数学教学大纲》，人民教育出版社 2002 年版。

理念。新教材在这方面作了大胆的尝试：

（1）在“函数的表示”一节中，除了保持旧教材中“商品买卖、信函邮资”等方面的问题外，新教材增加了“喷水池装饰物的高度（第55页例3）”；在习题的设置方面，增加了两个与平面几何有关的问题（第56页练习3、习题5），出租车的计费（第56页习题4）、个人所得税（第56页习题6）等与贴近现代生活的实际问题，让学生体会到函数在生活中的应用是普遍存在的。

（2）在“函数的应用”一节中，新教材用“某地区未成年男子体重与身高的函数关系”（第87页例3）代替了旧教材（第90页例1）的“梯形的周长与腰长的函数关系”。这样的例子更加贴近实际，让学生经历从实际问题到建立数学模型的过程。

（3）在“小结与复习”中，新教材用“清洗蔬菜上残留的农药”问题（第98页例2）代替了原来的有关奇偶性的问题（第102页例2）。

（4）同时，注意给学生联系实际的机会。如：“请举出几个映射的实际例子”（第51页练习6），“请举出几个生活中的函数例子，并说明相应于这些函数的定义域和值域是什么”（第56页练习1），等等。这样，不同的学生可以根据自己不同的经历和体会举出熟悉的例子，既让学生巩固所学的内容，又让学生感受到数学并不是高深莫测的，在我们的实际生活中也可以找到它的影子。

四、逐步渗透开放性、探索性问题，体现数学课程的弹性

基础性与多样性相结合是国际上数学课程改革的一个潮流，新教材也努力向这个方向发展。总体来说，统一要求降低了，但个别要求提高了，这样可以避免部分学生“吃不消”或“吃不饱”的现象。“让不同的人学习不同的数学，不同的人在数学上得到不同的发展”，这正是新课程所倡导的理念。

以本章的“实习作业”为例，旧教材（第94页）是以例题（城市人口增长问题）、习题的形式出现，跟平常的解应用题没什么大的差别。而新教材（第92页）的变化就比较大，呈现在我们面前的是一些思想、方法，给人耳目一新的感觉。旧教材给出的是类似于常规性的练习题，而新教材给出的是有挑战性的、需要探索才能解决的问题，两者是有很大差别的。新教材提供的话题，类似于语文的“材料作文”：根据所给的问题情景，建立实际问题的函数模型予以解决，灵活性、开放性都比较大。至于选择什么问题？具体操作如何？这些让学生自己去思考，与同学交流、合作解决问题。这不仅是学习内容的变化，更是学习方式、方法的变革。新课标指出：学生的数学学习活动“不应只限于接受、记忆、模仿和练习，还应倡导自主探索、动手实践、合作交流、阅读自学等学习数学的方

式”。学生在完成实习作业的过程，实际上是一个“再创造”的过程，而且在这个过程中，不仅仅是会解答一道应用题，更重要的是养成独立思考、积极探索的习惯，让学生初步体验数学发现和创造的历程，发展他们的创新意识。

五、注意信息技术在数学课程中的作用

“提倡实现信息技术与课程内容的有机整合”是新课标的基本理念，新大纲也指出：“在教学过程中，应有意识地利用计算机和网络等现代信息技术，认识计算机的智能图画、快速计算、机器证明、自动求解及人机交互等功能在数学教学中的巨大潜力”，“要因地制宜、积极稳妥地在数学教学中推广使用现代信息技术”。在旧教材中，信息技术在数学课程中的应用涉及的比较少。为了贯彻新大纲“因地制宜、积极稳妥”的思想，新教材做了一些尝试。如增加“利用计算器求 $1.08^x=2$ 中 x”（第 78 页练习 4）。在解决某些实际问题时，建议有条件的地方“使用信息技术”，如新教材第 87 页例 3，如果先利用信息技术工具收集数据、描点、画图，然后选择函数关系式，再用计算器计算、检验，那就方便得多了。新教材中提供的实习作业，如果能利用信息技术，处理就比较容易。

“见微知著”，我们可以从新教材《函数》一章中，窥探出新教材的变迁。无论从教材的编排体系、内容呈现，还是对学生的能力要求上，新教材都出现了许多可喜的变化：更关注学生的主体意识，动手探索能力，更注重数学应用的意识，紧贴学生的实际。这既体现了新大纲的思想，同时也融入了新课标的理念。总之，新教材的变化是值得我们关注的。这就需要我们在教学实践中仔细琢磨、深刻领会，更加需要将新大纲、新课标的理念融入教材中，落实到自己的教学行动中。

本文作者：彭上观，罗碎海（华南师范大学附中）。

高中数学不同版本新教材习题的比较研究[①]

——以人教A版、北师大版、苏教版高中新教材《数学1》为例

习题是数学教材的重要组成部分：一方面，习题可以起到复习、巩固知识，加深学生对知识理解和记忆的作用；另一方面，习题是培养学生能力的重要载体。高中数学新教材无一例外地配备了大量的例题和习题。蔡上鹤先生认为，“教科书由正文、例题和习题三部分有机组成的”[②]。余元庆先生认为：“习题是中学数学课本的重要组成部分，习题配备得好不好，直接影响到学生学习质量的高低。[③]”波利亚（G·Polya）先生也曾指出，“一个重大的发现可以解决一道重大的题目，但是在解答任何一道题目的过程中都会有点滴的发现”。[④] 可见，习题在数学学习中具有非常重要的作用。

当前，多种版本的高中数学新教材正在实验中。为了探悉高中数学新教材习题设置的一些特点，本文以人民教育出版社（A版）、北京师范大学出版社、江苏教育出版社三个版本（以下简称“人教A版”“北师大版”“苏教版”）的高中数学课程标准实验教科书《数学1》中的练习题、习题、复习题为对象，从文本的角度对以上三个版本新教材的习题数量、习题类型、习题素材等方面进行比较，为更好地理解新教材提供一些参考。

一、习题数量的比较

现代认知心理学研究表明，要真正掌握、牢固记住4～20个组块（一个产生式）需要反复20次，才能贮存运用。苏联玛什比茨的研究表明[⑤]：“在对一个典型问题的运算形成解法之前，无论在什么学科中，不同的学生需要1～22次练习不等。”可见，要掌握某个知识点离不开一定量的练习，而过量的练习，又

---

① 本文原载于《中学数学杂志》2006年第5期，第20—24页。后被人大复印资料全文转载，见《中学数学教与学（高中读本）》2007年第2期，第35—39页。

② 课程教材研究所：《课程教材研究十年》，人民教育出版社1993年版。

③ 余元庆：《谈谈习题的配备与处理》，载《数学通报》1980年第3期，第6—10页。

④ G. Polya，涂泓等译：《怎样解题》，上海科技教育出版社2002年版。

⑤ 转引自：刘电芝：《教材的宏观评价和微观评价》，载《课程·教材·教法》1996年第4期，第22—25页。

有可能会加重学生的负担。所以，要让习题能起到巩固知识、技能，培养学生的能力方面发挥应有的作用，在习题的数量上应该给予保证，而且数量要恰当。

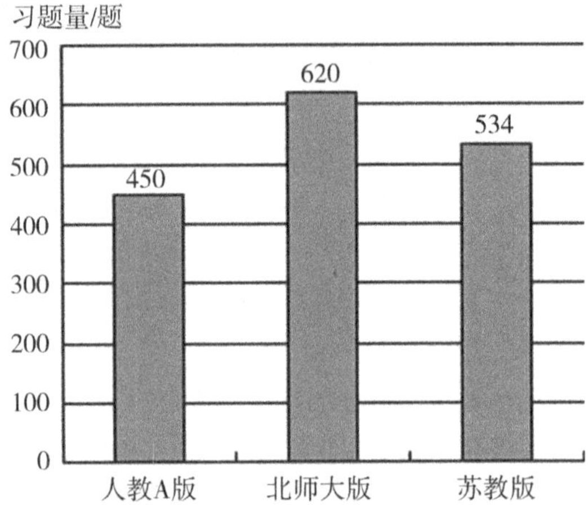

图 1　三种版本教材习题数量比较

（注：统计时以教材中有题号的题目为准，明确指出小题号的以一题算。）

高中新课标对《数学 1》规定的课时数约为 36 课时（集合约 4 课时，函数概念与基本初等函数 Ⅰ 约 32 课时），从图 1 可以算得，平均每课时习题量分别为：人教 A 版 12.5 题，北师大版 17.2 题，苏教版 14.8 题。比较而言，北师大版的习题最多，人教 A 版的习题最少，最多与最少的相差 4.7 题/课时。

当然，在数学课中，究竟一个课时的练习量多少才是恰当的，这有待我们在实践中进一步摸索。

二、习题类型的比较

从表 1 中可以看出，三版教材的题型比传统教材更丰富，而在培养学生的能力方面各有千秋。以下通过统计数据、具体例子说明习题类型的特点。

表 1

版本＼类型	选择	填空	计算	证明	简答	阅读	写作	作图	探究	举例	其他	小计
人教 A 版	12	26	159	15	185	—	—	42	7	4	—	450
占比/%	2.6	5.8	35.3	3.3	41.1	—	—	9.3	1.6	0.9	—	100

续表 1

类型 版本	选择	填空	计算	证明	简答	阅读	写作	作图	探究	举例	其他	小计
北师大版	21	31	203	21	276	—	—	47	1	10	10	620
占比/%	3.4	5.0	32.7	3.4	44.5	—	—	7.6	0.2	1.6	1.6	100
苏教版	5	22	247	12	185	5	4	44	5	1	4	534
占比/%	0.9	4.1	46.3	2.2	34.6	0.9	0.7	8.2	0.9	0.2	0.7	100

1. 传统题型（这里指的是计算、证明、简答题）

在新教材中占主导地位。由表1可见，传统题型在三版教材中所占比例分别为：79.7%（人教A版），80.6%（北师大版），83.1%（苏教版），都占了80%左右。但传统题型中的证明题所占的比例相对小一些，人教A版占3.3%，北师大版占3.4%，苏教版占2.2%，都不足4.0%，可见，新教材对学生证明能力的要求相对低一些。

2. 新教材增加了客观性题型

如选择题、填空题是各类考试常见的题型，而以往教材中这些题型比较少见，导致了学与考的不一致。新教材在一定程度上加大了选择、填空题的比例。在三版教材中，选择、填空题占总习题的比例分别为8.4%（人教A版）、8.4%（北师大版）、5.0%（苏教版）。事实上，选择、填空题在培养学生的思维敏锐性、严密性有其独特的作用，新教材中设置一定量的选择、填空题是必需的。

3. 三版教材均较重视作图题

作图题所占比例分别为：人教A版9.3%，北师大版7.6%，苏教版8.2%。特别是在函数部分内容中，更是常常要求学生结合图像来说明问题。这有效地促进学生对数学中两大研究对象“数”和“形”的理解，沟通数“数”与“形”的联系。

4. 部分题目具有探究性

通过对问题的探究，让学生自己发现、总结有关规律。以探究性题目为例，人教A版占了1.6%，北师大版0.9%，苏教版0.2%。总的来说探究性问题占的比例较小。相比而言，人教A版对探究性题目更重视一些。例如，人教A版有如下的一些题目：

1）已知函数$f(x)=3x^2+2x$，（1）求$f(2)$，$f(-2)$，$f(2)+f(-2)$的值；（2）求$f(a)$，$f(-a)$，$f(a)+f(-a)$的值；（3）你从（2）中发现了什么结论？（第22页练习题3）

2）（1）判断函数$f(x)=x\ (x>0)$和$g(x)=x^2+2x$是否具有奇偶性；（2）从中你发现了什么？（第46页习题1.3B组第1题）

3）对于函数 $f(x)=a-\frac{2}{2^x+1}$ $(a\in R)$，（1）探索函数 $f(x)$ 的单调性；（2）否存在实数 a 使函数 $f(x)$ 为奇函数?（第97页复习参考题B组第3题）

5. 发挥学生的主动参与性，某些题目让学生自己举例。

在举例说明问题的题目中，三个版本所占的比重分别为：人教A版占了0.9%，北师大版1.6%，苏教版0.2%。通过让学生自己举例，学生对相关的问题有更深的体会。这种题型的设置反映了数学教育一个重要的观点①：学生“再创造”学习数学的过程实际上是一个“做数学”（doing mathematics）的过程。它强调学生学习数学是一个经验、理解和反思的过程，强调以学生为主体的学习活动对学生理解数学的重要性，强调激发学生主动学习的重要性②。

以北师大版为例，该版教材分别在以下方面引导学生举例说明问题：集合的分类（有限集、无限集、空集）（第45页第4题），集合的包含、相等关系（第10页第1题），函数关系（第28页第1题），变量的依赖关系（第28页第2题），函数的单调性（第42页第1题），分段函数（第63页第6题），指数爆炸（第120页第1题），直线上升、指数爆炸、对数增长三种函数增长的差别（第120页第2题），等等，要求学生举生活中的例子，谈体会，谈认识，并提倡同学之间的相互交流。

6. 部分题目答案不唯一（如可能、估计、预测等），有助于学生自己发挥。

例如人教A版有如下题目：

1）函数 $r=f(x)$ 的图像如右图所示（图2）。（1）函数 $r=f(x)$ 的定义域可能是什么?（2）函数 $r=f(x)$ 的值域可能是什么?（3）……（第30页习题1.2B组第2题）

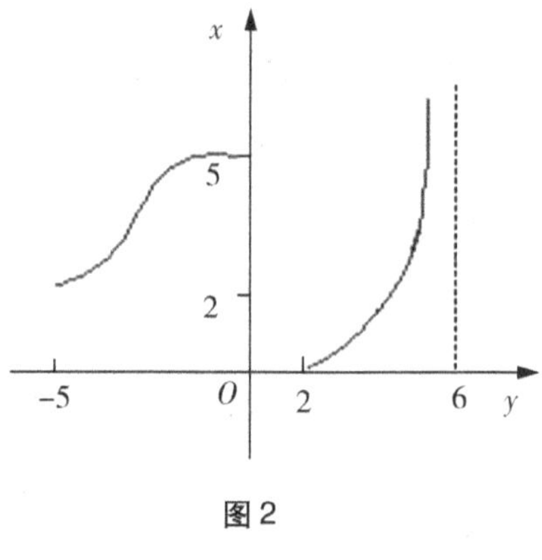

图2

2）整个上午（8：00—12：00）天气越来越暖，中午时分（12：00—13：00）一场暴风雨使天气骤然凉爽了许多。暴风雨过后，天气转暖，直到太阳落山（18：00）才又开始转凉。画出这一天8：00—20：00期间气温作为时间函数的一个可能图像，并说出所画函数的单调区间。（第38页练习题2）

---

① 张奠宙、宋乃庆：《数学教育概论》，高等教育出版社2004年版。

② 彭上观：《高一数学新教材使用情况的调查研究》，载《中学数学教学参考》2005年第7期，第27—30页。

3）画出定义域为 $\{x \mid -3 \leqslant x \leqslant 8, x \neq 5\}$，值域为 $\{y \mid -1 \leqslant y \leqslant 2, y \neq 0\}$ 的一个函数的图像。(1) 如果平面直角坐标系中的点 P (x, y) 的坐标满足 $-3 \leqslant x \leqslant 8$，$-1 \leqslant y \leqslant 2$，那么其中哪些点不能在图像上？(2) 将你的图像和其他同学的相比较，有什么差别吗？(第 30 页习题 1.2B 组第 3 题)

像 1)、2) 这类型题目，要求学生写出一个可能的答案，有利于发挥学生自己的主观能动性。类似的题目还有第 45 页第 5 题、第 127 页第 5 题等。像 3) 这类题目，具有更大的开放性，不同的学生可以写出不同的答案，并与其他同学的交流，体现了新的学习方式。

又如，北师大版第 120 页习题 3 ～ 6 第 1 题："估计一粒米的质量，再通过科学计算器计算 2^{64} 粒米的质量，比较其与地球质量的大小。"苏教版第 88 页习题 2.6 第 5 题："估计施肥量为 40 kg 时水稻的产量"，第 6 题"请你预测今年 7，8 两个月的月利润"等。要求学生自己"估计""预测"来解决问题，也是新教材的一大亮点。

7. 部分题目明确要求借助计算机（计算器）来完成，体现信息技术与数学课程内容整合的思想

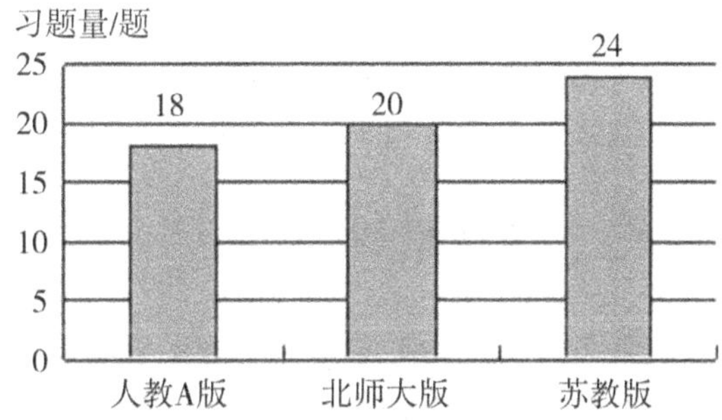

图 3

据统计，《数学 1》中明确要求用计算机（器）完成的题目数量如图 3 所示。从此类题目占总题量的百分比来看：人教 A 版占 4.0%，北师大版 3.2%，苏教版 4.5%。无论是从绝对数量，还是所占题目总题量的百分比来看，都是苏教版的多一些。而借助计算机（器），更有利于学生探索问题，减少烦琐计算，特别是一些实际问题，为方便笔算，以往都是经过人为的简化，现在借助信息技术可以较容易解决。

8. 苏教版增加了阅读题、写作题、操作题，颇有新意

阅读题如第 14 页第 11 题："我们知道，如果集合 $A \subseteq S$，那么 S 的子集 A 的补集 $C_S A = \{x \mid x \in S, 且 x \notin A\}$。类似地，对于集合 A，B，我们把集合 $x \mid x \in A, 且 x \notin B\}$ 叫作集合 A 与 B 的差集，记作 $A-B$。例如，$A = \{1, 2, 3, 4, 5\}$，$B = \{4, 5, 6, 7, 8\}$，则有 $A-B = \{1, 2, 3\}$，$B-A = \{6, 7, 8\}$，据此，试回答下列问题：(1) ……"此类题目主要培养学生的阅读理解能力和知识的迁移能力，为培养学生的创新意识打好基础。

写作题如第 17 页第 10 题："用集合的语言介绍你自己"；第 89 页第 8 题：

“到学校附近的农村、工厂、商店、机关作调查，了解函数模型在生产、生活中的应用，收集一些生活中的函数模型（指数函数、对数函数、幂函数、分段函数等）实例，并做出分析，写成调查报告。”写作题有效地培养学生运用所学的知识解决实际生活、生产中的问题，让学生感到所学的知识并非莫不可测，在现实生活中处处有它的身影。

操作题如第29页第10题：“将一枚骰子投掷10次，并将每次骰子向上的点数记录在下表中。规定对应法则f：对每一投掷序号n（$n=1, 2, \cdots, 10$）对应到该骰子的向上的点数。试判断对应f是否为函数。若是，该函数值域一定是集合$\{1, 2, 3, 4, 5, 6\}$吗？”通过学生自己动手操作，探究数学对象的性质。（表2）

表2

投掷序号	1	2	3	4	5	6	7	8	9	10
向上点数										

可见，苏教版教材中，将做习题的过程融入阅读、写作、动手操作等过程中，为学生实现新的学习方式提供了可能的平台。

三、习题素材的比较

高中数学新课标明确要求学生能“初步运用函数思想理解和处理现实生活中的简单问题”（新课标，第13页），而且将“发展数学应用意识和创新意识，力求对现实世界中蕴涵的一些数学模式进行思考和作出判断（新课标，第11页）”作为数学课程的一个重要目标。以下主要考察习题中的应用问题，大体上可将其分为两大类：以学生生活为背景的和以社会生活为背景的，具体情况如表3所示。

表3　应用题的背景素材比较

项目 版本	学生生活/题	占应用问题/%	社会问题/题	占应用问题/%	应用问题小计/题	习题总数/题	应用题所占百分比/%
人教A版	20	20.6	77	79.4	97	450	21.6
北师大版	19	28.8	47	71.2	66	620	10.6
苏教版	9	21.4	33	78.6	42	534	7.9

从表3可以看出，北师大版中“学生生活类”与“社会问题类”题材所占的比例分别约占30%和70%；而人教A版和苏教版这两类所占的比例相当，约占20%和80%。从应用题在习题总数中所占的比重看，三版教材有较大的差别，比例最大的人教A版（21.6%）与比例最少的苏教版（7.9%）相差13.7个百分点。相比而言，人教A版应用题的背景素材选取更注重与学生实际、社会生活等联系。

四、比较后的一点思考

本文只是从习题的数量、类型、习题素材等三个方面对高中数学新教材中的《数学1》部分进行了粗浅的比较，希望能起到抛砖引玉的作用。新教材中的其他模块的习题情况如何？怎样设置习题的难度才能适应不同层次学生的需要？怎样编拟习题才能有效地促进学生的数学学习？在实际教学中，师生对习题应当怎样进行取舍？习题难度与例题难度差异过大，如何处理？……这些问题还有待我们进一步去探讨。

“有比较才有鉴别”，比较只不过是手段，发现各个版本教材的优点并将其应用到教学实践中才是我们的真正目的在教学中[①]，我们应当结合本地区、本学校、本班级的实际情况，对新教材中的习题做出适当的调整，以期最大限度的发挥不同版本教材的优势。

本文作者：彭上观，邓康日（广东佛山市南海和顺高中）。

---

① 彭上观：《高中数学新课标实验教材使用情况的调查与分析》，载《数学教育学报》2005年第4期，第45—47页。

三个版本高中数学新教材概念引入的比较①

——以函数与映射概念的引入为例

概念多是高中数学与初中数学较大的区别之一，而很多学生对概念难以理解。而数学中的原理大都是由一些概念构成，数学的推理和证明实质上也是由一连串的概念、原理和判断组成。因此，数学概念是数学学习的主要内容之一。概念的引入是学生获得概念的前奏，并极大地影响着学生对概念的理解和运用②。

随着高中数学新课程的实施，不同版本的教材相继出现。那么，不同版本教材在概念引入方面有何异同？本文以人民教育出版社（A 版）、北京师范大学出版社、江苏教育出版社出版的高中新课标实验教材为研究对象（以下简称“人教 A 版”“北师大版”“苏教版”），以函数与映射概念的引入为例子，对新教材概念引入的特点做一比较研究，希望对大家理解新教材能起到一点“抛砖引玉”的作用。

【案例分析】

函数与映射概念的引入比较

函数是描述客观世界变化规律的重要数学模型，其思想方法将贯穿高中数学课程的始终。在高中阶段，函数不仅被看成变量之间的依赖关系，同时还用集合与对应的语言来刻画。高中数学新课标指出“像函数这样的核心概念需要多次接触、反复体会、螺旋上升，逐步加深理解，才能真正掌握，灵活应用”（新课标，第 16 页）。

函数概念的引入，一般有两种方式，一是先学习映射，再学习函数（传统教材的做法）；二是通过具体实例，体会数集之间的一种特殊的对应关系，即函数。考虑到多数高中学生的认知特点，高中新课标建议采用后者③。

三种版本教材的函数与映射概念引入流程如图 1 所示，它们具有如下特点：

① 本文原载《数学教学研究》2005 年第 11 期，第 10—12 页。

② 何小亚：《数学学与教的心理学》，华南理工大学出版社 2003 年版。

③ 严士键等：《普通高中数学课程标准解读》，江苏教育出版社 2004 年版。

1. 三种版本都是采用从函数到映射的方式引入

具体内容略。

2. 每个版本都是用三个实例引入，但例子的用途有差异

人教 A 版由三个实例引入，给出函数定义，再用这三个例子分别说明函数的三种表示方法。北师大版先由三个例子说明生活中的变量之间的依赖关系，说明有些变量关系是函数关系，有些不是。进而给出函数定义，用初中物理中的三个例子阐述函数的概念，而在表示法中又用另外的三个例子。苏教版由三个实例归纳出函数的定义，接着用开头的三个例子说明函数的三种表示法。(图 1)

可见人教 A 版与苏教版类似，都是由三个实例引入，又用这三个例子说明函数的三种表示方法，充分利用每个例子的功能。而北师大版在引入函数概念和说明函数的表示方法中，共用了 9 个例子，其优点是给出了某些不是函数关系的例子，缺点是所用的例子不紧凑，如阐明函数概念的三个例子完全可以在函数表示方法中再用。当然，也可以以问题的形式让学生举例，可能这样效果更佳。

3. 所用实例的素材不一样

人教 A 版的例子包括物理的（炮弹发射距离）、环保的（南极臭氧层空洞的面积）、经济的（我国城镇居民恩格尔系数变化情况）；北师大版三个变量关系的例子为高速公路上的三种依赖关系，另三个为初中物理中的（热力学温度与摄

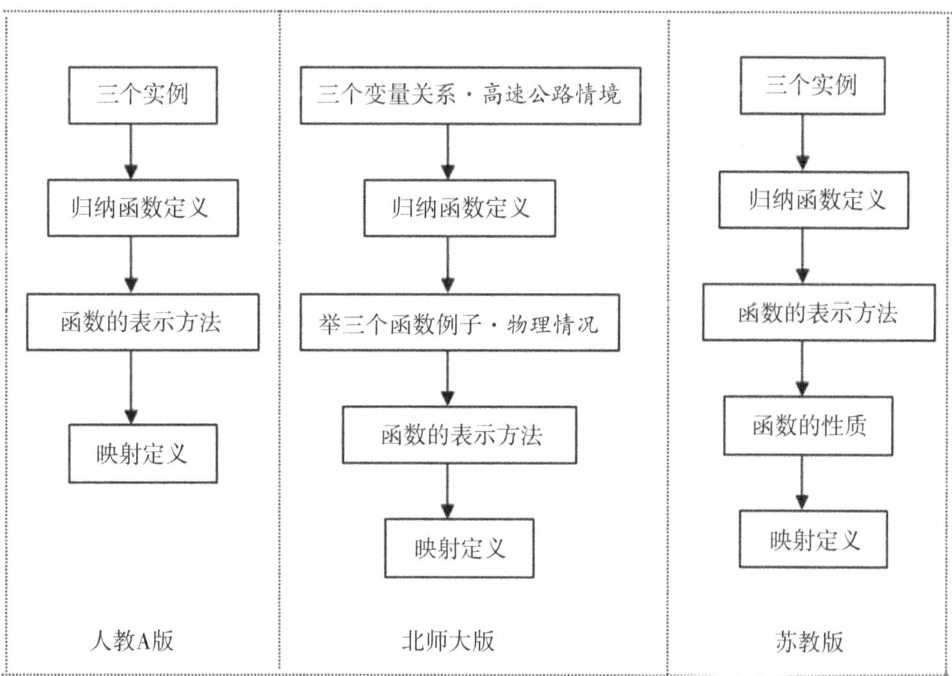

图 1

氏温度的关系，不同气压下水的不同沸点，匀速直线运动路程与时间的关系）；苏教版的三个例子分别为人口的（我国人口数据表）、物理的（自由落体下落距离与时间的关系）、天文的（某市一天 24 小时内的气温变化图）。总的来说，三个版本的例子以物理方面的居多。其中，人教 A 版、苏教版用的是三个不同方面的例子，而北师大版每次用的是同一类型情景中的例子。

4. 定义的给出方式不同

人教 A 版先分析三个例子中的两个，让学生仿照前两个描述第三个例子中“恩格尔系数与时间（年）的关系”，留给学生思考的余地。然后提出“思考：分析归纳以上三个实例，它们有什么共同特点？”接着抽象出三个例子的共同特点，给出概念，在引入定义中使用了归纳的思想方法①。

北师大版分析高速公路上的三个实例，说明有些依赖关系是函数关系，有些不是。再对照初中时候的定义（变量说），直接从集合观点给出函数定义（集合说），再用初中物理中的三个实例予以说明，在定义中使用了演绎的方式。优点是由正反实例，让学生明了哪些依赖关系为函数关系，由具体→抽象→具体，符合学生认知的规律。不足之处是，初中物理中的三个例子，只分析了定义域或值域，没能紧扣新定义“对于 A 中任何一个数 x，在集合 B 中都存在唯一确定的数 $f(x)$ 与之对应”予以分析，或者说没有引导学生分析、加深对新定义的认识。

苏教版以问题的形式提出三个例子，用初中时的观点分析其共同特点“每个问题中都含有两个变量，当一个变量的取值确定后，另一个变量的取值随之唯一确定”。同时提出问题让学生思考：“如何用集合的语言来阐述上述三个问题的共同特点？”并且用集合的语言详细分析上述的第一个问题，接着给出函数的定义。在引入定义中使用了归纳的思想方法。优点是既能联系到初中所学的知识（初中时函数的概念），又能提出新的问题让学生思考。

三个版本的共同特点是从学生已掌握的具体函数和函数的描述性定义入手，引导学生联系自己的生活经历和实际问题，列举各种各样的函数。注重对实例的分析，提出问题让学生思考，并做出一定的示范，从而构建函数的一般概念。不足之处，三个版本均没有说明清楚“为什么要对函数概念作出新的阐述？”即“旧的阐述有什么不足？新的阐述有什么好处？”事实上，对概念重新作出阐述，是由于原来的阐述有局限，即原来的阐述有某些不易说明清楚的问题。例如原人教版教材（2003 年版）是这样处理的：一开始就采用设置问题情景的形式，提出“既然我们已经学习了不少函数，为什么还要学习函数呢？”吸引学生的注意

---

① 彭上观、罗碎海：《2003 年版高中新教材〈函数〉一章的几个变化》，载《数学教学研究》2004 年第 1 期，第 17—19 页。

力，紧接着提出两个问题‘问题1：$y=1$（$x\in R$）是函数吗？问题2：$y=x$ 与 $y=\frac{x^2}{x}$是同一个函数吗？’给学生思考，让学生发现利用初中所学的函数概念（仅从运动变化的观点）难以解释这些问题，自然而然引出应从新的角度来考虑”。一般来说，引进一个新的概念或法则，总希望它与已有的概念或法则是相容的。同样，对同一个概念作出新的阐述，也希望它与原有的阐述是不矛盾的。

5. 定义的叙述有细微的差别

为方便起见，现在将三版教材的函数概念摘录如下。

人教A版：设A、B是非空的数集，如果按照某种确定的对应关系f，使对于集合A中的任意的一个数x，在集合B中都有唯一确定的数$f(x)$和它对应，那么就称f：A→B为从集合A到集合B的一个函数（function），记作$y=f(x)$，$x\in A$。其中，x叫作自变量，x的取值范围A叫作函数的定义域（domain）；与x的值相对应的y值叫作函数值，函数值的集合$\{f(x)\mid x\in A\}$叫作函数的值域（range）（人教A版第18页）。

北师大版：给定两个非空数集A和B，如果按照某个对应关系f，对于A中的任何的一个数x，在集合B中都存在唯一确定的数$f(x)$与之对应，那么就把对应关系f叫作定义在A上的函数，记作f：A→B，或$y=f(x)$，$x\in A$。此时，x叫作自变量，集合A叫作函数的定义域（domain）；集合$\{f(x)\mid x\in A\}$叫作函数的值域（range）。习惯上我们称y是x的函数（北师大版第29页）。

苏教版：设A、B是两个非空的数集，如果按照某个对应法则f，对于集合A中的每一个元素x，在集合B中都有唯一的元素y和它对应，这样的对应叫作从A到B的一个函数（function），通常记为$y=f(x)$，$x\in A$。其中，所有的输入值x组成的集合叫作函数的定义域（domain）。若A是函数$y=f(x)$的定义域，则对于A中的每一个x，都有一个输出值y与之对应。我们将所有输出值y组成的集合称为函数的值域（rangc）（苏教版第22－23页）。

从上可见，三版教材函数概念有如下差异。

（1）f的说法不一样。人教A版、北师大版将f称为“对应关系”，苏教版称之为“对应法则”。“法则”往往让人误认为可以用解析式来表示，实际上中学阶段学习了函数的三种表示法：图像法、列表法、解析法。然而19世纪，狄利克雷（Dirichlet，德国数学家，1805—1859）定义了一个奇怪的函数[①]：$y=f(x)=\begin{cases}1, & x\text{为有理数}\\0, & x\text{为无理数}\end{cases}$，它既不能用列表法，也不能用图像法，又不能用解析

① Dieter Rüthing：《函数概念的一些定义：从Joh. Bernoulli到N. Bourbaki》，载《数学译林》1986年第5期。

法，但它完全满足以上对函数的定义。所以，笔者认为，f 叫“对应关系”更好一些。

（2）x、y 的叫法有差异。对 x：人教 A 版、北师大版将 x 称为“自变量”，苏教版称之为“输入值”；对 y：人教 A 版明确“函数值”和“值域”的含义，把与 x 的值相对应的 y 值叫作函数值，把函数值的集合 $\{f(x) \mid x \in A\}$ 叫作函数的值域。北师大版没有说明“函数值”，而是直接将集合 $\{f(x) \mid x \in A\}$ 叫作函数的值域。苏教版将与 A 中的每一个 x 对应的 y 称为输出值，将所有输出值 y 组成的集合称为函数的值域。苏教版的目的是渗透算法的思想方法。虽然三个版本教材的定义叙述有细微的，但同时我们必须注意到不同版本教材所叙述的函数定义的本质是一样的，即都是两个数集之间的单值对应关系。

6．关于映射概念的引入

三个版本教材都将映射的概念作为函数概念的推广，即先函数，后映射的顺序安排的。而 2004 年初审通过的五套高中数学新教材中，只有湖南版是按照“先映射，后函数”的顺序安排。

三个版本教材都注意从学生熟悉的例子引入，并且讲清函数与映射的关系。所举例子的覆盖面不一样。例如在课文讲解中，人教 A 版既有一一映射的、又有不是满射的，还有不是映射的例子，相对比较全面；北师大版缺少反面的例子（所举例子都是满射的，或一一映射的），苏教版虽有不是映射的例子，但没有一一映射的例子。

笔者征求了教师们对两种引入方式的意见：“对函数与映射概念的引入，以下两种方式中，你更倾向于哪一种？”（注：调查样本来自广州、深圳、东莞、吴川等地高一数学教师，有效问卷 206 份）调查结果为，26.3% 的教师选择“先讲函数，后讲映射”，理由主要是：①函数在初中已经学过，从学生已有的知识出发，学生更容易接受；②由特殊到一般，符合人类认识事物的规律；③映射概念太抽象，学生学习函数后，对对应关系有一定的了解。73.7% 的教师选择“先讲映射，后讲函数”，理由主要有以下方面：①习惯，由于大部分老师以前都是这样学的。②容易切入，前面刚刚学完集合，可以与集合的知识联系在一起。③学生更容易理解映射，由易到难，符合学生的认知水平。④函数是特殊的映射，讲完映射再讲函数是水到渠成（由特殊到一般虽然是人类认识事物的习惯，可以培养学生的归纳能力。但前人也是接触了大量的事实，长时间分析思考得来的，而现在只有一节课的几分钟，对学生而言有难度。且先讲映射后讲函数有利于通过特例加深对映射概念的理解）。⑤“对应→映射→函数”是比较好的直观原则，学生更容易理解。⑥若先讲函数，再讲映射，映射好像已成为多余的了。

可见，虽然新课标、新教材都推荐“先讲函数，后讲映射”，但大部分的教师更倾向于“先讲映射，后讲函数”。访谈中，教师反映如果先讲函数后讲映射，使得映射变得孤单一些，与后续内容联系不大。究竟哪种安排更好一些？学生学习更容易接受？这还有待进一步研究。

既然数学概念在高中数学教材中占有较大的比重，而数学概念的教学又是数学原理教学的基础，它是数学教学中最重要的内容之一。因而在数学教学中，我们应当对概念的引入引起足够的重视，特别在多种教材并存的情况下，我们更要重视不同版本教材的比较，力求最优的教学效果。

［致谢］在本文写作中曾得到王林全教授、汤尚勇教授的指导，特此致谢！

本文作者：彭上观，刘护灵（广东广州市第五中学）。

附录：广东“新师范”建设实施方案[①]

教师教育是教育事业的工作母机，其发展水平直接决定着整个教育事业的发展水平。近年来，我省高度重视教师教育，出台了一系列政策措施，取得了一定成效，培养造就了一大批合格教师，有力地支撑了我省教育事业的发展。但同时也要看到，当前我省教师教育还存在以下主要问题：师范院校教师教育工作弱化，对师范生培养主业聚焦不够；师范生培养结构、层次和数量与我省教育发展需求不相适应，研究生层次教师培养不足，音乐、体育、美术、特殊教育等学科教师紧缺，粤东西北地区乡村中小学师资补充困难；师范生培养质量有待提高，学科知识不扎实，师范基本技能不强，信息化素养不足；人才培养模式单一，政府、师范院校和中小学协同育人机制有待完善；教师职后培训针对性不强，质量不高。

为深入贯彻党的十九大精神，落实党中央、国务院关于加强新时期教师队伍建设的战略部署，深化我省教师教育改革，建设广东特色“新师范”，助推我省教育现代化建设，针对上述实际情况特制订本实施方案。

一、指导思想

全面贯彻党的十九大精神和习近平新时代中国特色社会主义思想，全面落实立德树人根本任务，切实保障教育事业优先发展，坚持教育强省，师范先行。以问题为导向，针对我省教育资源不平衡和教师培养培训质量滞后于教育事业发展等问题，探索破解难题的路径和方法。以改革为动力，创新我省师范院校招生制度、人才培养模式、质量监测方式，全面提升教师教育质量。精准对接我省教师队伍的数量和质量需求，推进教师培养供给侧结构性改革，形成解决教师教育问题的广东新方案。

二、建设目标

紧扣习近平同志关于“四有”好老师的要求，至2020年，实现高职、本科、硕士师范生培养系统化，职前培养和职后培训一体化，政府、高校、中小学教师

① 本方案来自广东省教育厅官网。

教育协同化，基本满足我省尤其是粤东西北地区的教师需求，构建起注重协同育人、创新能力和实践能力的教师教育新模式，师范生培养质量显著提升，教师培训针对性显著增强，办好一批高水平、有特色的师范院校和师范类专业，形成在全国具有影响力的教师教育广东新模式，为促进我省教育均衡优质发展、实现教育现代化提供坚实师资保障。

三、工作举措

（一）明确师范院校办学定位，优化我省师范生培养工作布局

坚持教师教育以师范院校为主，师范院校以培养教师为主的原则，引导师范院校合理定位。结合“粤东西北高校振兴计划”，统筹资源加强粤东西北地区师范院校建设。鼓励师范院校整合职前培养和职后培训资源组建实体化的教师教育学院。鼓励高职院校扩大学前教育招生规模，引导本科师范院校开设特殊教育专业。支持广东第二师范学院、岭南师范学院、韩山师范学院、肇庆学院、韶关学院、嘉应学院等院校主要面向本区域培养义务教育阶段学校教师，重点加大音乐、体育、美术等紧缺学科教师培养。探索师范院校与职业院校、综合性大学、理工科院校合作培养职教师资模式。鼓励有教育硕士授权点的高校与省内师范类院校开展教育硕士的联合培养工作，逐年加大教育硕士的培养规模。

（二）实施师德养成教育工程，培养具有道德规范和教育情怀的教师

将社会主义核心价值观、师德教育作为师范生培养和教师培训课程的必修内容，贯穿教师教育全过程。加强师德规范、教育情怀养成教育，注重中华优秀传统文化教育、人文教育和科学精神培养，将教书育人楷模、一线优秀教师校长请进课堂，采取公益支教、志愿服务等方式，提升师范生职业认同感和社会责任感，突出全员、全方位、全过程师德养成。发掘、宣传师德先进典型，弘扬当代教师风采，大力宣传爱岗敬业的新时代优秀教师形象。

（三）完善师范院校招生办法，实施公费定向师范生培养计划

省教育厅发布全省师资需求规划，引导各师范院校科学合理制订年度招生计划。探索在部分符合条件的师范院校试点基于高考基础上的综合评价录取模式，公费定向师范生实行单独志愿、单独划线招生。鼓励学校采取校内二次选拔方式遴选优秀学生就读师范专业，吸引优秀生源报读师范。按照“自愿报名、择优录取、公费培养、定向从教、限期服务”原则，每年为粤东西北地区中小学培养一

批学前教育、特殊教育、小学全科教师和紧缺学科教师，具体培养方式如下：采取初中起点五年一贯制专科学历层次模式培养幼儿园教师；采取初中起点五年一贯制专科学历或探索初中起点六年制（2+4）本科学历层次模式培养小学全科教师；采取高中起点四年制本科学历或探索初中起点六年制（2+4）本科学历层次模式培养义务教育阶段学校音乐、体育、美术等紧缺学科和特殊教育教师；采取本科学业水平（或同等学力）起点硕士研究生学历层次模式培养普通高中教师。

（四）深化人才培养模式改革，强化师范生实践能力培养

以创建国家教师教育创新实验区、省教师教育联盟等为平台，建立“政府—高校—中小学”协同培养体系，发挥政府主导、高校主体作用打造协同育人平台，促进师范院校和中小学协同确定培养目标、设计课程体系、组织教学团队、建设实践基地、开展教学研究。实施“卓越教师培养计划”，在课程体系中增加教育改革热点问题研究和中小学课程研读内容，完善“三字一话”、识谱视唱等师范生技能考核，健全师范生修读双专业双学位的制度。探索本科和教育硕士研究生阶段整体设计、分段考核、有机衔接的一体化培养模式。研究制定《广东省师范生实习管理办法》，构建包括教学观摩、学校体验、案例教学、主题研讨、探究反思等环节的全程实践教学体系；保障生均教育实践经费支出不低于学校平均水平，每20个实习生不少于1个教育实践基地；落实教育实习时间至一个学期，将见习、实习、研习科学分配至师范生培养全过程；实行高校教师与优秀中小学教师共同指导教育实习的“双导师”制度。加大教育硕士培养的实践性课程比重，加强教育硕士职业发展跟踪，积极深化教育硕士的培养模式改革。

（五）启动师范类专业认证，加强教师教育学科专业和课程建设

2018年开始面向音乐、体育、美术、特殊教育等紧缺学科教师培养专业，培育一批省级特色师范专业。启动实施我省师范类专业认证，指导高校根据师范类专业认证标准、中小学教师素质要求加强专业建设、课程建设，强化本科教学中心地位，合理设置课程及各类课程学分比例。将认证结果与教师资格考试认定挂钩，并为资源配置、经费投入、用人单位招聘、高考志愿填报提供决策参考。协同推进师范院校教师教育学科建设，根据各校优势凝练学科方向，鼓励优势互补和学科帮扶，合作共建高水平教师教育学科，打造我省师范院校的学科品牌。

（六）创建国家教师教育创新实验区，打造师范院校与地方政府、中小学的发展共同体

根据国家教师教育振兴行动计划部署，2018年遴选建设8个左右的教师教育

创新实验区，由师范院校、地方政府、中小学校、教育科研部门“四位一体”共同参与。教师教育创新实验区采取师范院校牵头和统筹资金，师范院校与地市共同申报、共同建设的方式，主要协同开展区域师范生培养、教师专业发展、基础教育教学研究与改革、名校共建、教师教育课程资源共建共享等工作。建设300个由师范院校与地方教育行政部门统筹管理、依托优质中小学开展工作的省级师范生实践基地，主要开展师范生见习实习、教师跟岗培训和教研教改等。发挥省教师教育等联盟作用，在2018—2020年重点开展校地协同育人平台、校际联合人才培养、学分互认、珠三角地区高校帮扶粤东西北地区高校等工作。

（七）创新职后培训方式，提高教师培训工作获得感

充分发挥省、市、县三级教师发展中心作用，加强教师培训需求诊断，优化培训内容，创新体现不同类型教师特质、彰显广东特色的教师培训模式。探索国培项目、省培项目、市县培训项目的有效衔接机制，通过置换研修、集中培训、校本研修、远程培训等多种途径组织实施中小学教师的全员培训。完善校本研修制度，丰富研修形式和资源，切实发挥校本研修的基础作用。加强名师、名校（园）长工作室建设，充分发挥名师和骨干教师在教育教学教研岗位上的示范引领辐射作用。

（八）实施教师教育教学资源库建设，提升教师信息化素养和能力

推行全方位的“互联网+教师教育”，推动教师培养由传统教学方式向混合式教学转变，推动线上学习与线下教学相衔接，信息技术与学科教学相整合。2018年依托师范院校着手建设“省级教师教育教学资源库”，打造连接教育主管部门、师范院校和中小学的教师教育云平台。启动实施教师教育在线开放课程建设计划，2018—2020年遴选建设200门教师教育省级精品在线开放课程，组织师范院校共享教师教育课程资源。建设省级继续教育网络培训平台。

（九）加强教师教育师资队伍建设，完善高校教师与中小学教师互聘机制

落实在职称晋升、岗位聘任、薪酬分配等方面对学科课程与教学论教师的倾斜政策，吸引高校优秀教师参与教师教育。扩大高校与中小学师资互聘规模，落实教师教育课程教师至少一年中小学教育服务经历等内容。加强师范院校的兼职教师队伍建设，优秀中小学教师占教师教育课程教师的比例不少于20%。实施学科课程与教学论教师专项培训工程。建立教师教育师资招聘绿色通道，吸收优秀中小学教师担任学科课程与教学论教师，进一步扩充教师教育师资来源。

（十）探索多种质量监测方式，健全教师教育质量保障体系

结合教育部师范类专业认证工作，利用“教师教育质量监测平台”，定期收集反馈师范生就业率、专业对口率、中小学对师范毕业生满意度等重要质量数据。采取学员评估、专家评估和第三方评估等多种方式，加强教师培训过程监控和绩效评估。结合广东省高校本科专业评估工作，依据高等教育质量监测国家数据库、省教育厅统计数据、高校填报数据和第三方机构调查数据对师范院校人才培养工作进行大数据方式的质量诊断。结合《广东省普通高等学校本科新设专业评估工作方案（试行）》实施，依据评估结果建立师范院校专业设置预警机制。

四、组织实施

（一）加强组织领导

各地政府和有关高等学校是教师培养培训工作的责任主体。教育行政部门要加强对教师教育工作的统筹管理和规划指导，各级各类学校要把促进教师专业发展摆在工作的首要位置。省教师教育联盟、职教师资培养培训联盟、特殊教育教师发展联盟和学前教育教师发展联盟进一步发挥联合共建作用，搭建政府、高校、中小学沟通平台。

（二）加强经费保障

省在“推进教育现代化奖补资金”、高等教育“创新强校工程”和“强师工程”经费中加大“新师范”建设支持力度。各地要积极调整财政支出结构加大教师教育财政资金投入。各地要按照不低于当地中小学教师工资总额的1.5%安排教师培训经费，并列入财政预算。中小学按照年度公用经费预算总额的5%安排教师培训经费。

（三）加强督导检查

在高等教育“创新强校工程”和高等教育“冲一流、补短板、强特色”计划中突出对师范院校关于师范生培养、服务基础教育发展等方面的考核。各地要把推进“新师范”建设工作与实施“强师工程”项目结合起来，建立教师教育项目实施情况的跟踪督导机制，并把实施情况纳入相关工作考核指标体系。

后 记

1998年进入华南师范大学攻读数学教育本科专业以来，我一直与师范教育、数学教育结下了不解之缘。研究生阶段攻读的专业是课程与教学论（数学），2005年硕士毕业后留校，在教务处教师教育科工作，主要从事教师职后培训、师范生职前培养的管理与研究工作。2015年在职攻读数学教育博士。

本书记录了我从事教师教育研究和数学教育研究的点滴探索。上编教师教育，记载的是教师培训和师范生培养的实践做法、调查研究和理论探索。其中，教师培训板块包括省级骨干教师培训的调查，我校基础教育培训工作的回顾与展望，农村教育硕士岗前培训的实践与思考，中小学特级教师结构现状调研等；师范生培养板块包括教师教育“4+2”本硕一体培养模式的探索，基于“互联网+工作坊”的混合式教育实习模式的探索，以实践能力培养提升师范生培养质量的探索等。中编数学教育，记载的是数学教育概论。主要从数学教育领域高被引图书著作学术特征、《数学教育学报》高频作者特征、如何提高数学解题能力、学数学的目的、数学学困生的认知要素等视角，对数学教育的研究做一勾画。下编教材研究，记载的是2003年版高中数学课程标准颁布以来，笔者对新教材的编写、使用情况，特别是对不同版本新教材的比较做了一些探索。所有文章，编入本书时，略有删节。但为了保持原文的原貌，一般排序习惯等不做修改。

感恩华南师范大学数学科学学院的领导和老师们，本硕博阶段的学习，让我夯实了前行的基础。忘不了老师们的音容笑貌，忘不了老师们的循序善诱，忘不了老师们的谆谆教导，忘不了老师们的满怀期待。数学教育领域的每一个进步，都离不开您们的指导和点拨。特别是我的硕士研究生导师王林全教授，亲自为本书作序，给了我极大的鼓舞。我的博士研究生导师丁时进教授、谢明初教授，为我在数学教育领域的进一步探索，点亮了一盏明灯。

感恩华南师范大学教务处的领导和同事们，在与您们的朝夕相处、头脑风暴、文件讨论、方案论证、会议组织、邮件收发、问题协调中，有汗水、有收获、有迷茫、有忧伤、有喜悦。教师教育路上成长的点滴，有您们的一份功劳。

感恩华南师范大学社科处。您们的童叟无欺，关爱后生，让我获得2项广东省教育科学规划课题，燃起了我科研的激情，坚定了我科研的信仰。

感恩广东省教育研究院，资助我获得中小学数学教学研究专项课题，让我打开了数学教育研究的另一扇窗。

感恩中山大学出版社的鼎力相助，特别是黄浩佳编辑的细致、耐心、辛勤付出。本书的出版，离不开您们。

感恩我一路求学的同窗们。与您们一起挑灯夜读，一起奔跑嬉戏，一起相互切磋，一起共同成长，让我终生难以忘怀。

感恩硕士阶段和博士阶段的各位同门。您们情同手足，关怀备注，让我感受到师门的无穷力量，鞭策我不断前进。

感恩认识、交往、关注、关心、帮助过我的朋友们，您们是我生活不可或缺的一部分。正所谓“一份快乐，与朋友分享，变成了两份；一份忧愁，与朋友分担，变成了一半”。感谢我人生中遇见的每一位朋友。

感恩我的家人。感恩我的爱人和两个宝贝，给我分忧，给我支持，给我欢乐，让我能有时间、更安心的投入工作和学习，给我向上的勇气和信心。感恩我的父母和兄弟姐妹，一直在默默地给我各种支持和帮助，给我前行的力量。

新时代，新师范，新征程。吾将牢记各位恩人的嘱托，风雨兼程，“上下而求索”。

彭上观

2020 年 1 月记于华南师大东区 2 栋静书斋